dtv

Die Hamburgerin Meg Gehrts, 22 Jahre alt, erlebt das Abenteuer ihres Lebens: Mit dem Afrikaforscher und Filmemacher Hans Schomburgk geht sie 1913 auf eine Expedition nach Togo, damals deutsche Kolonie. Die beiden drehen dort Dokumentarfilme und, erstmals in der Geschichte des noch jungen Kinos, Spielfilme, mit Meg als Hauptdarstellerin. In ihrem Reisebericht ›Weiße Göttin der Wangora‹, der 1915 in London veröffentlicht wurde und erst 84 Jahre später auf deutsch erschien, erzählt die Autorin mit erfrischender Offenheit von den ungewöhnlichen Dreharbeiten und von ihrer Neugier auf die Menschen in Afrika, besonders die Frauen, deren Leben sie mit einer für die damalige Zeit bemerkenswerten Aufgeschlossenheit schildert.
»Nicht nur ein spannendes, unterhaltsames Buch über Afrika. Es verrät auch viel über die damalige europäische Gesellschaft, ihr koloniales Denken und ihren unterschwelligen Rassismus. Neben den schillernden, detailreichen Beschreibungen des schwarzen Kontinents sind es gerade die Reflexionen über ihre eigene Heimat, die faszinieren.« (Marion Meyer in der ›Westdeutschen Zeitung‹)

Meg Gehrts (1891–1966), geboren als Hamburger Kaufmannstochter, war »Zufallsschauspielerin«, heiratete 1922 den Filmemacher Hans Schomburgk. Nach der Trennung von ihm einige Jahre später schlug sie sich zunächst mit Verlagsarbeiten durch und arbeitete dann für die Ufa als Cutterin. Nach dem Krieg war sie für den Sender Freies Berlin tätig.

Meg Gehrts

Weiße Göttin der Wangora

Eine Filmschauspielerin 1913 in Afrika

Aus dem Englischen von
Bettina Schiller

Mit einem Nachwort von
Gudrun Honke und János Riesz

Deutscher Taschenbuch Verlag

Ungekürzte Ausgabe
März 2004
Deutscher Taschenbuch Verlag GmbH & Co. KG,
München
www.dtv.de

Die englische Originalausgabe erschien 1915 unter dem Titel
›A Camera Actress in the Wilds of Togoland‹
Umschlagkonzept: Balk & Brumshagen
Umschlagfoto: © The Image Bank/Paul Souders
Satz: Greiner & Reichel, Köln
Druck und Bindung: Druckerei C. H. Beck, Nördlingen
Gedruckt auf säurefreiem, chlorfrei gebleichtem Papier
Printed in Germany · ISBN 3-423-20695-0

Inhalt

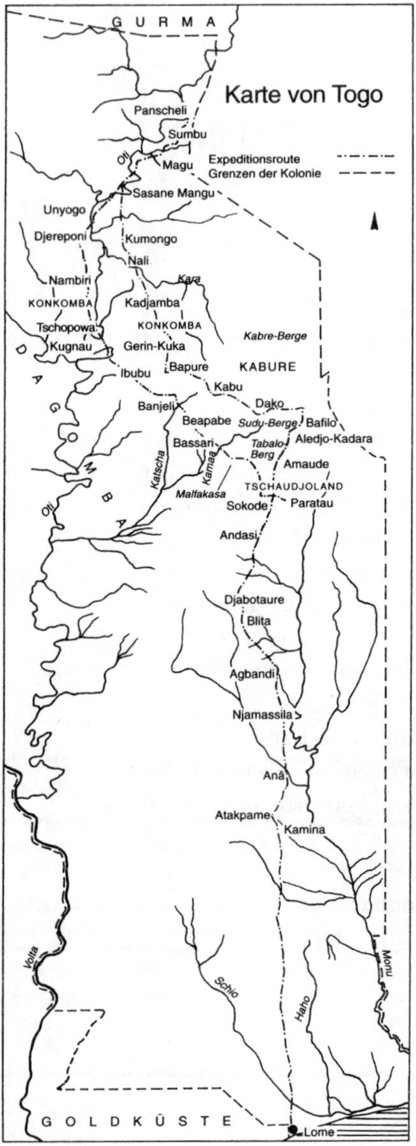

Karte von Togo
Expeditionsroute
Grenzen der Kolonie
GURMA
Panscheli
Sumbu
Oti
Magu
Sasane Mangu
Unyogo
Djereponi
Kumongo
Nali
Kara
Nambiri
KONKOMBA
Kadjamba
KONKOMBA
Tschopowa
Kugnau
Gerin-Kuka
Kabre-Berge
DAGOMBA
Bapure
KABURE
Ibubu
Kabu
Dako
Banjeli
Beapabe
Sudu-Berge
Bafilo
Bassari
Tabalo-Berg
Aledjo-Kadara
Katscha
Kamaa
Amaude
Malfakasa
TSCHAUDJOLAND
Oti
Sokode
Paratau
Andasi
Djabotaure
Blita
Agbandi
Njamassila
Anâ
Atakpame
Kamina
Volta
Schio
Haho
Monu
GOLDKÜSTE
Lome

Vorwort

Anfangs, als ich erstmals nach Westafrika reiste, war mir niemals der Gedanke gekommen, meine Erfahrungen dort könnten Gegenstand eines Buches werden. Doch ich gewöhnte mir an, meine täglichen Erlebnisse in einem Tagebuch aufzuzeichnen, und hinterher fanden es viele meiner Freunde und auch andere Menschen, die sich ein Urteil erlauben konnten, schade, daß die Abenteuer und Eindrücke der ersten weißen Frau, die Togo von der Küste bis zu seiner nördlichen Grenze und wieder zurück durchquert hatte, nicht festgehalten werden sollten. Mir wurde auch gesagt, die Tatsache, daß ich als erste Filmschauspielerin im unberührten Afrika gespielt hätte, mit Wilden als Statisten, trüge mit großer Sicherheit zum Interesse an solchen Aufzeichnungen bei, wenn es auch ihren Wert vielleicht nicht erhöhen mochte.

Und so entstand dieses Werk: angetrieben – um ganz ehrlich und offen zu sein – von Egoismus und geschmeichelter Eitelkeit. Ich möchte jedoch von vornherein sagen, daß mein Buch keineswegs den Anspruch hat, der Summe menschlicher Kenntnisse in wissenschaftlicher Hinsicht etwas hinzuzufügen. Ich erzähle nur schlicht und einfach, was ein junges Mädchen bei eigenartigen und primitiven Menschen in einem entlegenen und kaum erforschten Land gesehen und getan hat. Sollte hier jemand trotzdem etwas Neues, anthropologisch oder ethnografisch Wertvolles finden, so wäre das für mich eine zusätzliche Freude; denn ich habe mich ganz besonders bemüht, so gut ich eben konnte, meine Augen und Ohren offen zu halten. Ebenso würde ich mich freuen, wenn mein erster Versuch als Autorin dazu beitragen könnte, Freunde für die koloniale Sache zu gewinnen und die falsche Vorstellung zu zerstreuen, nach der Westafrika – in dem Sinn, in dem dieser Satz gemeinhin gedeutet und verstanden wird – das »Grab des weißen Mannes« ist.

Was mich angeht, so war ich dort draußen im großen und ganzen sowohl gesund als auch glücklich. Mir ist, von weißen und schwarzen Menschen gleichermaßen, nur Freundlichkeit widerfahren; und das in solchem Umfang, daß ich Togo, das ich zunächst eher furchtsam und widerwillig betrat, schließlich wahrhaft liebte und bewunderte. Kurz, Afrika hat mich verzaubert, wie es – nach dem, was ich gehört habe – auch die meisten anderen verzaubert hat. Sogar jetzt, da ich diese letzten Zeilen schreibe, kann ich »den Ruf der Wildnis« in meinem Blut spüren.

Bedanken möchte ich mich bei meinem Freund, dem Autor und Journalist Mr. C. L. McCluer Stevens aus New Malden, Surrey, für die geschickte und sorgfältige Art, in der er mein Rohmanuskript redigiert und für den Verlag bearbeitet hat, ebenso wie für seinen wertvollen Rat und seine Hilfe bei der Bearbeitung und Aufteilung der einzelnen Kapitel und des Werks in seiner Gesamtheit.

Meg Gehrts
London, 1. Juli 1914.

Von London nach Lome

Schauspielerinnen, die wie ich auf Kinoproduktionen spezialisiert sind, werden in ihrem Beruf nicht selten mit den sonderbarsten Vorschlägen konfrontiert; somit sind wir nicht leicht zu überraschen und aus der strengen, berufsmäßigen Ruhe hervorzulocken, die wir alle, mehr oder weniger erfolgreich, zu kultivieren suchen.

Als mir jedoch Anfang letzten Sommers vorgeschlagen wurde, eine Reise ins Innerste Afrikas zu machen, in ein Gebiet, das niemals zuvor von einer weißen Frau betreten worden war, um dort die weibliche Hauptrolle in einer Reihe von Sequenzen über das Leben der Afrikaner zu spielen, war ich ausnahmsweise, das muß ich gestehen, vollkommen verblüfft.

Auch die Tatsache, daß die geplante Expedition von dem bekannten Jäger und Afrikaforscher Major Hans Schomburgk, F. R. G. S.*, finanziert und geleitet werden sollte, beruhigte mich nicht völlig. Ich zögerte lange. Doch dann reizte mich die Aussicht, für eine Weile den Staub der Städte von meinen Füßen zu schütteln und mit unverdorbenen Naturkindern in ganz neuer Umgebung ein einfaches Leben zu führen, und ich willigte schließlich ein; so nahm ich – ganz gegen den Rat meiner Verwandten und Freunde – den Job an.

Meine Entscheidung wurde in hohem Maße beeinflußt davon, daß ich vor einiger Zeit Major Schomburgk kennengelernt hatte, der wie ich ein gebürtiger Hamburger war.

Auch wenn er in England, außerhalb wissenschaftlicher Kreise, nicht so bekannt sein mag wie in Deutschland, kann er sich

* *Fellow of the Royal Geographic Society* (Die Anmerkungen sind von der Übersetzerin).

doch, wenn er will, zu Recht als einen der erfolgreichsten lebenden Afrikaforscher und Großwildjäger bezeichnen; und da sein Name in diesem Buch einen recht herausragenden Platz einnehmen wird, mag eine kurze Beschreibung seiner Person und seiner Arbeit hier angebracht sein.

Er ist dreiunddreißig Jahre alt, mittelgroß und eher schmal gebaut, besitzt jedoch trotzdem beträchtliche Körperkräfte. Die letzten sechzehn Jahre seines Lebens – also seit er ein siebzehnjähriger Bursche war – hat er fast ausschließlich mit Jagen, Kämpfen und Forschen in Afrika verbracht.

Er spricht Englisch, als ob es seine Muttersprache wäre, und diente in der *Natal Mounted Police* ebenso wie im letzten Burenkrieg, wofür er mit einer Medaille mit vier Ordensspangen ausgezeichnet wurde. Es ist nicht übertrieben zu sagen, daß er als Jäger für seine Tapferkeit in ganz Afrika berühmt ist. Nicht weniger als dreiundsechzig ausgewachsene Elefanten sind seinem Gewehr zum Opfer gefallen, und einmal erlegte er vier große Stoßzahnträger mit vier Schüssen, zwei rechts und zwei links.

Zweimal hat er Afrika durchquert. Seine abenteuerlichste Reise, die fünf Jahre dauerte, führte ihn von den Victoria-Fällen nach Angola, Portugiesisch-Westafrika, von dort zurück durch den Kongo-Freistaat, Nordrhodesien und Deutsch-Ostafrika, bevor er schließlich in Daressalam, nicht weit von Sansibar, ankam. Während dieser ganzen Zeit sah er weder eine Eisenbahn, noch schlief er in einem Haus aus Stein. Ein ganzes Jahr lang erforschte er die Quelle des Sambesi im Walunde-Land, das noch nie zuvor von Weißen besucht worden war; und während dieser Expedition fing er in einer Falle einen ostafrikanischen Elefanten und brachte ihn lebend nach Europa, ein Kunststück, das bereits oft versucht, niemals jedoch vollbracht worden war.

Er war auch der erste weiße Mann, der lebende Artgenossen des seltenen Zwergflußpferds fing, ein Tier, das in seiner ursprünglichen Umgebung so überaus rar und scheu ist, daß seine Existenz bis vor relativ kurzer Zeit von den meisten Afrikaforschern und Jägern bestritten wurde.

Major Schomburgk wußte es jedoch besser, denn er hatte dieses Miniaturlebewesen auf einer seiner frühen Reisen in das westafrikanische Hinterland gesehen; und 1911 gelang es ihm, nach unendlichen Schwierigkeiten und auch einigen Gefahren, nicht weniger als fünf lebende Exemplare zu fangen und, was noch bemerkenswerter ist, sie vom Landesinneren zur Küste zu bringen, von wo sie sicher nach Europa verschifft wurden.

Zwei von ihnen sind nun im Londoner Zoo, wobei eines der Tiere ein Geschenk des Herzogs von Bedford ist, der es wiederum von Carl Hagenbeck kaufte, in dessen Auftrag Major Schomburgk arbeitete; die anderen drei befinden sich im New Yorker Zoo. Alle fünf »Pygmäen«, das sei noch erwähnt, wurden auch dem Kaiser vorgeführt, der großes Interesse an den seltsamen kleinen Kreaturen zeigte und dem Fänger herzlich zu seinem Erfolg gratulierte.

Zusätzlich zu den genannten Tieren entdeckte und benannte Major Schomburgk auch zahlreiche weitere bis zu dem Zeitpunkt unbekannte Arten des afrikanischen Tierreichs, unter anderem eine seltene neue Büffelart, den *Bubalus Schomburgki*.

Dies war auch nicht die erste Filmexpedition, die er im westafrikanischen Hinterland organisiert und angeführt hatte. Kaum drei Wochen, bevor er sich erstmals an mich wandte mit dem Angebot, als Hauptdarstellerin (und einzige Frau) mit nach Togo zu gehen, war er von einem ähnlichen Unternehmen zurückgekehrt, das er im Hinterland von Liberia und Togo geführt hatte. Jenes aber war keineswegs erfolgreich gewesen; unter anderem aus dem Grunde, so teilte er mir mit, daß das mitgenommene Fotomaterial nicht tropentauglich war. Außerdem hatte sich sein Kameramann als unfähig erwiesen.

Das Ergebnis bestand am Ende darin, daß das in die Finanzierung der Expedition gesteckte Geld praktisch zur Gänze verloren war. Dieses Mal hoffte er, aus der Erfahrung klug, weit bessere Resultate zu erzielen, und nachdem ich meinen Vertrag unterzeichnet hatte, steckte er mich mit seiner Begeisterung an, so daß ich fast eine Expertin wurde – in der Theorie –, was Zelluloidbänder, Filmspulen und noch einiges andere betrifft.

Ich darf gleich sagen, daß der Erfolg unsere Erwartungen noch übertraf. In der Tat ist seither von vielen Fachleuten anerkannt worden, daß die von uns mitgebrachten Filme – sowohl Spielfilme als auch ethnografisches und anthropologisches Material – die großartigste jemals in den Tropen hergestellte Sammlung darstellen. Dies kann ich sagen, ohne selbstgefällig zu erscheinen und auch ohne Major Schomburgk unangemessen zu schmeicheln, da ja die Aufnahmen nicht von uns, sondern von seinem Kameramann James Hodgson gemacht wurden. Natürlich haben wir beide als Darsteller in den Spielfilmen mitgewirkt, doch das ist ein anderes Thema.

Am 26. August, nachdem alles für die Reise Nötige in London vorbereitet worden war, segelten wir im *good ship* – so lautet, glaube ich, der richtige Seemannsausdruck – *Henny Woermann* von Dover los Richtung Lome, der Hauptstadt und dem Hafen Togos, einem winzigen deutschen Protektorat, eingeklemmt zwischen der Goldküste im Westen und Dahomey im Osten.

Der Küstenstreifen ist nur zweiunddreißig Meilen* lang, doch ins Innere dehnt sich das Land sehr weit aus, und dieses Hinterland – in hohem Maße unbekannt und auf Karten nicht verzeichnet – war unser Ziel.

Ich muß gestehen, daß ich eine gewisse angenehme Aufregung verspürte – welches Mädchen würde das nicht? –, als wir zu der Fahrt aufbrachen, die mir aller Wahrscheinlichkeit nach

* Alle Längenangaben in diesem Buch werden in englischen Maßen angegeben: 1 Meile = 1,6 km; 1 Yard = 91,44 cm; 1 Fuß = 30,48 cm; 1 Zoll = 2,54 cm.

stets als die längste und abenteuerlichste Reise meines Lebens in Erinnerung bleiben wird.

Unsere Hauptaufgabe bestand darin, Filmaufnahmen zu machen, und wir gingen ohne Verzug ans Werk. Unmittelbar nachdem wir an Bord des Tenders gegangen waren, begannen wir, die erste Szene eines Films mit dem Titel *Odd Man Out* zu drehen, dessen Drehbuch bereits in London ausgearbeitet worden war und zu dessen Inhalt ich gleich noch mehr sagen werde.

Natürlich erregten wir die Neugier der anderen Passagiere, und als der Schlepper näher an den großen Überseedampfer herankam, konnte ich sehen, daß an der uns am nächsten gelegenen Reling in mehreren Reihen dichtgedrängt die Passagiere standen, die in Hamburg auf das Schiff gekommen waren, alle begierig darauf, uns bei unserem Tun zu beobachten; und als wir an Bord kamen, waren aller Augen auf uns gerichtet, und viele begrüßten uns mit freundlichem Lächeln. Mein Wunsch in den ersten paar Stunden war allerdings, allein zu sein, meine Kabine herzurichten, meine Habseligkeiten auszupacken und ganz einfach meine Umgebung so wohnlich und behaglich wie möglich zu gestalten.

Alte Westafrika-Reisende pflegen zu beteuern, daß die wahren Freuden und Annehmlichkeiten der Reise erst nach Madeira beginnen, ich jedoch hatte mich bereits nach unserem ersten Tag auf See an Bord eingelebt. Wir spielten die üblichen Schiffsspiele, sangen, unterhielten uns, und die meisten von uns, fürchte ich, ob alt oder jung, verheiratet oder ledig, flirteten auch ein wenig. Bald hatte ich einen kleinen Kreis von Freunden um mich versammelt. Es handelte sich hauptsächlich um männliche Freunde, doch war das nicht wirklich mein Fehler. Eine Schauspielerin ist nun einmal eine Schauspielerin. *Que voulez-vous?*

An der Stelle sollte ich auch betonen, wie sehr ich die Freundlichkeit und Aufmerksamkeit schätzte, die mir während der Reise von seiten der Schiffsoffiziere zuteil wurde. Der Kapitän, ein väterlicher älterer Gentleman, dienstältester Offizier und Kommandeur der Dampferflotte, zu welcher die *Henny Woermann* gehört, war unaufhörlich darum bemüht, alles in seiner Möglichkeit Stehende für meine Bequemlichkeit und mein Wohlergehen zu tun. Auch das Essen war hervorragend und die ganze Umgebung höchst komfortabel, um nicht zu sagen luxuriös; in der Tat jedem First-Class-Hotel vergleichbar.

Es ist seltsam, wie man sich an Bord eines Schiffes an das Schlagen der Maschinen und das Vibrieren der Schiffsschrauben gewöhnt. Als sie plötzlich sehr früh eines Morgens stoppten, war ich sogleich hellwach. Einige Augenblicke lang lag ich ganz ruhig da und fragte mich verschlafen, was wohl los sein mochte. Dann fiel mir urplötzlich ein, daß wir in Madeira sein mußten, und sofort verging alle Schläfrigkeit. Ich sprang auf, lugte aus meinem Schiffsauge, sah sogleich, was ich vermutet hatte, und eilte an Deck.

Es war Sonntagmorgen. Vor meinen Augen lag Madeira. Noch nie in meinem Leben hatte ich etwas auch nur annähernd so Wundervolles gesehen. Ganz überwältigt von der himmlischen Schönheit des Anblicks konnte ich nur stumm dastehen und in sprachloser Bewunderung schauen.

Ich war fast die erste an Deck, und so hatte ich das Bild einen Moment lang ganz für mich allein, und ich konnte seine Schönheit in mich aufnehmen und ungestört genießen. Bald strömten immer mehr Passagiere von unten herauf, und lautes geschäftiges Treiben begann. Burschen von der Insel kamen in Massen herangeschwommen und umringten das Schiff, rufend, plappernd und gestikulierend, und tauchten nach den Münzen, die ihnen von den Passagieren zugeworfen wurden.

Nach dem Frühstück gingen wir an Land, mieteten ein Automobil und fuhren zu einem Aussichtspunkt in den Bergen, von wo sich ein wunderschöner Blick über die ganze Bucht, den Hafen und die Stadt bietet. Die Straße dort hinauf ist äußerst steil, und es war insgesamt die aufregendste Autofahrt, die ich jemals erlebt hatte. Zeitweise fürchtete ich tatsächlich, das Fahrzeug würde zur Seite hin abrutschen.

Doch wenn die Fahrt hinauf aufregend war, so war das gar nichts im Vergleich zur Rückfahrt. Diese erfolgt in sonderbar aussehenden einheimischen Schlitten und geht über eine glatte, gepflasterte, jedoch äußerst steile Straße. Jeder der Schlitten bietet zwei Passagieren Platz und wird von ein paar Burschen gesteuert, die kerzengerade auf den hinten herausragenden, verlängerten Kufen stehen und die Fahrt mit ihren Füßen lenken.

Es ist ganz wie beim Rodeln, ohne Schnee und Eis, und die meisten Passagiere machten nicht viel Aufhebens darum, aber für mich war es eine eher schreckenerregende und wenig angenehme Erfahrung, denn die Straße ist an manchen Stellen fast senkrecht, es gibt viele scharfe Kurven, und die verrückten kleinen Fahrzeuge fliegen geradezu mit Lichtgeschwindigkeit abwärts. Aber die Burschen waren so geschickt, daß ich schließlich überzeugt war, daß es praktisch nie zu Unfällen kam.

Nach unserer Fahrt ging unsere Gesellschaft gemeinsam in die Stadt, und ich fand es sehr interessant, die Passagiere geschäftig beim Kauf von Raritäten zu beobachten, die sie ihren Freunden zu Hause mitbringen wollten. Jeder feilschte, um den Preis so niedrig wie möglich zu drücken; und doch kamen sie hernach, zurück auf dem Schiff, zu der Erkenntnis, daß sie hereingelegt worden waren.

Wir nutzten unseren kurzen Aufenthalt an Land auch dazu, eine andere Szene des *Odd Man Out*-Films zu drehen, und zwar in den Gärten inmitten herrlichster tropischer Vegetation; auch einer der sonderbaren, von Ochsen gezogenen Inselschlitten wurde vorgeführt. Ich kann an dieser Stelle sagen, daß wir auf der ganzen Reise kaum jemals eine passende Gelegenheit ausließen, Lokalkolorit für diesen unseren ersten Kinofilm einzufangen, in dessen Anfangsszenen es um eine junge weiße Frau geht, die zu ihrem Mann in der Wildnis Innerafrikas zieht. Als wir zum Beispiel zu einem späteren Zeitpunkt auf dem Ozean an einem Postdampfer vorbeifuhren, wurde die Kamera bereitgemacht, und ich spielte und posierte an Deck, mit dem großen vorbeiziehenden Schiff im Hintergrund als Kulisse. Wir erlebten auch einige wunderbare Sonnenuntergänge und stellten sie sozusagen in unsere Dienste.

Der an der Mastspitze flatternde *Blue Peter* ist für jeden das Signal, zurück an Bord zu eilen, und bald ist der Anker gehoben, die Schraube beginnt sich zu drehen, und wir nehmen unsere Reise wieder auf. Zwischen Madeira und Las Palmas kamen wir in den Genuß zweier der bereits erwähnten wunderschönen Sonnenuntergänge. Nie habe ich etwas Vergleichbares gesehen, und ich hätte mir nichts auch nur halb so Schönes vorstellen können. Ich bin ziemlich sicher, hätte ein Maler sie völlig naturgetreu zeichnen können, so wäre er als Futurist verlacht oder mit einem für einen Künstler ebenso schlimmen Ausdruck bedacht worden; denn niemand, der nicht das Original gesehen hat, würde die starken Farbeffekte für wirklichkeitsgetreu gehalten haben.

Am Morgen des 1. September gelangten wir nach Teneriffa, doch wir hielten dort nur sehr kurz, um ein paar Passagiere von Bord gehen zu lassen. Mittags ankerten wir in Las Palmas, wo wir einen langen Aufenthalt hatten. Einige von uns gingen an Land und besichtigten die Kathedrale und ein paar andere Sehenswürdigkeiten, deren die Stadt sich rühmt.

Dann mieteten wir ein Automobil und fuhren zum Hotel Monte. Zumindest bezeichnete der Chauffeur, der uns fuhr, seine Kiste als Auto, aber es war das furchtbarste Exemplar seiner Art, das ich jemals gesehen habe. Das Geholpere war entsetzlich, und als ich mich umsah, um den Grund dafür herauszufinden, entdeckte ich zu meinem Erstaunen, daß eines der Räder praktisch ohne Bereifung war. Außerdem mußten wir etwa alle zehn Minuten anhalten, da der Motor heißlief und es kein Wasser gab, um ihn zu kühlen.

Nachdem wir so schlimm durchgeschüttelt worden waren

wie noch nie im Leben, kamen wir schließlich bei dem Hotel an und tranken dort Tee. Der Blick vom Gipfel entschädigte uns ein wenig für die Unannehmlichkeiten der Anfahrt. Es war eine herrliche Aussicht, wobei es mir jedoch recht seltsam vorkam, daß die eine Seite des Berges ganz kahl und öde, die andere hingegen wunderbar grün und baumbestanden war.

In Las Palmas sah ich zum ersten Mal, wie die Frauen ihre Wäsche und die ihrer Familien in den durch Geröll und Kiesel fließenden Bächen neben der Straße waschen. Die Straßen von Las Palmas sind übrigens furchtbar schlecht, doch für die robusten, von je sechs Maultieren gezogenen Postkutschen ist das kein Problem.

Um fünf Uhr besuchten wir die S. M. S. *Bremen,* die in der Nähe der *Henny Woermann* im Hafen lag. Drei Offiziere dieses Schiffes hatten uns bis Las Palmas begleitet, und wir hatten uns mit ihnen angefreundet; jetzt luden sie uns ein, für einen Abschiedsbesuch an Bord ihres Schiffes zu kommen. Es gab Champagner, und ich trank ein paar Gläser davon; das tat mir sehr gut, fand ich, an dem heißen Tag und nach der schrecklich trockenen und staubigen Fahrt zum Hotel Monte und zurück.

Unser Kapitän hatte die Abfahrt auf sechs Uhr festgelegt, doch wir fuhren nicht vor elf los. Das Schiff erschien uns unnatürlich ruhig, jetzt, da die Marineoffiziere es verlassen hatten, waren sie doch immer munter und fröhlich gewesen. Ich muß gestehen, daß ich »meine Jungs in blau«, wie ich sie getauft hatte, recht liebgewonnen hatte. Doch da ich von Natur aus eher unbekümmert und fröhlich bin, war die Traurigkeit schnell verjagt, und ich tröstete mich mit dem Gedanken, daß es auf der Welt schließlich ganze Haufen netter Männer gibt.

Zu guter Letzt kam Lome in Sicht, und während ich zusammen mit drei anderen Passagieren in das kleine Boot hinabgelassen wurde, das uns an Land bringen sollte, spielte die Band ein bei den Passagieren an Bord sehr beliebtes Lied: *Do you think that I love you because I have danced with you*?, und an

Deck stand ein Armeeleutnant, der auf dem Weg zu seinem Regiment in Kamerun war und mit dem ich oft getanzt hatte. Ich schüttelte mich vor Lachen, denn ich wußte, das war sein Werk. Auf das erste Liedchen folgte *The Girl I Left Behind Me*, und als ich von meinem Boot zurückschaute, sah ich an Deck meinen lieben alten Kapitän sowie einen älteren Gentleman, ein Zivilist, der mir viel Aufmerksamkeit gewidmet hatte. Sie hielten ein großes Badetuch und gaben vor, damit ihre Tränen zu trocknen. Es war wirklich zu komisch.

In Lome an Land zu gehen ist ganz und gar kein einfaches Unterfangen. Zunächst muß man von Bord des Dampfers in ein Boot hinabgelassen werden, und zwar in einem »Mammy-Stuhl« – wobei an der Küste Mammy ein Ausdruck für Frau ist. Es handelt sich um eine Art Holzkübel, ähnlich den altmodischen Schiffschaukeln auf Volksfesten.

Die Fahrt vom Schiff zum Ufer ist wirklich aufregend, bei schlechtem Wetter sogar gefährlich, denn die Brandung ist ziemlich hoch; als wir dort hinkamen, war die See aber glücklicherweise ruhig. In anderer Hinsicht fiel unsere Ankunft auf einen unpassenden Zeitpunkt: Am Vortag war ein Mitglied der kleinen europäischen Gemeinde hier an Gelbfieber gestorben, und alle Fahnen wehten auf halbmast. Dies gab unserer Stimmung einen ziemlichen Dämpfer, obwohl nichts die Liebenswürdigkeit und Höflichkeit hätte übertreffen können, die uns von seiten der Behörden in Togo zuteil wurde, vom höchsten Beamten bis zum kleinsten Angestellten. Die Zollbeamten erledigten die notwendigen Formalitäten so schnell wie irgend möglich; und obwohl es Seiner Hoheit dem Herzog zu Mecklenburg, dem Gouverneur, nicht möglich war, uns zu empfangen, da Sir Hugh Clifford, der Gouverneur der Goldküste, zu einem offiziellen Besuch gekommen war, so hatte er doch freundlicherweise ein Quartier für uns vorbereitet und alles in seiner Macht Stehende getan, damit es uns bei unserer Ankunft an nichts fehlte.

Sein Adjutant, Leutnant von Rentzel, der zu der Zeit im Krankenhaus lag, stellte unserer Gruppe sein Haus und seine Bediensteten zur Verfügung, und wir feierten am Abend ein fröhliches Dinner, bei dem ich die Gastgeberin spielte. Der Leutnant lieh mir außerdem eine Rikscha zusammen mit einem Jungen, der sie zog, damit ich mit der geringsten Anstrengung und Unannehmlichkeit alles anschauen könne, was es in und außerhalb der Stadt zu sehen gab.

Ich konnte jedoch nicht viel Zeit auf die Besichtigungsfahrt verwenden, da wir uns am nächsten Morgen in aller Frühe auf den Weg nach Atakpame machten, einem etwa 110 Meilen von Lome entfernten Ort im Inneren des Landes. Bis dorthin führt eine Eisenbahnlinie; und man kann sagen, daß an ihrer Endstation die Zivilisation abrupt aufhört.

Wie wir *Die weiße Göttin der Wangora* drehten

Oh, die Zugfahrt! Ob ich sie wohl jemals vergessen werde? Der Staub und die Hitze waren entsetzlich, und durch ein unerklärliches Versehen hatte niemand daran gedacht, für die Reise, die von morgens sechs Uhr bis nachmittags um vier dauerte, irgendwelche Vorräte mitzunehmen. Die einzige Nahrung, die wir unterwegs auftreiben konnten, bestand aus Erdnüssen. Unseren Durst hingegen löschten wir einigermaßen zufriedenstellend mit süßen, saftigen Ananas, von denen uns die Anwohner bei jedem Halt unbegrenzte Mengen brachten, wobei sie die Früchte lautstark zum Einheitspreis von einem Penny* pro Stück feilboten.

Als wir in Atakpame ankamen, wurde uns ein wahrhaft königlicher Empfang bereitet durch Baron Codelli von Fahnenfeld, der im nahegelegenen Kamina für die deutsche Kolonialverwaltung eine enorme Funkstation baute, durch die man einmal in der Lage sein sollte, direkt mit der Funkstation in Nauen, ganz in der Nähe Berlins, zu kommunizieren.

Der Baron stellte mir zunächst mein »Haus« vor, wie alle Unterkünfte in dieser Gegend eine Strohhütte, die jedoch, worauf er stolz hinwies, im Gegensatz zu den anderen einen Zementboden hatte. Ich dankte ihm ordnungsgemäß und versuchte ein anerkennendes Lächeln. Doch mir schwante Schlimmes, da es der Hütte meiner Ansicht nach an allem fehlte, was normalerweise zur Grundausstattung einer Wohnung gehört.

* Damals entsprach das Pfund Sterling etwa 20 Mark; 1 Pfund = 20 Shilling, 1 Shilling = 12 Pence.

Zunächst einmal war sie ganz bestimmt nicht wasserdicht, denn ich konnte durch die Lücken im lose gedeckten Strohdach weit oben die Sterne funkeln sehen. Der Wind blies ungehindert hindurch, und während ich mich zum Abendessen umzog, war ich mir die ganze Zeit bewußt, daß ich die Blicke mehrerer hundert Augenpaare auf mich zog, die ebenso vielen Männern und Frauen gehörten, welche sich »in ihr Klima gehüllt«, wie man hier sagt, in dichten Reihen rund um die geflochtenen Wände versammelten und sehnlich versuchten, durch die allzu zahlreichen Spalte einen kurzen Blick auf die außergewöhnliche weiße Frau zu werfen, die sich drinnen schüchtern an- und auszog.

Doch das Abendessen machte alles wieder gut. Am Abend waren wir die Gäste des Barons. Es war ein prächtiges, köstliches Dinner, herrlich zubereitet und perfekt serviert, bei für meine Begriffe idealen Verhältnissen, was zum Teil gewiß daran lag, daß sie so völlig neuartig waren. Die warme afrikanische Nacht war vollkommen still, abgesehen vom ununterbrochenen monotonen Summen von Myriaden von Insekten. Rings herum aus dem schweigenden, geheimnisvollen Busch kam kein Laut, weder von Menschen noch von Waldtieren, noch von Vögeln.

Und wir – wir befanden uns in einer eigenen kleinen gastronomischen Welt; ein kleines bißchen London oder Paris oder Berlin, hinausverlegt in die Wildnis. Da war der gleiche Glanz von damastenem Tischzeug, das gleiche Glitzern von Kristall und Silber, der gleiche schwache, kaum wahrnehmbare Duft von Exotik, wie man sie im Geiste etwa mit dem Ritz oder dem Savoy verbindet. Nur die Bediensteten hier waren, anstatt schwarz gekleidet zu sein und weiße Gesichter zu haben, selber schwarz wie Ebenholz und ihre Livreen weiß, ganz weiß, vom Kopf bis zu den Füßen, bis auf das Silber im Wappen des Barons.

Oh, wie habe ich dieses mein erstes Mahl im Herzen Afrikas genossen! Die Erinnerung an seinen Geschmack liegt noch auf meinem Gaumen, sogar nun, da ich schreibe. Nichts fehlte, nichts war *de trop*. Der Kaviar war so gut wie das Consommé, und beide waren perfekt. Das Rebhuhn *en casserole* war heiß, saftig und zart. Das Milchlamm mit Spargelspitzen war ein Traum. Der Pfirsich Melba zerging auf der Zunge. Der Kaffee war so gut wie jeder, den ich in Wien getrunken habe, was bedeutet, daß er nicht besser hätte schmecken können. Die Weine, ebenso wie der Likör, waren gerade richtig. Als mein Gastgeber mir bei den Zigaretten erzählte, daß sämtliche Lebensmittel aus Dosen stammten, konnte ich es schlicht nicht glauben. Nichtsdestotrotz war es die Wahrheit. Im Hinterland Togos sind ausschließlich Vorräte in Konserven erhältlich, läßt man einmal Hühner und Eier sowie gelegentlich ein sehr zähes und fades Stück Rindfleisch beiseite.

Nach dem Essen allerdings kam die erste richtige afrikanische Tortur für mich. Im Bestreben, unserem freundlichen Gastgeber Ehre zu erweisen, hatte ich eines meiner schönsten, tief ausgeschnittenen Kleider angelegt, und die Moskitos nutzten meine naive Unerfahrenheit auf gemeine und niederträchtige Art und Weise aus. Der Baron und Major Schomburgk hüllten mich schließlich von Kopf bis Fuß in Decken und Tischtücher, so daß ich aussah wie eine ägyptische Mumie. Dennoch war ich, noch bevor die Schlafenszeit kam, von häßlichen, angeschwollenen Stichen entstellt.

Beinahe hätte ich vergessen zu berichten, daß das Essen in einem offenen strohgedeckten Haus serviert wurde (so ähnlich wie meines, aber ein wenig größer), so daß die Insekten überall eindringen konnten. Das Licht kam von einer Acetylen-Motorradlampe des Barons, die in einiger Entfernung vom Tisch aufgestellt war. Eine auf oder neben den Tisch gestellte Lampe zieht die Insekten in solch unzähligen Schwärmen an, daß Essen und Trinken praktisch nicht möglich ist.

Ich schlief recht gut in meiner ersten Nacht im afrikanischen Busch, hatte ich doch bereits gelernt, völlig gerade und regungslos auf den schmalen Campingbetten zu liegen, die überall in Togo gebräuchlich sind. Wenn man unter seinem Moskitonetz herumzappelt oder seine Arme heraushängen läßt, stürzen sich die blutrünstigen kleinen Biester mit Sicherheit auf den Schläfer, und dann wehe ihm! Er oder sie wird dann sehr unsanft aus dem Schlaf gerissen.

Als ich bei Sonnenaufgang aufstand, fragte ich ganz unschuldig nach meinem Bad. Mein Boy grinste und deutete auf einen Eimer, der im offenen Hof vor meiner Hütte von der Spitze eines hohen Mastes herabhing. Gleichzeitig erklärte er mir mit Hilfe von Gesten, daß ich nur den Zapfen im Eimerboden mit einer daran befestigten Schnur herauszuziehen brauchte, um die beinah perfekte Nachbildung einer echten Dusche benutzen zu können.

Niemandem schien es in den Sinn zu kommen, irgend etwas könnte nicht in Ordnung sein damit, daß die Ausführung des Vorschlags notgedrungen in aller Öffentlichkeit stattfand, doch ich war anderer Meinung. Für diesen einen Morgen drückte ich mich vor meinem Bad, und im Laufe des Nachmittags errichtete der Boy nach meinen Anweisungen einen aus Ruten geflochtenen Sichtschutz rund um den Hof.

Ich freute mich darauf, am selben Tag mit den Proben für unseren ersten Film mit Afrikanern zu beginnen, den wir vorläufig *Die weiße Göttin der Wangora* betitelt hatten; doch zu jenem Zeitpunkt war ich noch ahnungslos in bezug auf die Verzögerungen, die verbunden sind mit jeder Arbeit, bei der Afrikaner eine Rolle spielen.

Zeit hat nicht den geringsten Wert für diese unzivilisierten, wollköpfigen Wilden, und da wir auf jeden Fall eine kleine Armee von einigen hundert Statisten zusammenbekommen mußten, vergingen buchstäblich Wochen, bis wir soweit waren. Ich ärgerte mich furchtbar über die Verzögerung, aber da konnte man nichts machen. Die erforderliche Anzahl Einheimischer mußte mühsam in zwanzig oder mehr über ein weites Gebiet verstreuten Dörfern gesucht werden, und wenn wir die Leute dann beisammen hatten, mußte ihnen durch drei oder vier verschiedene Dolmetscher alles wieder und wieder erklärt werden. Im Grunde war es nichts als reden, reden, reden, Palaver, Palaver, Palaver, von morgens bis abends.

Es war auch ein großes Problem, sie vor die Kamera zu bekommen. Wie die meisten Wilden hegen die Einwohner Togos eine tief verwurzelte Abneigung, fotografiert zu werden. Zum Glück jedoch hatte Major Schomburgk auf einer früheren Expedition Filmaufnahmen ihrer Dörfer gemacht, in denen just einige von den Leuten, die wir eingestellt hatten, auftauchten.

Da wir ja einen Projektor mitgebracht hatten, bauten wir eine improvisierte Leinwand auf und zeigten ihnen sie selbst, ihre Frauen und Kinder, wie sie in ihren eigenen Häusern ihren alltäglichen Beschäftigungen nachgingen. Das zeigte prompt Wirkung. Zwar hatten sie bereits normale Fotografien gesehen, doch keiner hatte jemals laufende Bilder erblickt. Nun wollten sie alle auf einen Film kommen; und während die meisten von ihnen sich zuvor zurückgehalten hatten, waren sie jetzt nur allzu sehr darauf aus, sich bei jeder Szene in den Vordergrund zu schieben.

Nur einem Akt wichen sie aus. Dabei handelte es sich um eine Kampfszene, in der einige Krieger erschlagen werden sollten. Wir hatten größte Schwierigkeiten damit, nur einen einzigen Afrikaner zu überreden, »tot zu spielen«. Ihre Abneigung rührte, ihren Erklärungen zufolge, daher, daß sie glaubten, wenn sie vor dem geheimnisvollen Apparat des weißen Mannes so taten, als seien sie tot, dann würden sie höchstwahrscheinlich noch vor dem nächsten Morgen auch in Wirklichkeit tot sein.

Nach dem Versprechen eines großzügigen Bonus willigte schließlich ein äußerst kühner Krieger ein, die Rolle zu spielen. Am nächsten Morgen klopfte der Chefdolmetscher an die Tür meiner Hütte und teilte mir mit, daß »acht tote Leute draußen auf dem Hof« lägen.

»Was!« schrie ich, höchst alarmiert. Hastig zog ich meinen Morgenmantel über und rannte hinaus.

Doch ich hätte keine Angst zu haben brauchen. Die acht waren nicht wirklich verstorben. Sie taten nur so, als seien sie tot, und ich sollte sehen, wie gut sie das konnten, damit sie bei den Proben am nächsten Tag für die Rolle genommen würden.

Der eine, der am Vortag tot gespielt hatte, war in der Nacht selbstverständlich nicht gestorben (womit sie fast sicher gerechnet hatten), und folglich waren sie jetzt nur zu willig und ungeduldig, seinem Beispiel zu folgen.

Endlich nahm die lange, ermüdende Reihe der Vorproben ein Ende. Jeder schien seine Rolle zu beherrschen, und wir bereiteten alles fürs Filmen vor.

Bis zu dem Zeitpunkt hatte ich in normaler Kleidung geprobt. Jetzt mußte ich einheimische Kleider anziehen; und da ich es mit dem Realismus peinlich genau nehme, bestand ich – gegen den Rat von Major Schomburgk – darauf, barfuß und ohne Beinkleider, mit ärmellosem, schulterfreiem Oberteil und ohne Kopfbedeckung zu spielen.

In Anbetracht dessen, daß die wichtigsten Szenen draußen im Busch spielten, unter der brennenden tropischen Sonne, sei dies, so wurde mir gesagt, eine folgenschwere Entscheidung. Doch ich dachte, daß ich es schon aushalten könnte; und das tat ich auch, wenngleich ich hinterher darunter litt.

Meine Rolle war natürlich die der *Weißen Göttin*. Ich sollte als Baby an der Küste Togos gestrandet und dann ins Landesinnere gebracht worden sein von den Wilden, die mich fanden und mir später die Verantwortung für ihren Zauberschrein übertrugen, wobei sie mir mit der Zeit nahezu göttliche Ehren erwiesen.

Ich war eine erwachsene Frau geworden, ohne je einen Menschen meiner Hautfarbe gesehen zu haben, und als ein weißer Jäger (Major Schomburgk) von dem Volk, dessen Hohepriesterin ich war, gefangengenommen wurde, war es ganz natürlich, daß ich mich zu ihm hingezogen fühlte. An Händen und Füßen gefesselt, wurde er in eine Hütte geworfen und sollte getötet werden. Ich mußte ihn von seinen Fesseln befreien und in einer wilden Flucht bergauf und bergab, über Felsen und Büsche und durch rauschende Flüsse, in Freiheit bringen.

All das tat ich. Und das ist auch die große Szene des Films, und es dauerte einen ganzen Tag, sie zu drehen. Major Schomburgk hatte unseren achthundert Statisten den strikten Befehl gegeben, pünktlich um sechs Uhr morgens anzutreten, doch mit der ärgerlichen Verstocktheit von Afrikanern erschienen sie nicht vor zehn Uhr, als die Sonne schon hoch am Himmel stand.

Dies trug ganz erheblich zu meiner Belastung bei und war wohl in hohem Maße die Ursache für meinen nachfolgenden Zusammenbruch. Um die Mittagszeit, als die Sonne senkrecht über uns stand, war es so heiß, daß der Kameramann die Messingteile seines Geräts nicht mehr mit bloßer Hand berühren konnte.

Wie ich die Arbeit jenes Nachmittags durchgestanden habe, weiß ich bis heute nicht. Ich schaffte es irgendwie. Die bloße nervliche Anspannung des Schauspielens verleiht eine phantastische Widerstandskraft, und das Klick, Klick, Klick der Kamera hilft einem durchzuhalten. Aber unmittelbar, nachdem alles vorbei war, fiel ich in meiner Hütte ohnmächtig auf mein Campingbett, und der Arzt mußte gerufen werden. Meine Füße waren ganz zerschnitten und zerkratzt und voller Dornen und Sandflöhe. Auch meine Beine waren voller Schrammen und Kratzwunden. Und obendrein hatte ich auch noch einen Sonnenstich.

Am nächsten Tag hatte ich hohes Fieber, das am Tag darauf noch weiter anstieg. Die Malaria hatte mich erwischt, und einen Augenblick lang dachte ich tatsächlich, meine erste Filmprobe in Afrika sei auch meine letzte gewesen. Nach etwa einer Woche machte selbst der Arzt ein ernstes Gesicht. »Sie haben Malariafieber«, erklärte er, »und es hat Sie ziemlich schlimm erwischt. Ihre Milz ist ungefähr viermal so groß wie normal, und wenn Sie husten, könnte sie platzen.«

Da ich zu der Zeit von beinah ununterbrochenem Husten gepeinigt wurde, war das nicht besonders tröstlich. Doch reichliche, häufig verabreichte Mengen Chinin kurierten mich schließlich, und um meine Genesung zu feiern, bereitete ich, sobald ich mich dazu in der Lage fühlte, eigenhändig ein kleines Abendessen zu und lud Baron Codelli sowie Major Schomburgk ein, daran teilzunehmen.

Ich halte mich selbst für eine recht gute Köchin, und als Hauptgericht hatte ich ein paar gut genährte Hühner zubereitet. Als der Topfdeckel abgenommen wurde, warfen sich meine Gäste scharfe Blicke zu, wurden rot und sahen recht unbehaglich aus.

Ich konnte mir nicht vorstellen, was los war, und in meiner üblichen impulsiven Art platzte ich offen und unverblümt mit der Frage heraus, die mir zuallererst in den Sinn kam.

»Stimmt irgendwas nicht mit den Hühnern?«

Das war zuviel für ihre Selbstbeherrschung. Beide, der Baron und Schomburgk, brachen in unkontrolliertes Lachen aus, und der Baron ging sein Tagebuch holen.

»Sehen Sie«, sagte er und deutete auf einen der letzten Einträge, »in den Jahren, die ich in diesem gottverlassenen Land zubrachte, habe ich bereits 9.863 Hühner gegessen. Schomburgk hat *pro rata* wahrscheinlich mindestens ebenso viele gegessen« – woraufhin der Major nickte –, »und jetzt setzen Sie uns schon wieder zwei als besonderen Leckerbissen vor! O Herr des Himmels!«

Da stimmte ich in ihr Lachen ein. Es blieb mir nichts anderes übrig. Und schließlich nahm mein kleines Dinner ein gutes Ende, da es noch andere Speisen gab. Damit hatte ich eine weitere Afrika-Lektion gelernt. Biete deinen Gästen nie, *nie,* NIE Huhn an, wenn auch nur irgend etwas anderes unter der Sonne zu kriegen ist, egal, was es auch sei. Käse und Cracker, von mir aus, oder Lachs aus der Dose oder Sardinen oder sogar Corned beef. Aber das Haushuhn, in Europa mehr oder weniger als

Luxus angesehen, ist in Afrika absolut tabu. Dieses Fleisch ist wohl das einzige, das es dort draußen überall in Hülle und Fülle gibt und folglich jedem gründlich zum Hals heraushängt. Ebensogut könnte man einem Fischer aus Alaska ein Lachsgericht anbieten oder einem australischen Farmarbeiter ein Hammelragout.

Eine andere Lektion, die ich während meiner langen, beschwerlichen Krankheit lernte, war, niemals eine Eidechse zu töten, denn Eidechsen fressen Insekten, und Insekten unzähliger und unterschiedlichster Arten sind eine der Hauptplagen des äquatorialen Afrika. In den Häusern dort wimmelt es von Eidechsen, und zwar großen, die gut achtzehn Zoll lang sind, wenn nicht größer. Niemand denkt daran, sie zu stören. Im Gegenteil, sie werden überall gehätschelt, und es wird viel Aufhebens um sie gemacht. An einem alten Burschen hing ich mit der Zeit richtig und er auch an mir. Ich konnte ihn immer von den anderen unterscheiden, weil er nur noch drei Beine hatte; das vierte hatte er wohl bei einem Zusammenstoß mit einem seiner Artgenossen verloren. Er war pünktlich wie eine Uhr. Ich nannte ihn meine *tea-time*-Eidechse, denn er tauchte jeden Nachmittag exakt um vier Uhr auf.

Schomburgk erzählte mir, daß jede Eidechse täglich ich weiß nicht wieviel hundert – oder waren es tausend? – Termiten fängt und verzehrt. Das mag schon stimmen. Aber nichtsdestotrotz schien mir die Zahl der Ameisen nicht merklich abzunehmen. Von den giftigen, bissigen kleinen Schädlingen wimmelte es überall in unglaublichen Mengen. Nichts schien sie zu stören. Unser Kameramann erzählte, er habe einmal beobachtet, wie sie versuchten, die sechzehn Pfund schwere Kanonenkugel anzufressen, die er als Gewicht für sein Stativ benutzte, damit es nicht umgestoßen werden konnte – ich bin allerdings nicht ganz bereit, das zu glauben. Er hat sich wohl – na ja, in die Irre führen lassen. Aber ich kann aus eigener, bitterer Erfahrung bestätigen, daß sie im Lauf einer einzigen Nacht an der Wand aufgehängte Fotografien und auf dem Fußboden stehengelassene Stiefel verschlingen können; und einmal durchlöcherte eine Abordnung von ihnen einen massiven Holzkasten, in dem ich meine Briefe und Papiere aufbewahrte, so daß er unter meinen Händen in Stücke zerfiel.

Ein anderer lästiger Schädling war ein großer Käfer, der sich durchs Holz bohrte und sich sein Zuhause vor allem in den Dachbalken baute. Diese zerlöcherte er so vollständig, daß einem früher oder später mit an Sicherheit grenzender Wahrscheinlichkeit das Dachstroh um die Ohren flog. Und zwischendurch bestäubte er durch seine Zimmermannstätigkeit die Hütte innen mit soviel Sägemehl, daß ich ständig mit Abstauben und Ausfegen beschäftigt war.

Später jedoch, als wir weiter landeinwärts mitten hinein in das wahre Herz des unerforschten Hinterlands zogen, sollte ich erfahren, daß Afrika noch schlimmere Insektenplagen als Termiten und Holzkäfer bereithielt. Doch davon später mehr.

Das Leben in Kamina

Für den, der im äquatorialen Afrika Kinofilme dreht, scheinen die Probleme kein Ende zu nehmen. Kaum hatte ich mich von meinem Malariaanfall erholt, warf das Fieber unseren Anführer und Produktionsleiter, Major Schomburgk, nieder, und wieder ging alles völlig durcheinander.

Ich nutzte die Zeitspanne erzwungener Muße, um mein vorübergehendes Zuhause so gemütlich wie möglich einzurichten und die Einheimischen näher kennenzulernen, und so gelang es mir, die Zeit recht angenehm und mit Gewinn zu verbringen.

Die schönsten Stunden waren die zwischen vier Uhr nachmittags und Einbruch der Dunkelheit, wenn ich nach des Tages Arbeit vor meinem Haus saß. Dann trank ich meinen Tee und verbrachte die Zeit mit den Frauen und Mädchen, die mit riesigen Kalebassen auf ihren Köpfen vorbeikamen, um Wasser zu holen.

Anfangs eilten sie schüchtern vorbei, die Augen niedergeschlagen und ohne zu sprechen. Aber ich lächelte ihnen immer zu, und nach ein oder zwei Tagen freundeten wir uns nach und nach an. Sie interessierten sich sehr für meine Handarbeiten und für mein Haar. Dann, eines Tages, brach plötzlich ein Gewittersturm los, als sie gerade in der Nähe waren, und ich lud sie ein, bei mir Unterschlupf zu suchen, und schaltete mein Grammophon ein. Das bereitete ihnen großes Entzücken, wenngleich sie sich eine ganze Weile mehr oder weniger davor zu fürchten schienen.

Unter ihnen sind ein paar sehr liebenswerte Mädchen, und die meisten haben ein recht bescheidenes Auftreten und ungemein gute Manieren, obwohl sie, was Kleider angeht, nicht viel besitzen, womit sie prahlen können. Manche der unverheirateten Mädchen sind ziemlich hübsch: Sie haben eine geschmeidige, anmutige Gestalt, eine wohlproportionierte Brust und schön geformte Arme und Schultern.

Alle müssen sie jedoch hart arbeiten, und das Dasein besonders der verheirateten Frauen kam mir vor wie eine endlose Schufterei. In der Tat könnte das tägliche Leben einer Frau hier draußen den fortschrittlichen Suffragetten zu Hause als typisches »schreckliches Beispiel« dienen dafür, was mein Geschlecht sich gefallen lassen muß von dem »Tyrannen Mann«.

Die Afrikanerin muß im Morgengrauen aufstehen, die Heimstatt ausfegen, Wasser vom Fluß holen, der oft weit entfernt ist, die spärliche Wäsche der ganzen Familie waschen, mit den Füßen Korn ausdreschen, es zu Mehl mahlen und zu Püree verarbeiten, wilde Wurzeln, Kräuter und Gemüse sammeln und zum Essen vorbereiten, für die ganze Familie kochen, die Kinder waschen und sich um sie kümmern und tausend ähnliche Pflichten erfüllen, während ihr Herr und Meister sich die meiste Zeit ruhig im Schatten der schützenden Palme aalt.

Trotzdem muß ich aber sagen, daß es den Frauen nichts auszumachen scheint; im Gegenteil, sie machen einen recht glücklichen und zufriedenen Eindruck. Und wirklich, vergleicht man ihr Leben mit dem, das viele verheiratete Frauen der Unterschicht in den großen Städten Englands, Deutschlands und anderer Länder führen, so schneiden sie insgesamt sehr gut ab.

Der Ehemann ist in der Regel gutmütig und freundlich veranlagt, beinah übermäßig duldsam und leidenschaftlich in seine Kinder vernarrt. Häusliche Streitigkeiten sind selten, und ein ständiges Nörgeln von seiten der Frau – eine große Quelle des Unfriedens bei den unteren Schichten in Europa – ist in Afrika praktisch unbekannt. Und mag es in Togo auch keine Paläste geben, so gibt es eben auch keine Slums. Jeder ist einheimischem Standard gemäß gut untergebracht, und alle haben genug zu essen, wobei besonders für die Kinder bestens gesorgt wird. Bei ihnen gibt es jedenfalls keine Unterernährung, und eine Mutter in Togo sähe vermutlich ein staatliches Angebot, ihrem Nachwuchs »freie Mahlzeiten« zu gewähren, als Beleidigung an.

Am schwierigsten kommt man mit den Afrikanern aus, die ständigen Umgang mit Europäern gehabt und dadurch eine übertriebene Vorstellung von ihrer eigenen Wichtigkeit bekommen haben. So war es am Anfang gar nicht einfach, unseren Chefdolmetscher auf seinen Platz zu verweisen, obgleich seine Ansichten über das Leben und die Dinge im allgemeinen mir meist beträchtliches Vergnügen bereiteten.

Eines Tages beispielsweise, als er mich ziemlich niedergedrückt erlebte – ich war gerade erst von meiner Krankheit genesen –, überraschte er mich mit dem Vorschlag, für mich zu singen. Ich dankte ihm und sagte, er solle ruhig anfangen, darauf gefaßt, eines der gewöhnlichen unmelodischen afrikanischen Liedchen zu hören. Statt dessen versetzte er mich in großes Erstaunen, als er mit einer recht annehmbaren Stimme hübsche Lieder auf Deutsch zum Besten gab.

Ich beglückwünschte ihn dazu und fragte, wo er die denn gelernt habe. »Bei der Katholischen Mission«, war die Antwort. Er fragte, ob meine Mutter noch lebte, und meinte, als ich das bejahte: »Auch ich habe eine Mutter, eine liebe gute Frau, und fünfundzwanzig Brüder und Schwestern.«

Ich vermute, man sah mir mein Erstaunen an, denn er beeilte sich hinzuzufügen, daß sein Vater fünf Frauen hatte. »Mein Vater«, erklärte er, »ist ein schöner großer Mann, gutgebaut, und wenn in Togo ein Mann so gut aussieht, kann er ganz viele Frauen bekommen.«

Da mein Dolmetscher selbst gut aussah, fragte ich ihn, ob er viele Frauen hätte. »Oh nein«, antwortete er ziemlich beleidigt, »ich bin ein Gelehrter, und ich habe nur eine Frau.«

»Was denn für ein Gelehrter?« fragte ich in ernstem Ton weiter.

»Nun ja«, gab er zurück, »ich verstehe deutsch.«

»Und versteht deine Frau auch deutsch?«

»Um Himmels willen, nein. Das ist bei uns verboten, denn wir meinen, daß es nicht gut ist für eine Frau, gebildet zu sein.«

»Und warum, wenn mir die Frage gestattet ist?«

»Also«, sagte er, »nehmen wir an, ich komme heute abend nach Hause und gebe meiner Frau ein paar Anweisungen; wäre sie gebildet, würde sie mir wahrscheinlich zur Antwort geben: ›Erzähl mir nichts, Mann, du kannst mir nichts beibringen; ich bin so klug wie du.‹ So wie es jetzt ist hingegen, befolgt sie schlicht meine Anordnungen und sagt nichts dazu. Und das ist besser so.«

Ich wollte über dieses Beispiel afrikanischer Philosophie schon lachen, da fiel mir plötzlich auf, daß ich von Männern aus viel zivilisierteren Gesellschaften ganz ähnliche Ansichten vernommen hatte. »Das Mädchen, das ich mir zur Frau nehmen werde«, hatte ich einst einen angesehenen Rechtsanwalt sagen hören, »wird keine von dieser neuen Sorte sein, mit nichts als Grillen und komischen Launen im Kopf, sondern eine vom guten alten Schlag, die sich treusorgend um ein bequemes Heim kümmert und willig mein Bett teilt.«

Der Londoner Anwalt und der Dolmetscher aus Togo – sie standen sich in nichts nach, was ihre Einstellung zum Eheleben und dessen Aufgaben und Pflichten anging. Beide hegten im Grunde genau die gleichen Ansichten, und das Weiblichkeitsideal des einen lag nicht einen Deut höher als das des anderen.

Auch mit meinem Koch hatte ich ein paar Differenzen. Er verlangte eine Menge Geld für »Extras« und so weiter, mit in der Regel enttäuschenden Resultaten. Besondere Sorgen bereitete mir die Zähigkeit und Geschmacklosigkeit des bei Tisch servierten Fleisches, bis ich fast durch Zufall entdeckte, daß er die Gewohnheit besaß, das Fleisch zur Suppe für seine Familie und seine Verwandten zu verwenden und uns das – äußerst harte – Residuum zu servieren. Daraufhin überwachte ich, ganz entgegen seinem Willen, seine kulinarischen Operationen, mit dem Ergebnis, daß wir zu etwa dem halben Preis gutes, schmackhaftes Essen bekamen.

Meine beste Dienerin oder jedenfalls die, die ich am liebsten mochte, war ein junges Mädchen von vielleicht vierzehn oder fünfzehn Jahren, die in unseren Filmen mitspielte und den Rest der Zeit mein Dienstmädchen war. Sie war ein wirklich nettes kleines Mädchen, nüchtern und sachlich, das einen exzellenten Geschmack bewies, wenn es in den Filmen um die geeignetste einheimische Kleidung für mich ging und um die beste Art, sie zu wickeln und zu drapieren. Auf ihre Weise war sie auch eine kleine Philosophin, und so manche ihrer Bemerkungen waren außerordentlich originell und doch vernünftig.

Als ich zum Beispiel einmal für einen gesellschaftlichen Anlaß Abendgarderobe anlegte, bewunderte sie mein Kleid, und spontan sagte ich zu ihr: »Würde es dir gefallen, solche Kleider wie ich zu tragen?« Die Antwort kam blitzschnell: »Gnädige Frau, was man niemals besitzen kann, sollte man sich nicht erlauben zu mögen.« In diesen wenigen Worten steckt eine Menge Weisheit – besonders für unser Geschlecht –, wenn man sich einen Moment Zeit nimmt, die Worte sorgfältig abzuwägen. Außerdem gilt das nicht unbedingt nur für Kleider, sondern auch für viele andere Dinge.

Ich nutzte meine erzwungene Muße auch noch anderweitig: Ich lernte nämlich Fahrrad fahren, was bei weitem der einfachste Weg ist, in Südtogo, wo die Straßen einigermaßen befahrbar sind, vorwärts zu kommen. Dabei baute ich einige Stürze, denn man darf sich nicht vorstellen, daß die Straßen hier, wenngleich für afrikanischen Standard als gut zu beurteilen, in irgendeiner Weise mit den *geteerten* Landstraßen zu Hause zu vergleichen sind. Doch ich gab nicht auf, und nach einiger Zeit wurde ich eine recht tüchtige Fahrerin.

Dabei besaß ich den Vorteil, daß ich nicht durch unpraktische Kleidung gehandikapt war. Im äquatorialen Afrika kehrt man zur Natur zurück. Keine engen Röcke, sondern Reithosen, in denen man sich bequem bewegen kann. Keine Stöckelschuhe oder Keilabsätze, sondern gute, feste Stiefel, die zugleich zweckmäßig und bequem sind. Kein gewelltes Haar, da die Wellen in dem heißen, dampfigen Klima keine halbe Stunde halten würden.

Natürlich hielten wir die ganze Zeit Ausschau nach passenden Themen und Schauplätzen für unsere Filme. Ich baute aus einer halben Hütte ein Studio, und wir filmten viele Szenen einheimischen Lebens und hiesiger Bräuche. Unter den Sequenzen, die wir aufnahmen, zeigte eine das tägliche Leben und die Arbeit einer Afrikanerin, wie ich sie oben beschrieben habe. Dies war ganz allein meine Idee, und als die Filme später entwickelt und schließlich in London vorgeführt wurden, zog dieser große Aufmerksamkeit auf sich.

Allerdings fand ich, daß die einheimischen Frauen und Mädchen insgesamt viel schlechtere Kameraobjekte waren als die Männer. Es war schwieriger, sie zum Posieren zu bringen; oder genauer gesagt stellten sie sich vielmehr immer in Pose, sobald die Kamera zu surren anfing, anstatt daß sie auf normale Weise ihren gewohnten Beschäftigungen nachgingen, denn das war es, was ich von ihnen wollte. Auch ihr albernes Gekichere ging mir auf die Nerven und machte mich von Zeit zu Zeit richtig wütend.

Es gab auch Probleme, was den technischen Teil der Arbeit angeht. Gelegentlich war die Hitze so groß, daß die Filme beinahe schmolzen oder sogar zu brennen anfingen; sie mußten deshalb in einer speziellen, nach dem Prinzip von Thermosflaschen konstruierten Kühlbox aufbewahrt werden. Später, als wir weit oben im Norden durch den Togoer Sudan* marschierten, mußten sogar die Kisten mit den Filmen vor der Hitze geschützt werden, indem sie in frische Bananenblätter eingewickelt wurden.

* Der geografische Begriff Sudan bezeichnet den Landschaftsraum zwischen der Sahara und der Regenwaldzone.

Am 10. Oktober sah ich zum ersten Mal wilde Affen. In der Nähe meines Hauses war ein Maisfeld, und dorthin kamen sie jeden Tag zum Mittagessen. Es sind komische kleine Geschöpfe, sehr schelmisch und lustig, aber ziemlich scheu, so daß es schwer ist, in ihre Nähe zu kommen und ihre Possen eingehender zu beobachten.

Ein- oder zweimal ging ich zu einem afrikanischen Tanz, doch ich muß gestehen, ich war nicht sonderlich beeindruckt. Es amüsierte mich ungefähr zehn Minuten lang, aber da die Bewegungen stets dieselben sind, wurde ich des Zuschauens bald müde. Und der Lärm der Trommeln ist schlicht betäubend, so daß ich in der Regel einen mehr oder weniger schlimmen Kopfschmerzanfall davontrug.

In der Nacht des 15. Oktober erlebte ich ein richtiges kleines Abenteuer. Der Mond schien hell, ich konnte nicht schlafen, und um elf Uhr, als der ganze Platz in stillem Schlummer lag, bekam ich Lust, auf einen der hohen Stahltürme zu klettern, die von Baron Codelli von Fahnenfeld in Zusammenhang mit der Funkstation für die Kolonialverwaltung errichtet worden waren.

Hier stehen nicht weniger als neun solcher Türme, 250 bis etwa 400 Fuß hoch, und mit einem Unternehmungsgeist, der Unwissenheit und Unerfahrenheit entsprang, wählte ich den höchsten aus für mein Unterfangen. Ich dachte daran, wie wunderschön die afrikanische Landschaft von dort oben im Licht des tropischen Mondes aussehen würde, und begann meinen langen Aufstieg voller Hoffnung und Begeisterung. Als ich etwa ein Drittel des Weges geschafft hatte, war mein ganzer Ehrgeiz jedoch wie weggeblasen, und ich wollte nur noch langsam wieder hinabsteigen. Ich fand den Abstieg noch nervenaufreibender als den Aufstieg – da meine ganze Motivation verschwunden war –, und als ich den Boden erreichte, brach ich beinahe zusammen.

Der »Treck« beginnt

Die ersten Novembertage verbrachten wir damit, unsere Sachen zu packen und uns fertig zu machen für die Reise landeinwärts, weg von der Eisenbahnlinie und ans »Ende der Welt«, wie Schomburgk es ausdrückte.

Die ganze Packerei interessierte mich sehr; zum Teil vielleicht deshalb, denke ich, weil ich hier meinen hausfraulichen Instinkten freien Lauf lassen konnte. Es war etwa so, als bereite man ein besseres Picknick in riesigem Ausmaß vor. Der Proviant stapelte sich, Waren aller Art häuften sich im Lager zu Pyramiden auf, und mir fiel die Aufgabe zu, Ordnung in das Chaos zu bringen.

Verpflegung und Utensilien, eben alles, was für eine fünfmonatige Tour gebraucht wurde, mußte zusammengepackt werden. Jede »Proviantkiste«, wie man sie hier nennt, mußte sorgfältig beschriftet und ihr Inhalt in eine Liste eingetragen werden. Es mußte auch darauf geachtet werden, daß jede Kiste exakt 60 Pfund wog, nicht mehr und nicht weniger, denn dies ist das Gewicht, das zu tragen sich ein Lastträger in Togo verpflichtet.

Das war also meine Aufgabe, und das Leitprinzip für mich lautete »ein bißchen von allem in jede Kiste«. So vermied man das lästige Öffnen verschiedener Kisten für jeden einzelnen Artikel, der auf dem Marsch gebraucht wurde; in jeder Kiste wurde der Proviant für einen oder zwei Tage mitgetragen und nach Bedarf benutzt, wonach die leere Kiste ausrangiert und eine neue geöffnet werden konnte.

Der wichtigste Artikel unter den Vorratsmassen war das Chinin. Immer wieder wurde mir nachdrücklich eingeschärft, sorgfältig darauf aufzupassen. Ohne Essen kann man im Busch auskommen, wurde mir gesagt; sogar ohne Wasser kann man das, jedenfalls eine Zeitlang; kein Chinin zu haben aber bedeutet den Tod.

Jeder nimmt es regelmäßig, das ist hier draußen eine Selbstverständlichkeit, wobei die übliche Dosis bei ungefähr fünfunddreißig Gran liegt. Ich nahm meine kleine Ration in zwei getrennten Dosen, immer samstags und sonntags, und ich gebe ruhig zu: »*I didn't want to do it*«, um einen gerade populären Schlager zu zitieren. Allein ich mußte. Da gab es kein Entkommen. Schomburgk und Hodgson, unser Kameramann, die einzigen anderen Weißen zu dem Zeitpunkt der Reise, nahmen ihre Ration in kleinen Dosen, fünf Gran jeden Abend. Aber ich zog die andere Methode vor.

Schließlich war alles bereit. Unsere einhundert Träger, zusammengesucht und äußerst sorgfältig ausgewählt in einem Dutzend oder mehr Dörfern, gaben ein prächtiges Bild ab. Insgesamt, mit unserer Dienerschaft, den Dolmetschern und allen anderen, bestand unser Gefolge aus genau 120 Leuten; sehr wahrscheinlich die größte Gesellschaft, überlegte ich, mit der ich je reisen sollte, und ganz bestimmt weit größer als jede, mit der ich bisher die Ehre hatte.

Am Abend des 4. November luden wir die Patres der Katholischen Mission von Atakpame, die sich uns gegenüber sehr liebenswürdig gezeigt hatten während der Zeit, die wir in ihrer Nachbarschaft verbrachten, zum Essen ein, und am 5. sagten wir Kamina *good-bye* und begannen unsere Reise.

Unsere Absicht war es, Szenen und Filme über das afrikanische Leben in unberührter, ursprünglicher Umgebung zu drehen, und zu dem Zweck hatten wir vor, bis zu den äußersten nördlichen Grenzen Togos vorzustoßen, mindestens bis zu den Grenzen des französischen Sudan. Nie zuvor war eine weiße Frau, ich habe es schon angedeutet, so weit in diesen Teil Afrikas gereist, aber wir erwarteten kaum Schwierigkeiten oder Gefahren, da die Afrikaner überall entlang unserer geplanten

Route, wie verlautete, sehr freundlich sein sollten. Außerdem hatte seine Hoheit der Herzog zu Mecklenburg, der Gouverneur der Kolonie, freundlicherweise auch die Bezirksleiter und alle anderen Beamten der Kolonialverwaltung angewiesen, der Expedition jede in ihrer Macht stehende Unterstützung zu gewähren, so daß wir uns alles in allem auf eine angenehme, wenn auch vielleicht ein wenig anstrengende Reise freuten.

Die erste Etappe unseres Weges, ein Sieben-Tage-Marsch, sollte uns zu einem Ort namens Sokode führen. Bis dorthin gab es eine ganz ordentliche Straße, daher wollten wir mit dem Fahrrad fahren – der Major meinte, später hätten wir nach Herzenslust Gelegenheit zum Reiten.

Die Strecke, die wir am ersten Tag zurücklegen mußten, war sehr kurz, nur sieben Meilen, so daß wir erst um vier Uhr nachmittags losfuhren. Unsere Träger hatten wir vorausgeschickt und ihnen gesagt, wo sie auf uns warten sollten. Doch einmal mehr erlebten wir die seltsame Querköpfigkeit der Afrikaner. Statt die kurze Etappe von sieben Meilen zurückzulegen, wie angeordnet, marschierten sie gut fünfzehn Meilen, bevor sie sich dazu herbeiließen anzuhalten.

So kam es, daß die Dunkelheit uns überfiel, lange bevor wir sie einholten. Ich stürzte unterwegs ein- oder zweimal und erreichte das Lager wundgescheuert, durchgerüttelt und mit blauen Flecken.

Schomburgk war wütend, mußte seinen größten Zorn jedoch verbergen, da die Träger noch relativ nah an ihrem Zuhause waren und jede übermäßige Strenge, jeglicher Wutanfall leicht dazu führen konnte, die ganze Bande in die Flucht zu schlagen.

In der Nacht schlief ich auf einem Feldbett in einer alten, verlassenen Strohhütte. Es war nicht allzu unbequem, aber ich bekam nicht viel Schlaf. Die Träger saßen rundherum in Grüppchen um kleine Feuer und aßen, wobei sie die ganze Zeit vor sich hin murmelten und sich miteinander unterhielten.

Am nächsten Tag hatten wir einen kurzen Weg zurückzulegen, da das Rasthaus nur etwa acht Meilen vor uns lag. Die Rasthäuser stehen in Abständen von ungefähr zwanzig Meilen entlang der Straße von Kamina bis Sokode, und jedes bedeutet das Ende einer Etappe. Unser Kameramann, Hodgson, hätte uns hier treffen sollen. Er hatte Kamina einen Tag nach uns verlassen in der Absicht, uns hier einzuholen, aber irgendwie fuhr er an uns vorbei und weiter zum nächsten Rasthaus.

Natürlich fragten wir uns, was um alles in der Welt aus ihm geworden war, und wir fingen langsam an, uns Sorgen zu machen, als ungefähr um vier Uhr nachmittags ein Bote kam und Nachrichten über sein Verbleiben brachte sowie einen Brief, in dem er dringend darum bat, ihm ein paar Vorräte zu schicken, da er dort, wo er war, nichts zu essen hatte und auch den ganzen Tag noch nichts zu sich genommen hatte.

Nach und nach spielten sich die Dinge ein. Ich war für die Verwaltung der Vorräte verantwortlich sowie für alles, was das Kochen betraf. Die Afrikaner waren fügsam, wie ich fand, ihr völlig unzulänglicher Begriff von Sauberkeit bestürzte mich jedoch. Die meisten stellten sich vor, die rechte Art, Teller und Schüsseln zu waschen, bestünde darin, sie gründlich abzulekken. Auf diesem Wege, erklärten sie, reinigten sie sie nicht nur, sondern konnten zugleich auch einen Eindruck davon bekommen, wie das Essen des weißen Mannes schmeckt.

Wasser, behaupteten sie, war zum Trinken da und nicht, um Sachen darin zu waschen. Selbst ein Küchenutensil mit einem Büschel trockenen Grases abzureiben war in ihren Augen eine völlig überflüssige Arbeit. Schließlich brachte dann ich selbst das Wasser für das Geschirr zum Kochen – eine notwendige Vorsichtsmaßnahme gegen die Ruhr – und überwachte den Abwasch von Anfang bis Ende. Das war, wie ich fand, der einzige Weg.

Ich war auch verantwortlich für das kleine Kassenbuch und pflegte den Boys kleine Vorschüsse zu geben, wenn die Gelegenheit es erforderte. Sie hatten mich *The Puss* getauft, und die Bitten um Geld wurden häufiger und hartnäckiger, als es sich nach Schomburgks Meinung mit guter Ordnung und Disziplin vereinbaren ließ. Von morgens bis abends hieß es: »Bitte, Puss, gib mir ein paar Pennies«, »Ich möchte einen Shilling, bitte, Puss«, und so weiter und so fort.

Der Höhepunkt war am Abend des zweiten Tages erreicht, als wir ungefähr fünfundzwanzig Meilen von Kamina entfernt waren. Gerade als ich mich für die Nacht zurückzog, wurde mir ein Brief ausgehändigt, der angeblich von Messa, unserem Koch, und Alfred, unserem Chefdolmetscher, kam, zu dem jedoch in Wirklichkeit, wie ich später herausfand, Messa angestiftet hatte, obwohl er von beiden aufgesetzt und unterzeichnet war.

»Liebe Puss«, hieß es da, »Koch und ich wollen Vorschuß. Ein Pfund bitte. Oder mehr. Wenn nicht mehr, weniger würde gut sein. Später, weiter im Busch, wir wollen nicht einen Penny. Das der letzte. Bitte nicht dem Herrn sagen, weil er vielleicht macht Palaver. Guten Abend, liebe Puss. Wir grüßen dich. Alfred und Messa.«

Nun, ich machte selbst ein kleines Palaver um die Sache, denn ein Sovereign*, den zwei Einheimische ganz überstürzt haben wollten, schien mir eine stattliche Summe zu sein, doch schließlich gab ich ihren flehentlichen Bitten nach und gewährte ihnen das Geld. Am nächsten Morgen bauten wir das Lager um drei Uhr ab, um einen Marsch in der Tageshitze zu vermeiden. Zu meiner Überraschung und Empörung war der Koch verschwunden. Und dazu noch mit einem unserer Fahrräder. Der Chefdolmetscher stritt, als er befragt wurde, ab, auch nur das geringste über den Verbleib des Abwesenden zu wissen. Er beteuerte, er habe den Brief lediglich geschrieben, um Messa einen Gefallen zu tun, und keine Ahnung gehabt, daß er weglaufen wollte, was er ja anscheinend getan hatte.

* englische Goldmünze

Das war eine schöne Geschichte, kein Zweifel. Der Major fluchte ausgiebig; ich weinte – heftig. Dann wurden wir beide wütend. Er sagte, das sei alles mein Fehler. »Allein der Gedanke, einem Neger einen ganzen Sovereign Vorschuß zu geben!« Ich erwiderte, er hätte mir eben sorgsamer einschärfen müssen, was für niederträchtige, hinterhältige Schweinehunde die Schwarzen doch manchmal waren.

Düster gestimmt setzten wir unseren Weg zum nächsten Lager fort, und ich konnte hören, wie Schomburgk immer wieder vor sich hingrummelte, jedesmal, wenn ich in seine Nähe kam, was ich nicht sehr oft tat. »Kein Koch! Was sollen wir denn bloß machen? Und Messa war ein guter Koch. Der beste, den ich je hatte. Und gute Köche lassen sich nicht im Busch pflücken wie Papayas.« Und so weiter und so fort.

Wir brachten an diesem Morgen achtzehn Meilen hinter uns; der längste Abschnitt, den wir bisher zurückgelegt hatten, und hielten dann zum Frühstück an.

»Sardinen und Cracker!« höhnte Schomburgk.

»Gehen Sie um Himmels willen für eine halbe Stunde irgendwo anders hin«, erwiderte ich heftig. »Ich werde mich um das Essen kümmern.«

Er nahm sein Gewehr und trottete davon in den Busch – schimpfend. Ich machte mich daran, das Frühstück zuzubereiten. Es war ein hartes Stück Arbeit, die mir selbst auferlegte Aufgabe erfolgreich abzuschließen, denn ich hatte nur rudimentärstes Kochgerät und offenes Feuer zur Verfügung.

Mit viel Mühe und Ausdauer gelang es mir jedoch am Ende, ein sehr anständiges Mahl aus Eiern und Speck zuzubereiten, mit heißen Brötchen und einem starken, dampfenden Kaffee. Schomburgk grunzte beifällig, als er kam, um daran teilzuhaben, und war hinterher äußerst freundlich, trotz der Sache mit dem fehlenden Messa. *Feed the brute!* Mir fällt der Name jener scharfsinnigen Frau nicht ein, die als erste unserem Geschlecht diesen ausgezeichneten Ratschlag gab, aber sie wußte, wovon sie sprach. Sie hatte die Männer beobachtet, und zwar mit einigem Erfolg.

Eine Stunde später tauchte der Streuner, unser Koch, wieder auf. Er erklärte, er habe kurz vor Beginn des Trecks eine junge Frau geheiratet und es, im Hinblick auf ihre Attraktivität und Unerfahrenheit, nach reiflicher Überlegung nicht für ratsam befunden, sie zurückzulassen. Er sei deshalb umgekehrt, um sie abzuholen, und das Fahrrad und den Sovereign habe er zu dem Zweck ausgeliehen.

In einem Kreuzverhör entlockte ich ihm, daß er unser voriges Lager nicht vor Mitternacht verlassen hatte. Er war also fünfundzwanzig Meilen bis Kamina geradelt und dieselbe Entfernung wieder zurück, plus die achtzehn Meilen, die wir am Morgen zurückgelegt hatten, mit anderen Worten insgesamt beinah siebzig Meilen in weniger als neun Stunden, eine tolle Leistung für einen Einheimischen, auf einer einheimischen Straße.

Ich fragte ihn nach seiner Frau. »Oh«, antwortete er, »sie bald kommen. Sie zu Fuß.«

Und tatsächlich tauchte sie noch am selben Nachmittag auf, nachdem sie den ganzen Weg von Kamina bis hierher gelaufen war, dreiundvierzig Meilen. Als ich sie sah, konnte ich Messa keinen Vorwurf daraus machen, daß er sie nicht zurücklassen wollte. Sie war das hübscheste afrikanische Mädchen, das ich je gesehen hatte. Wahrscheinlich vierzehn oder fünfzehn Jahre alt, jedoch fast voll entwickelt und mit wunderschönen Proportionen, mit schalkhaften, verführerischen Augen und einem Lächeln über das ganze Gesicht. Sie begleitete uns während der ganzen Reise und erwies sich als ziemlicher Gewinn.

Was Messa angeht, so hätten wir ihn natürlich streng zurechtweisen müssen. Tatsächlich aber waren wir so überaus froh, ihn wieder zu haben, das er in dem Moment nicht viel zu hören bekam. Später allerdings wurde er ziemlich streng ins Gebet genommen und gewarnt, daß man jedwede ähnliche Verletzung der Disziplin in Zukunft streng ahnden würde.

Von Atakpame nach Sokode

Ich habe ganz vergessen zu erwähnen, daß wir kurz hinter Kamina, in einem Dorf namens Anâ, von einer anderen Karawane eingeholt wurden, die einem Europäer, einem gewissen Dr. Berger, Geleitschutz gab; er reiste landeinwärts bis Sokode, wo er die Einwohner impfen wollte.

Das Treffen kam folgendermaßen zustande. Bei der Ankunft in Anâ entdeckten wir, daß das dortige Rasthaus bereits besetzt war, und zwar von einem gewissen Herrn Lange, einem Ingenieur, der dabei war, eine Brücke über den Anâ-Fluß zu bauen.

Als wir ankamen, war er auf der Baustelle, und Schomburgk sandte Langes Boy, um ihn über unsere Ankunft zu informieren. Nach kurzer Zeit erschien Lange selbst; er sah verblüfft aus und einigermaßen beunruhigt. Wie sich herausstellte, hatte der Boy die Nachricht für ihn so formuliert: »Herr, zwei weiße Männer sind angekommen, und einer von ihnen sieht aus wie eine Frau.«

Lange hatte daraus erraten, um wen es sich handelte, denn er hatte Schomburgk auf dessen letzter Reise kennengelernt und von seiner neuerlichen Ankunft in der Kolonie sowie meiner Anwesenheit gehört. Wie wir herausfanden, rührte sein besorgtes Aussehen daher, daß ihm gerade jetzt praktisch sämtliche Vorräte ausgegangen waren und er sich deshalb außerstande sah, uns die Gastfreundschaft zu erweisen, die er sich gewünscht hätte; und er war höchst erleichtert, als wir ihn baten, während unseres Aufenthalts in Anâ unser Gast zu sein. Ich darf hinzufügen, daß Schomburgk stets so verfuhr, und ich habe oft gehört, wie er sich in Schimpftiraden erging über die Gedankenlosigkeit, die von so manchen europäischen Weltenbummlern an den Tag gelegt wurde, die sich bisweilen tagelang bei anderen Europäern festsetzten und Essensvorräte aufbrauchten, die möglicherweise dringend benötigt wurden und vielleicht nur sehr schwer wiederzubeschaffen waren. Natürlich wird Gastfreundschaft unter solchen Bedingungen niemals verwehrt. Es ist das ungeschriebene Gesetz des Busches, daß der Weiße mit seinesgleichen teilt. Doch trotzdem sind die Auswirkungen manchmal für den, der teilt, sehr hart.

Nun gut, das Mittagessen war serviert und verspeist, und wir genossen gerade Kaffee und Zigaretten, als eine neue Gruppe Träger in Sicht kam.

»Ja hallo!« bemerkte Lange zu Schomburgk, »das sieht wie die Karawane eines weißen Mannes aus«, und die beiden wunderten sich über die Torheit des Mannes – wer auch immer es sein mochte –, so in der Hitze des Tages zu reisen.

Bald erschien der Eigner der Karawane, oben erwähnter Dr. Berger; er sah sehr erhitzt und müde aus. Natürlich hießen wir ihn willkommen – es ist wirklich ganz außerordentlich, wie das Leben im Busch einen die Ankunft eines weißen Fremden genießen läßt – und verbrachten während des restlichen Tages eine sehr angenehme Zeit zusammen.

Er war der ausgeglichenste Mann, dem ich je begegnet bin, was die Art angeht, wie er mit den Einheimischen umging. Nichts, was sie taten oder sagten, schien ihn im geringsten zu stören.

Merkwürdigerweise reiste er, obwohl er ein Beamter der Kolonialverwaltung war, ohne Dolmetscher; dabei verstand er selbst nicht ein Wort von irgendeiner einheimischen Sprache.

Wenn er etwas wollte, fragte er einfach seinen Boy danach, wobei er ihn auf deutsch, sehr ausführlich und unter Verwendung zahlreicher Umschreibungen, anredete. Nun war der Boy, der übrigens Joa hieß, von dem ehrenwerten Doktor eingestellt worden, weil er bei der Vorstellung behauptet hatte, fließend deutsch zu sprechen.

In Wirklichkeit hatte er, abgesehen von ein paar Sätzen, die er papageienartig wiederholte, nicht die geringste Ahnung von der Sprache, und das Ergebnis ihrer gemeinsamen Bemühungen, sich dem anderen gegenüber verständlich zu machen, war in höchstem Maße amüsant und wurde noch lustiger durch die Tatsache, daß der Doktor unserem Dolmetscher nicht erlauben wollte, das Sprachwirrwarr zu klären. Er wollte, wie er sagte, seinen Boy so weit bringen, daß er genug deutsch verstand, um seine Wünsche zu befriedigen.

So platzten wir beinah vor Lachen über Szenen wie die folgende, die sich in Variationen den ganzen Tag über immer wieder aufs neue abspielten.

»Joa«, sagte zum Beispiel der Doktor, »meine Freunde hätten gern einen Whisky mit Soda, und ich könnte auch einen Tropfen gebrauchen. Ein wenig Alkohol, Joa, nach des Tages Marsch, schadet sicherlich keinem weißen Mann, und es ist durchaus denkbar, daß er ihm gut tut. Deshalb, Joa, würdest du uns bitte eine Flasche Sodawasser zusammen mit einer Flasche Whisky bringen«, und dann ahmte der Doktor in stummer Pantomime nach, wie ein Korken aus einer Flasche gezogen wurde.

»Jaa!« sagte dann Joa und grinste breit über das ganze Gesicht. Er ging zum Zelt seines Herrn und kehrte bald zurück mit – einem Teleskop.

»Also, Joa«, merkte dann der Doktor freundlich an, »ein Teleskop ist auf seine Weise ein sehr nützlicher Gegenstand, aber man kann Teleskope nicht trinken, Joa. Was wir jetzt wollen, Joa, ist ein Whisky und Soda, vor allem Soda.« Und dann ahmte er nach, wie man den Hebel eines Sodawasser-Siphons niederdrückt.

Über Joas Gesicht ging neuerlich ein Leuchten. »Ah! Jaa!« rief er aus und trottete erneut von dannen, um etwa eine Minute später wieder zu erscheinen, mit angemessener Sorgsamkeit und Umsicht das doppelläufige Gewehr seines Herrn schleppend, geladen und mit gespanntem Hahn.

Und so ging das Pantomimespiel weiter, der Herr und sein Diener beide in bester Laune, bis endlich, vielleicht beim vierten oder fünften Versuch, womöglich erst beim zehnten oder zwölften, der Diener auf den richtigen Gegenstand stieß, entweder durch Zufall oder durch das – etwas langsamere – Ausschlußverfahren.

Woraufhin der Doktor uns stets ernst, aber freundlich zulächelte, wie in sanftem Tadel unserer ungebührlichen Heiterkeit, und bemerkte: »Na bitte, mit Zeit und Geduld kann man alles erreichen, sogar in Afrika und bei Afrikanern.«

Am Morgen nach dieser kleinen Episode standen wir um drei Uhr auf, um die nächste Etappe bis zu einem Ort namens Njamassila noch vor der größten Hitze hinter uns zu bringen. Ich kann sagen, daß dies fortan unser übliches Vorgehen war, und so machen es ja auch alle erfahrenen Reisenden in diesem Teil der Welt.

Die Entfernung von Anâ nach Njamassila beträgt ungefähr zwanzig Meilen, und die Straße ist streckenweise nicht gerade eben. Auch war es natürlich noch recht dunkel, als wir starteten, so daß es mir alles in allem nicht sonderlich viel ausmachte, als Schomburgk bestimmte, ich solle den ersten Teil der Reise in meiner Hängematte zurücklegen.

So wurde ich etwa zwei Drittel des Weges getragen. Als es dann hell wurde, kletterte ich heraus, stieg auf mein Fahrrad und fuhr den Rest der Strecke selbst. Es ging nicht leicht voran, außerdem war es noch recht kalt, aber ich hielt durch und warf mir eher meine anfängliche Faulheit vor. Als ich jedoch bei der Ankunft in Njamassila entdeckte, daß unser Freund, der Doktor, sich den ganzen Weg hatte tragen lassen, fiel ich ins andere Extrem, drückte mir bildlich gesprochen selbst die Hand und brüstete mich mächtig mit meiner »tollen« Demonstration von Kühnheit und Durchhaltevermögen. »Ich habe vor, den ganzen nächsten Streckenabschnitt mit dem Fahrrad zu fahren«, teilte ich Schomburgk mit.

Leider kam mein Hochmut auf diesem Gebiet und bei dieser Gelegenheit vor dem Fall. Ob es an den für mich ungewohnten Anstrengungen des vergangenen Tages lag – außer dem Fahrradfahren war ich auch eine Menge herumgerannt –, kann ich nicht sagen, doch Tatsache ist, daß ich mich am nächsten Morgen, als wir um 2.30 Uhr das Lager abbrachen, so schwach und schwindelig fühlte, mit so steifen und schmerzenden Gliedern, daß ich kaum stehen konnte.

Unter den Umständen blieb mir nichts übrig, als einmal mehr Zuflucht in meiner Hängematte zu suchen, wo ich, in zahlreiche Decken und Mäntel gehüllt, die die kalte Nachtluft abhalten sollten, eingelullt von dem rhythmischen Schaukeln des Gefährts bald in tiefen Schlaf fiel.

Es schien mir, daß ich meine Augen kaum länger als ein paar Minuten geschlossen hatte, als ich davon erwachte, daß Schomburgk die Hängemattenträger ärgerlich fragte, warum sie untätig herumstanden und wo ich denn war. »Herr«, antworteten sie, »sie schläft da drinnen, und wir fürchteten, du würdest böse werden, wenn wir sie aufwecken.«

Ich hörte das alles verschwommen wie in einem Traum zwischen Schlafen und Wachen. Träge legte ich mich zurück, ich war selbst zu faul, mich auf meinen Ellbogen zu stützen und hinauszulugen. Ich fragte mich gerade, was die Ursache für den langen Aufenthalt war und wie bald wir die Reise fortsetzen würden, als der erhobene, protestierende Ton von Schomburgks Stimme mich augenblicklich vollständig wachrüttelte.

Dieses Mal wandte er sich an mich, und zwar mit folgenden Worten: »Kommen Sie, kleine Lady; wollen Sie denn nicht aufstehen?«

»Aber warum? Wie spät ist es denn? Wo sind wir?«

»Es ist acht Uhr, und wir sind in Agbandi.«

»Was!« schrie ich, zog die Vorhänge beiseite und sprang auf den Boden.

Was ich sah, ließ mich vor Verwunderung die Augen reiben.

Vor mir befanden sich ein neues Rasthaus sowie ein Dorf, das ich nie zuvor erblickt hatte, und die Frühstücksvorbereitungen waren, wie ich sehen konnte, schon recht weit fortgeschritten. Erst da wurde mir klar, daß ich die ganze zwanzig-Meilen-Etappe von Njamassila bis Agbandi durchgeschlafen hatte.

Am Nachmittag, als die schlimmste Hitze des Tages vorüber war, schlenderten wir hinunter zum Dorf. Es gab dort jedoch nicht viel zu sehen, und wir wollten gerade zu unserem Lager zurückkehren, als uns aus einem der Häuser der größte und mächtigste Mann gegenübertrat, den ich je gesehen habe, sowohl in Afrika als anderswo. Er war über acht Fuß groß, sehr breit und äußerst kräftig gebaut, und die Muskeln traten unter seiner Haut hervor, als wären sie Buckel aus gehämmerter Bronze.

Wir hätten ihn gern gefilmt, hatten aber leider unsere Kamera nicht dabei. Später machten wir jedoch einen anderen Riesen von kaum geringerer Größe ausfindig, und es gelang uns, ihn aufzunehmen, wobei Schomburgk sich zur Verdeutlichung des Größenunterschieds neben ihn stellte und von Zeit zu Zeit die Sachen hochhob und vorzeigte, mit denen der Riese ausstaffiert war – seinen Bogen und die Pfeile, seinen Speer sowie die seltsame Eisenrassel, die alle Einheimischen in Togo tragen und über die ich bald noch mehr erzählen werde.

Unsere nächste Wegstrecke führte uns von Agbandi nach Blita, wo wir auf eine neue Gruppe Träger stießen, Männer vom Volk der Kabre, die von Sokode hergeschickt worden waren, um uns zu treffen. Unsere anderen Träger wurden nach Atakpame zurückgeschickt.

Die Kabre bewohnen das Transkara-Land* und sind in der Regel schöne, starke Männer, doch die Gruppe, die wir bekamen, sah eher armselig aus im Vergleich zu den Leuten aus Atakpame. Aber sie trugen unsere Sachen ordentlich bis nach Sokode, und das war alles, was wir von ihnen wollten.

* Das Land jenseits des Flusses Kara

Es war mit Abstand der am wildesten aussehende Haufen Afrikaner, mit dem ich bisher in Kontakt gekommen war, insgesamt neunzig Männer, und sie waren alle praktisch nackt – nicht einer von ihnen trug ein Hüfttuch. Auch ihre Sprache unterschied sich von allem, was ich bisher gehört hatte. Sie hörte sich in meinen Ohren ordinär und unzivilisiert an, eine bloße Folge von Grunzern und Glucksern.

Hier wurde mir auch zum ersten Mal bewußt, daß mein Aussehen Angst einflößen oder sogar Ekel und Abneigung hervorrufen konnte, denn als ich am Nachmittag auf den Marktplatz ging, um mich wie üblich ein bißchen umzusehen, flohen die Kinder mit schreckerfülltem Geschrei, und selbst ihre Mütter sahen mich entsetzt an. Letzteres machte mir nicht so viel aus, denn ich hatte schon die Erfahrung gemacht, daß es nicht immer sehr angenehm war, die in den abgelegenen Buschdörfern lebenden Frauen zu nahe bei sich zu haben. Sie neigen dazu – nun ja, übel zu riechen. Doch angesichts der Haltung ihrer Sprößlinge war ich richtig verletzt, denn ich habe Kinder sehr gern, und sie mögen mich in der Regel auch, und in Kamina waren wir gute Kumpel gewesen. Aber in Kamina liefen immer weiße Menschen herum, wohingegen ich auf jeden Fall die erste weiße Frau war, die diese nackten kleinen Ebenholz-Racker erblickten. Folglich betrachteten sie mich wohl als eine Art blaßgesichtiges Gespenst, vor dem man augenblicklich und um jeden Preis fliehen mußte.

Während unseres Marsches von Blita zu unserem nächsten Halt in Djabotaure schlief ich wieder in meiner Hängematte. Ich muß zugeben, das klingt ein bißchen faul; aber man darf nicht vergessen, daß das feuchte und heiße westafrikanische Klima ausnehmend strapaziös ist, besonders für eine europäische Frau, noch dazu, wenn sie nicht daran gewöhnt ist. Man braucht nur eine Stunde im Palmenhaus von Kew Gardens* zu

* Botanischer Garten in Kew bei London

verbringen, um einen schwachen Eindruck davon zu bekommen. Die geringste Anstrengung während des Tages verursacht einen enormen Schweißausbruch. Und was noch schlimmer ist, das Klima scheint einem jegliche Energie und Lebenskraft zu nehmen, so daß man sich von morgens bis abends wie ein nasser Lappen fühlt. Dagegen anzukämpfen ist nahezu unmöglich. Gewöhnlich ging ich müde zu Bett und wachte noch müder wieder auf. Nach einer Weile jedoch verloren sich die Symptome völlig, und ich wurde ziemlich stark und gesund, trotz der Hitze und dem fortdauernden Reisen. Der menschliche Körper ist wahrhaftig wunderbar anpassungsfähig.

In Djabotaure widerfuhr mir auch ein kleines Abenteuer. Ich machte meinen üblichen Nachmittagsrundgang durch das Dorf, die Männer waren draußen im Busch, um etwas für den Kochtopf zu schießen, als sich plötzlich ganz in der Nähe, aus der entgegengesetzten Richtung von der Stelle, wo ich in das Dorf hereingekommen war, ein ganz unheimlicher Tamtam-Lärm erhob, gemischt mit viel Geschrei, dem Klappern von Rasseln und dem Hufgetrampel von Pferden.

Ich stand stocksteif in der Mitte des Dorfes, wußte nicht so recht, was ich sonst tun sollte, da galoppierten fünf äußerst grimmig und wild aussehende Männer heran und hielten vor mir an; ihnen folgten weitere, die sich zur Rechten und zur Linken postierten. In der Zwischenzeit hatte unser Dolmetscher, der dieses eine Mal in dem Moment erschienen war, als er wirklich gebraucht wurde, uns sozusagen einander vorgestellt, und der vorderste Reiter stieg ab und grüßte mich würdevoll. Er bemerkte, ich sei die erste weiße Frau, die er zu Gesicht bekam, und nun, da er mich gesehen habe, hoffe er, noch viele weitere zu sehen. Kein schlechtes Kompliment aus dem Mund eines fast nackten Wilden, aus dem Stegreif und mitten im afrikanischen Busch!

Die Neuankömmlinge waren, wie der Dolmetscher erläuterte, ein Chef aus einem benachbarten Dorf und sein Gefolge, und sie waren nach Djabotaure geritten, um an den Festlichkeiten teilzunehmen, die dem Ramadan vorausgehen, der großen muslimischen Fastenzeit.

Diese entspricht, wie die meisten wissen, grob der unseren. Sie soll der ersten »Offenbarung« Mohammeds gedenken, und während der ganzen vier Wochen, die das Fasten andauert, darf ein strenggläubiger Muslim bis Sonnenuntergang weder essen noch trinken, weder rauchen noch baden, kein Parfüm riechen, nicht einmal seinen eigenen Speichel hinunterschlucken.

All das ist jedoch reine Theorie, was die Muslime in Togo betrifft. Die Festlichkeiten, die das Fasten einläuten, feiern sie zwar mit riesengroßer Begeisterung – mit ihrem Singen und Tanzen hielten sie uns die ganze Nacht wach –, und genauso enthusiastisch sind sie beim Bairam-Fest, welches die Fastenzeit beschließt. Doch was das eigentliche Fasten anbelangt, konnte ich nicht feststellen, daß es für sie in irgendeiner Weise einen Unterschied machte. Sie aßen, tranken und rauchten gerade so, wie sie es immer tun; in Wahrheit sind diese Leute nämlich Muslime nur dem Namen nach.

Am Tag nach dem Vorfall marschierten wir bis Andasi*, unserem nächsten Rastplatz, wobei ich noch immer in meiner Hängematte reiste. Ich hatte mich noch nicht akklimatisiert und fühlte mich schwach und müde. Aus irgendeinem Grund erwiesen sich bei dieser Gelegenheit meine Hängemattenboys auch noch als völlig unfähig, was ganz ungewöhnlich ist. Sie schaukelten mich von einer Seite zur anderen, kippten mich in die eine, dann wieder in die andere Richtung und grinsten nur blöde, wenn ich mich beschwerte. Es war so, als säße man während eines Sturms in einem kleinen Boot, und während der letzten paar Meilen fühlte ich mich richtiggehend seekrank.

Am nächsten Morgen brachen wir um 3 Uhr im Mondlicht auf, um die letzten zwanzig Meilen bis Sokode zurückzulegen,

* heute Kolonaboua

eines der größten und wichtigsten kolonialen Zentren in diesem Teil Togos. Die Mondnächte in Afrika sind von bezaubernder Schönheit, ob man sich nun, wie in diesem Fall, auf einer relativ offenen Straße befindet oder einem der Pfade folgt, die mit jeder Biegung, jeder Windung neue Ausblicke auf silbernen Zauber enthüllen. Der graue, geheimnisvolle Busch erlangt unter solchen Umständen eine bis dahin nicht erträumte Schönheit. Die zahlreichen tropischen Pflanzen auf den vielen offenen Lichtungen, an denen man vorbeikommt, ragen scharf und stumm empor und sehen aus wie weiß-metallene Bäume, aus Aluminium zart geschnitzt und mit Rauhreif bedeckt.

Um acht Uhr morgens erreichten wir eine Stelle etwa vier Meilen vor Sokode, wo in der Obhut eines jungen Europäers, Herrn Kay H. Nebel, unsere Pferde standen. Bis zu dem Punkt hatte ich, seit dem Ende der Eisenbahnlinie, die ganze Strecke entweder auf dem Fahrrad oder in der Hängematte zurückgelegt; von nun an sollten wir hauptsächlich auf Pferden weiterkommen.

Nebel hatte Major Schomburgks früherer Expedition als Berufsschauspieler angehört und war zur Beaufsichtigung der überzähligen Vorräte und der Ausrüstung in Sokode zurückgelassen worden, als Schomburgk am 1. Juni 1913 den Ort verlassen hatte. Ich kannte ihn ganz gut, da ich ihn in Hamburg, wo ich wohne, kennengelernt hatte.

Es war eigenartig, hier in der afrikanischen Wildnis die Bekanntschaft zu erneuern. Der elegante, gepflegte junge Mann, den ich in Erinnerung hatte, war zu einem typischen Buschläufer geworden. Sein Gesicht, Nacken und Arme waren sonnenverbrannt und hatten eine sehr dunkle Mahagoni-Farbe angenommen. Er trug einen riesigen Cowboyhut, unter dem sein langes Haar fast bis auf die Schultern herabfiel, à la Buffalo Bill. Sein Flanellhemd war am Hals offen. Er sah herrlich malerisch aus und auch wunderbar verrufen, ein Art Kreuzung zwischen einem typischen Banditen aus der Oper und einem Desperado aus dem amerikanischen Westen, wie sie in den Kinofilmen in New York und London dargestellt werden.

Nach gegenseitigen Begrüßungen und Erklärungen stellten wir ein Zelt auf, wuschen uns rasch und wechselten die Kleider, um einigermaßen sauber in Sokode anzukommen, wo uns ein Willkommensessen erwartete, das Ergebnis liebenswürdiger Voraussicht und Gastfreundschaft von seiten Herrn Küppers, des Lehrers an der Schule dieser Stadt.

Während der heißen Zeit des Tages ruhten wir uns in Sokode aus. Anschließend bogen wir im rechten Winkel ab in den Busch in Richtung eines Dorfs namens Paratau, ungefähr vier Meilen von Sokode entfernt.

Wir hatten vor, hier recht lange zu bleiben, um eine Reihe von Spielfilmszenen sowie ein paar ethnografische Dokumentationen zu drehen.

In der Hauptstadt von Tschaudjo-Land

Paratau, wo wir unser Lager aufgeschlagen hatten, ist der Amtssitz von Uro Djabo, dem Oberhaupt des bedeutenden Tschaudjo-Volkes. Uro heißt »König«, und in der Tat wird Djabo von der deutschen Kolonialverwaltung als König der Tschaudjo anerkannt und entlohnt.

In Togo ist es bei weißen Fremden üblich, einem wirklich großen Chief wie diesem einen Besuch abzustatten, bevor man zum Rasthaus der Verwaltung geht, und obgleich ich sehr, sehr müde war, mußte die westafrikanische Etikette eingehalten werden.

Ich lernte den Uro als höchst charmanten Gastgeber kennen, und obwohl er alt und fett war und seine äußere Erscheinung daher nicht besonders imposant, vermittelte er irgendwie den Anschein von Würde und Befehlsgewalt. Er empfing uns mit beeindruckendem Hofstaat, umgeben von einer großen Eskorte aus Würdenträgern und Dienern; unter ersteren stach sein Premierminister hervor, Mama-Sugu, ein außerordentlich großer, gutgebauter und schöner Mann. Unter seinem Turban sah er recht jung aus, und ich schätzte ihn im stillen auf etwa dreißig. Nachher jedoch nahm er seinen Turban ab, und ich sah, daß er graues Haar mit kahlen Stellen hatte. Wahrscheinlich war er um die fünfzig, und auch dies ist nur eine annähernde Schätzung, denn Afrikaner merken sich ihren Geburtstag nicht und haben so nur eine vage Ahnung, wie alt sie sind.

Regierungen zeichnen sich kaum durch Dankbarkeit aus, doch die Kolonialverwaltung hat allen Grund, Uro Djabo dankbar zu sein, denn den Besitz Togos verdankt sie praktisch seinem Vater und Vorgänger. Als der berühmte Dr. Kersting, der Gründer und Pionier Nordtogos, das Land zum ersten Mal betrat, fand er es von vielen kriegerischen Völkern bewohnt, die andauernd gegeneinander kämpften.

In einem kleineren Maßstab dem Beispiel von Cortez in Mexiko sowie dem von Clive in Indien folgend, verbündete er sich mit dem stärksten und kriegerischsten all dieser Haufen, nämlich dem Tschaudjo-Volk, und er und der alte Uro unterwarfen praktisch das ganze Land und unterstellten es der deutschen Flagge. Im Verlauf unseres verhältnismäßig langen Aufenthalts in Paratau unterhielt ich mich des öfteren mit Uro Djabo, und er ließ sich, mittels eines Dolmetschers natürlich, immer wieder des langen und des breiten über die frühere Stärke und Größe der Tschaudjo aus. Ursprünglich wohl ein Kriegervolk wie die Massai und die Zulu, kamen die Tschaudjo vor vielen Jahren von Norden her und verwüsteten auf ihrem Vormarsch das Land. Sie kamen auf Pferden, und da diese Tiere nie zuvor in Togo gesehen worden waren, reichte der Schrecken, den sie den dortigen Ureinwohnern und Besitzern des Bodens einjagten, beinah schon aus, um deren Niederlage zu besiegeln.

Djabo zeigte mir auch seinen »Palast«, eine Ansammlung von Rundhäusern verschiedener Größen, die unregelmäßig im Zickzack angeordnet und durch eine Mauer verbunden waren. Das Hauptgebäude, um einiges größer und höher als alle anderen, beinhaltete die Eingangshalle sowie Ställe und wurde von einem Straußenei gekrönt, dem Emblem des Königshauses.

Am anderen Ende des durch Häuser und Mauer gebildeten Platzes wurde ein Kronenkranich gehalten. Für Uro Djabo war der Vogel von sehr großer Bedeutung. Er war, so wurde mir mitgeteilt, heilig; und wer immer ihn töten oder sich anderweitig an ihm vergehen sollte, würde hart bestraft werden. Der Kranich wußte ganz genau, daß er besondere Vorrechte genoß. Wenn die Leute beim Essen saßen, stolzierte er zu den Kochtöpfen und nahm sich die Happen, die seinem Geschmack entsprachen. Jedem gewöhnlichen Vogel, der eine solche Gewohnheit an den Tag gelegt hätte, wäre umgehend der Hals umgedreht worden, denn kaum etwas verärgert einen Westafrikaner mehr, als wenn sich jemand mit seinem Essen Freiheiten erlaubt. Doch kaum erschien der Kranich, wandten sich alle von ihrem Kochtopf ab und warteten geduldig, bis der Vogel sich bedient hatte, bevor sie weiteraßen. Ich versuchte hartnäkkig, Uro Djabo dazu zu bringen, mir alles über den Vogel zu erzählen, doch er wußte das Thema stets zu vermeiden, und wenn ich ihn drängte, weigerte er sich glatt. Auch kein anderer schien geneigt, mehr über ihn zu sagen, als mir in ehrfurchtsvollem Wispern zuzuraunen, er sei des Uros Fetisch.

Für einen Afrikaner unterhielt Djabo, wie ich bereits andeutete, einen beachtlichen Staat. Er wurde stets von seiner Kapelle begleitet, hauptsächlich Trommeln sowie ein oder zwei Rohrpfeifen nicht unähnliche Instrumente; außerdem von seinem Premierminister, dem Schwertträger, Dienern und dergleichen mehr, alle in kunstvoller arabischer Kleidung. So kam der gute Mann, als wir ihn einmal zum Nachmittagstee in unser Haus luden, in Begleitung von etwa zwanzig Gefolgsleuten, die den kleinen Hof vollständig füllten. Er war jedoch ein sehr demokratischer König. Wenn er sich zum Beispiel einen Keks nahm, aß er zuerst ein Stück und reichte ihn dann rundum weiter, daß alle anderen auch einmal daran knabbern konnten. Als Schomburgk ihm eine Zigarre gab, wurde sie der Reihe nach von all seinen Begleitern geraucht, wobei jeder zwei oder drei tiefe Züge nahm, bevor er sie an den nächsten Wartenden weiterreichte. Ich habe niemals gesehen, daß eine Zigarre von so vielen Leuten und so schnell zu Ende geraucht wurde, denn alle versuchten, soviel Rauch wie nur irgend möglich in ihre Lungen zu ziehen, so daß die Zigarre in null Komma nichts heruntergebrannt und fertiggeraucht war. In der Zwischenzeit plauderte und scherzte Djabo mit jedermann. Der einzige erkennbare Unterschied zwischen dem König und seinen Untertanen bestand darin, daß er auf einem Stuhl saß, während die anderen auf dem Boden hockten.

Im Anschluß an diesen Besuch empfing mich Djabo allein in seinem Palast und stellte mich seinen Frauen vor. Ich sah etwa zwanzig von ihnen. Zwei oder drei waren junge Mädchen und konnten sich sehen lassen; doch die anderen waren zum Großteil alt, fett und häßlich. Nach dem Empfang machte ich ihm Komplimente, nicht zur Schönheit oder Intelligenz seiner Frauen, sondern weil er es sich leisten konnte, so viele zu haben, denn dies verlangt die Etikette in Westafrika. »Oh«, meinte er leichthin, »das ist noch gar nichts. Ich habe noch Hunderte mehr im ganzen Land verstreut.«

Unter den Geschenken, die Djabo von der Kolonialverwaltung bekommen hatte, befand sich ein großer und sehr solider Gartenstuhl. Er sah höchst gewöhnlich aus und war gar nicht in Einklang zu bringen mit dem ihn umgebenden afrikanischen Busch; doch der alte Djabo war ungeheuer stolz auf ihn und ging sogar so weit, einen Stuhlwärter zu beschäftigen, dessen einzige Pflicht darin bestand, auf dieses eine Möbelstück aufzupassen und es mitzutragen, wohin immer sein Herr ging. Daraus ergab sich ein Problem für uns, als wir Seine Majestät filmen wollten, denn er bestand darauf, auf seinem Stuhl sitzend aufgenommen zu werden, was von unserem Standpunkt aus das Bild wertlos gemacht hätte. Nach langer Diskussion jedoch und nachdem wir ihm ein Stück Seidenstoff geschenkt hatten, fand er sich schließlich dazu bereit, für dieses eine Mal darauf zu verzichten.

Es gibt in Paratau einen großen Markt, und Lebensmittel sind sehr billig. Man kann beispielsweise acht Eier für einen Penny kaufen. Zitronen gibt es für einen Viertelpenny das Dutzend. Eine gute, fleischige Taube kostet drei Pence. Diese Summen bedeuten natürlich für einen Einheimischen sehr viel mehr als für einen Europäer; doch ich kam zu dem Schluß, daß, auch wenn man den Wertunterschied des Geldes berücksichtigte, die Tschaudjo, sei es Mann oder Frau, im Durchschnitt mit weniger Geld weit besser leben konnten als ein Arbeiter in, sagen wir, England oder Deutschland. Die meisten von denen, die ich traf, sahen jedenfalls gut genährt und zufrieden aus.

Ich habe an anderer Stelle auf die große Kunstfertigkeit der Tschaudjo-Reiter angespielt, und eines unser Ziele während unseres Aufenthalts in Paratau war, sie zu filmen. Dies gelang uns außerordentlich gut. Als ich später in London Gelegenheit hatte, die Szene auf der Leinwand zu sehen, war ich in der Tat höchst erfreut und sogar überrascht angesichts ihres wahrheitsgetreuen Realismus'. Viele waren sehr angetan von den geschickten Reiterkunststücken, die Araber im letzten Jahr bei der Internationalen Pferdeschau im Londoner Olympia vorgeführt haben. Aber da hat es sich nur um ein paar ausgewählte Männer gehandelt. Wir konnten eine viel größere Anzahl der echten wilden Reiter des Sudan filmen, und noch dazu in ihrer Heimat, in ihrer ursprünglichen Umgebung.

Übrigens wird mir hier, wie auch anderswo, häufig in Erinnerung gerufen, daß ich die erste weiße Frau bin, die zu diesen primitiven Völkern kommt. Die Frauen schrecken vor mir zurück oder sehen mich entsetzt an, und die Kinder rennen in panischer Angst schreiend vor mir davon. Einmal brachte ich den Dolmetscher dazu, ein süßes kleines Mädchen von neun oder zehn Jahren zu fragen, warum es vor mir davonlief. Er brachte das Kind zu mir, doch lange Zeit sagte es kein Wort. Es stand nur stumm da, die Augen zu Boden geschlagen und an allen Gliedern zitternd. Schließlich schaute es kurz auf und warf dem Dolmetscher eine heftige rasche Frage zu.

»Nein, nein, nein!« war seine Antwort. »Natürlich nicht. Dummes kleines Ding! Warum glaubst du das?«

Ich fragte ihn, was die Kleine gesagt hatte. Er antwortete, sie habe gefragt, ob ich sie schlagen würde, wenn sie mir die Wahrheit sagte.

»Sag ihr«, meinte ich, »daß ich ihr im Gegenteil ein Geschenk geben werde.«

Er übersetzte mein Versprechen, woraufhin das Mädchen,

nach einem schnellen, halb forschenden, halb zweifelnden Blick auf mich, ein paar kurze hart und entschieden klingende Töne herausbrachte, die sich wie das Rat-a-ta-ta eines Türklopfers anhörten.

Dann war es der Dolmetscher, der sich in Schweigen zurückzog. Er lehnte es kategorisch ab, ihre Antwort zu übersetzen; es sei zu furchtbar und nicht geeignet für meine Ohren und so weiter und so fort.

»Na gut«, sagte ich schließlich, »ich gehe zu Major Schomburgk und teile ihm mit, daß du dich weigerst, deine Pflicht zu tun.«

Woraufhin der arme Mann, in die Ecke getrieben, mit der Antwort des Mädchens herausplatzte und in seiner Verwirrung und Aufregung alle Wörter ineinander fließen ließ. »Das unverschämte junge Ding sagt«, stieß er hervor, »sie fürchtet sich, dich anzuschauen, weil du so häßlich bist.«

Ich mußte lachen. Ich konnte einfach nicht anders. Aber in meine Heiterkeit mischte sich ein kleiner – wirklich sehr kleiner – Hauch Bitterkeit. Ins Gesicht gesagt zu bekommen, daß ich häßlich war! Und das von diesem nackten kleinen Ebenholz-Racker.

Nun, überlegte ich, Männer hatten mich nicht reizlos gefunden. Und auch von meinem eigenen Geschlecht – schwierigste aller Prüfungen – hatte ich anerkennende Bemerkungen, bei Gelegenheit sogar Worte der Bewunderung gehört. So kniff ich meine kleine Kritikerin spielerisch in die Wange und schickte die nunmehr glückliche Besitzerin eines bunten Seidentaschentuchs ihrer Wege.

Der Vorfall brach sozusagen das Eis, und bald verstand ich mich bestens mit beinah der gesamten jugendlichen Bevölkerung Paratāus. Sie entdeckten, daß ich nicht die Menschenfresserin war, für die sie mich gehalten hatten. Aber ich konnte sie zu keinerlei Äußerung der Bewunderung mir gegenüber bewegen, wieviel Anspruch auf Dankbarkeit ich auch immer haben mochte. »Bin ich wirklich und ehrlich häßlich?« fragte ich eines Tages einen kleinen Jungen, den ich sehr liebgewonnen hatte. »Wirklich und ehrlich, das bist du, liebe Puss«, antwortete er in kindlicher Offenheit. »Aber«, fügte er als mildernden Umstand und vielleicht als Balsam für meine verletzten Gefühle hinzu, »du kannst nichts dafür. Der liebe Gott hat dich so gemacht, nicht wahr? Wir können nicht alle schwarz und schön sein.«

Als ich mich dann in sie hineinversetzte und versuchte, so zu denken wie sie, kam ich zu dem Schluß, daß sie mich in etwa so betrachteten wie ein weißes Kind eine schwarze Puppe – als etwas, vor dem man sich zunächst fürchtet und das man dann doch liebt, gerade weil es fremd und sonderbar ist. Nur daß in ihrem Fall die Puppe lebendig und daher um so furchteinflößender war, und zwar so lange, bis sie sich durch Erfahrung von ihrer Harmlosigkeit überzeugen konnten.

Nach etwa zehn Tagen in Paratau spürte ich, wie es mir langsam gesundheitlich schlechter ging. Unser Lager stand ganz in der Nähe des alten Verwaltungssitzes, und der Ort war keineswegs ideal. In meiner Hütte war es, wie auch in den anderen, stickig und schwül, und es rührte sich kein Lüftchen darin. Sie hatte keine Fenster und war aus dem üblichen Strohlehm und Flechtwerk gebaut, was ganz gut ist, wenn die Hütte vor nicht allzu langer Zeit errichtet wurde; wenn sie aber schon alt ist wie diese hier, dann verströmt sie bisweilen einen ekelhaften, modrigen Geruch. Dazu kamen auch noch die Düfte aus dem Dorf – die alles andere als angenehm waren. Und zur Krönung war der ganze Ort von dichten Hirsefeldern – man könnte fast sagen Plantagen – umgeben, die fünfzehn bis zwanzig Fuß hoch standen, wodurch wirklich jeder Luftzug ausgeschlossen wurde. Nicht daß dies viel ausgemacht hätte; die Zeit des Harmattan hatte begonnen, und die heiße, flirrende Luft war erfüllt von undurchdringlichem gelben Staub, dick wie Nebel, so daß man mitten am Tag geradewegs in die Sonne blicken konnte, ohne daß einem die Augen schmerzten.

All das hatte zur Folge, daß ich beinah ständig an Kopfschmerzen litt. Ich mochte jedoch nicht klagen, denn wir waren mitten in einem neuen Spielfilm, und ich wußte, daß Schomburgk sein Herz daran gesetzt hatte, ihn so bald wie möglich zu Ende zu bringen. Aber manchmal, wenn wir von sieben bis elf in der Backofenhitze geprobt hatten, in Cowboykleidung und mit einem Haufen schwitzender Schwarzer als Statisten, dann meinte ich, vor purer körperlicher Erschöpfung auf der Stelle umkippen zu müssen.

Der Höhepunkt kam eines Tages, als ich die Heldin zu spielen hatte in einer Szene, in der Nebel, der einen Justizflüchtling darstellte, durch die Berge davongaloppierte und ich hinter ihm her, gefolgt von zwanzig oder dreißig Tschaudjo-Reitern. Nebel drehte sich immer wieder in seinem Sattel herum und feuerte auf mich. Die Reiter hinter mir stießen unablässig die grauenerregendsten Schlachtrufe aus. Und alle zusammen erschreckten sie mein Pferd so sehr, daß es durchging und geradewegs auf den Rand einer ziemlich hohen Klippe zuraste, an deren Fuß viele Felsen auf unebenem Grund lagen.

Höchst alarmiert warf ich meinen Revolver fort und versuchte krampfhaft, mit beiden Händen und unter Einsatz all meiner Kraft, mein erschrecktes Roß anzuhalten. Es war ein großartiges Pferd, das beste in Sokode, und wir beide waren dicke Freunde. Normalerweise konnte ich alles mit ihm machen, doch jetzt war es verrückt vor Angst und ich völlig machtlos. Seinen wilden Lauf einem Ziel entgegen, das den sicheren Tod für uns beide zu bedeuten schien, konnte ich nicht im geringsten steuern.

Nebel tat sein Bestes, das Pferd zu stoppen, und versuchte, sein Zaumzeug zu erwischen, als wir an ihm vorbeistoben, doch der Ausreißer schwenkte heftig aus, wobei er mich prompt fast aus dem Sattel warf. Im nächsten Moment machte er einen wilden Luftsprung über Steine und Felsblöcke, und ich gab mich verloren.

Wie es der Zufall wollte, landete er auf beinah dem einzigen Stück halbwegs weichen Bodens hier im Umkreis. Ein Yard weiter links, ein Yard weiter rechts ragten haufenweise scharfkantige Felsen hervor, und wäre er darauf gefallen, so hätte das fast unvermeidlich meinen Tod bedeutet. Nun stolperte er, fing sich wieder, stolperte erneut und fing sich wieder und stand dann stocksteif da, schweißüberströmt und an allen Gliedern zitternd.

Ich war natürlich rittlings aufgesessen; ein Glück für mich. Wäre ich im Damensattel geritten, ich glaube kaum, daß ich mich hätte im Sattel halten können. So hatte ich böse blaue Flecken bekommen und war vollkommen durchgeschüttelt. Zusammen mit dem Nervenschock verschlimmerte dies mein vorheriges Unwohlsein derart, daß ich einen Kollaps erlitt.

»Ich muß weg von hier, und zwar sofort«, sagte ich abends zu Schomburgk, »oder ich werde mich nicht erholen, das fühle ich.«

Zu seiner Ehre mag hier gesagt werden, daß Schomburgk äußerst mitfühlend war. Er erkannte den Ernst der Lage, und, obgleich schon zu vorgerückter Stunde, sandte er einen Sonderboten nach Sokode, um den Behörden dort mitzuteilen, wie die Dinge standen, und um sie um Unterstützung zu bitten. Mit einer Promptheit und Zuvorkommenheit, die ich niemals vergessen werde, machte sich die deutsche Kolonialverwaltung ans Werk, nahm etwa hundert Träger von ihrem eigenen Arbeitspersonal und schickte sie gleich am Morgen zu uns, so daß wir geradewegs nach Aledjo-Kadara aufbrechen konnten, dem Sanatorium Togos.

Eine Stunde später hatten wir unser hübsches, aber ungesundes Lager in Paratau verlassen und waren auf dem Weg in das Hochland, in dem Aledjo liegt – die Schweiz Togos, wie dankbare Kranke aus dem glühend heißen Flachland es in ihrer Begeisterung getauft haben.

Aledjo-Kadara, die Schweiz Togos

Der Marsch von Paratau nach Aledjo-Kadara oder Aledjo, wie es im allgemeinen kurz genannt wird, war eine sehr langwierige Angelegenheit, und wir brauchten zwei Tage dafür. Eine Ursache lag darin, daß die Männer, die uns die Verwaltung in Sokode so hilfsbereit zur Verfügung gestellt hatte, normale Stationsarbeiter und nicht an das Tragen gewohnt waren; daher kamen sie nur langsam voran.

Ich wurde den ganzen Weg bis zu unserem Lager in Amaude in der Hängematte getragen und erreichte es, von Schomburgk eskortiert, um zwei Uhr, doch als der Rest der Karawane, unter Führung von Nebel und Hodgson, auftauchte, wurde es bereits dunkel. Sie hatten es ziemlich schwer gehabt mit den Männern, und während der schlimmsten Hitze des Tages hatten sie einen Augenblick schon fast die Hoffnung verloren, die Etappe zu schaffen. Die armen Teufel waren in furchtbarem Zustand und taumelten unter ihrer Last, einige brachen zusammen; ich konnte es gar nicht mit ansehen. Das Gepäck hatte nur deswegen vollständig mitgeführt werden können, erzählte uns Nebel, weil sie jene Einheimischen zum Helfen herangezogen hatten – keine Träger –, die die Karawane ständig begleiteten. Sogar die Dolmetscher und unsere Boys waren beim Lastentragen an die Reihe gekommen, sehr zu ihrem Mißvergnügen, denn diese Leute betrachten sich als weit über den Trägern stehend. Es war ungefähr so, als bäte man das Büropersonal auf der, sagen wir, Baustelle eines großen Unternehmens, ihre schwarzen Jacketts und weißen Hemden abzulegen und anzufangen, Lehm zu schaufeln oder Ziegelsteine zu schleppen.

Was mich angeht, so fühlte ich mich bei der Ankunft mehr

tot als lebendig. Mein Kopf schmerzte fürchterlich; nicht die gewöhnlichen Kopfschmerzen zivilisierter Breiten, die, wenn auch schmerzhaft, zumindest erträglich sind, sondern eine brennende, pochende, zerreißende Folter, die mich zeitweise an den Rand des Wahnsinns trieb. Die Hitze, der Staub und dazu die Besorgnis, was aus der Karawane geworden war, machten alles noch schlimmer. Ein richtiges Rasthaus existierte nicht, nur eine verfallene Hütte, dreckig und übelriechend, in die zu kriechen und darin vor dem blendend hellen Licht draußen Zuflucht zu suchen ich nichtsdestoweniger glücklich war. Nach einer Weile fiel ich in Schlaf, und als ich erwachte, fühlte ich mich viel besser, allerdings völlig ausgehungert. Da jedoch die Träger noch nicht angekommen waren, gab es nichts zu essen, und als sie schließlich auftauchten, war ich halbtot vor Hunger. Das war nicht erstaunlich, hatte ich doch volle zwölf Stunden nichts gegessen, von sechs Uhr morgens bis sechs Uhr abends. Als die Kisten mit den Küchensachen endlich in Sicht kamen, verloren wir keine Zeit. Der Koch war jetzt gefordert, und in weniger als einer Viertelstunde wußten wir ein phantastisches Mahl zu würdigen, bestehend aus köstlichen kleinen Frankfurter Würstchen, Gemüse aus der Dose und Kartoffeln, hinuntergespült – und dies war eine ganz besondere Freude – mit einem bis zum Rand gefüllten Glas Champagner, der in feuchte Tücher gewickelt kühl gehalten worden war. Danach kroch ich in meine Hütte, wickelte mich in eine Pferdedecke, und mit einem Sattel als Kissen weinte ich mich in den Schlaf. Meine letzten Gedanken waren, so erinnere ich mich, recht trübsinniger Art. Ich wünschte brennend, niemals nach Afrika gekommen zu sein; ich war ziemlich sicher, daß ich da draußen in der Wildnis sterben würde, und ich zog sogar ernsthaft in Erwägung, meinen Vertrag aufzulösen und meine Rückkehr nach Europa zu erzwingen.

Beim Aufwachen am nächsten Morgen fühlte ich mich allerdings viel besser, und die dunklen Gedanken der vergangenen

Nacht lösten sich in nichts auf, als ich hinausging in die herrliche Luft des frühen afrikanischen Morgens. Ich sah, daß die Männer die ganze Nacht im Freien geschlafen hatten, denn, als vereinzelt die letzten Träger mit dem schweren Gepäck ankamen, war es zu dunkel gewesen, um die Zelte aufzustellen, und außerdem waren die Boys zu erschöpft. Doch sie fühlten sich, wie ich, viel besser, und wir kamen gut los; ich auf dem Pferderücken, denn ich fühlte, die Bewegung an der frischen Luft war der stickigen Hängematte vorzuziehen und könnte zu meiner Erholung beitragen.

Und ich täuschte mich nicht. Wir verließen nun das Flachland und ritten über eine kurvenreiche Serpentinenstraße immer weiter hinauf in die Berge. Nach den ersten paar Meilen konnte ich spüren, wie meine Gesundheit und Kraft fast mit jedem Yard, das wir voranschritten, zurückkehrten. Es war mir jedoch nicht bestimmt, Aledjo ohne weitere Zwischenfälle zu erreichen. Ein Unglück, sagt man, kommt selten allein, und was mich betrifft, so war es diesmal ganz sicher so. Schomburgk und ich waren langsam vor der Karawane galoppiert, und als wir ein kleines Dorf erreichten, hielten wir kurz an, um eine Weile auszuruhen und den Trägern zu ermöglichen aufzuschließen. Unsere beiden Pferde waren nebeneinander festgebunden, und aus purem Übermut schob sich Schomburgks Pferd hinter meines und biß es in den Schwanz. Dieses schlug daraufhin mit den Hinterbeinen in Richtung seines Angreifers aus, und da ich weiteren Ärger befürchtete, ging ich hin, es zu streicheln und so zu beruhigen. Normalerweise konnte ich alles mit ihm machen. Es folgte mir durch das Lager wie ein Hund, dabei nach Zucker wiehernd und seine weiche Nase an meine Schultern und Brust stupsend. Aber jetzt war es vermutlich wütend und verängstigt, und in dem Augenblick, als ich meine Hand auf seine Flanke legte, schlug es mit beiden Hinterbeinen aus und traf mich an der Wade, so daß ich einen Purzelbaum schlug und vom Weg herunter, mitten in ein kleines Maisfeld flog. Halb betäubt und benommen wollte ich mich aufrappeln, doch ich merkte, daß ich nicht stehen konnte. Der Schmerz in meinem verletzten Bein war fürchterlich. So etwas hatte ich noch nie in meinem Leben erlebt. Schomburgk und die anderen dachten, es sei gebrochen, und natürlich waren sie sehr besorgt, da es mindestens eine Woche gedauert hätte, einen Arzt herzubekommen. Sie versuchten, meine Reithosen herunterzuziehen, doch ich konnte die Qual nicht aushalten und mußte sie bitten, davon abzusehen. Inzwischen standen unsere Boys in einem Kreis um mich herum, murmelten »Arme Pussy! Arme kleine Pussy!«, und ihre schwarzen Gesichter zeigten das Mitgefühl, das sie angesichts meiner Leiden empfanden. Ich war tief berührt davon.

Nach etwa einer Stunde begann der Schmerz abzuklingen, und ich konnte es ertragen, die Reithosen auszuziehen. Da entdeckte ich zu meiner großen Erleichterung, daß das Bein nicht gebrochen war, jedoch furchtbar geschwollen und voller Blutergüsse. Zum Glück war das Pferd nicht beschlagen, sonst wären ein oder zwei Knochen wohl unvermeidlich gebrochen gewesen. Dem armen Tier konnte kein Vorwurf gemacht werden, und ich muß dazu sagen, daß es, um mir zu zeigen, wie leid ihm sein Verhalten tat, noch eine ganze Woche lang vor mir zurückschreckte und den Kopf hängen ließ, wann immer ich mich ihm näherte. Es schien ihm bewußt zu sein, daß es mir unwissentlich Schmerzen verursacht hatte, und wenn es sprechen könnte, so hätte es mir sicherlich erzählt, wie es ganz spontan losgelegt hatte, ohne sich umzusehen, nicht ahnend, daß ich es war, vielmehr in der Meinung, es sei das andere Pferd, das ihm weiteren Verdruß bereiten wollte.

Als wir schließlich Aledjo erreichten, waren die Boys schon vor uns angelangt, da wir uns wegen des gerade beschriebenen Vorfalls verspätet hatten, und sie hatten mit den Campingvorbereitungen begonnen. Nun war uns auf dem Weg hier herauf zu Ohren gekommen, daß es im Rasthaus von Aledjo einen sehr schönen, großen Eßtisch gab, und da ein Eßtisch im afrikanischen Busch ein seltener Luxus ist, der eine willkommene Abwechslung darstellt zu den üblichen, in einer Karawane mitgeführten wackligen Klappdingern, hielten wir gleich nach unserer Ankunft danach Ausschau. Zu unserem Erstaunen war er nirgends zu sehen, und bei unseren Nachforschungen entdeckten wir, daß ihn Messa, unser Koch, in aller Ruhe mit Beschlag belegt, das heißt zu seiner Küche hinübergeschleppt und all seine Töpfe und Pfannen in schönster Ordnung darauf aufgeschichtet hatte. Er war äußerst verdrossen und verärgert, als er nun zulassen mußte, daß alles kurzerhand auf den Boden gekippt und der Tisch an seinen richtigen Platz zurückgebracht wurde. Später nahmen wir daran ein feierliches Dinner zu uns und genossen ein besonders gutes Essen, dank der aufmerksamen Güte der Patres der Katholischen Mission von Aledjo, die uns einen Vorrat an frischem Gemüse schickten, ein Genuß, den man nur gänzlich zu würdigen weiß, wenn man längere Zeit hindurch von Dosenproviant gelebt hat.

Am nächsten Tag fühlte ich mich wie ein Fisch im Wasser, was meine körperliche Gesundheit betraf, obgleich mich mein Bein noch immer schmerzte. Es ist einfach fabelhaft, was im äquatorialen Afrika ein paar tausend Fuß Höhenunterschied ausmachen. Sozusagen aus den Tiefen eines dampfenden Hexenkessels gelangt man in ein paar Stunden in ein Gebiet, in dem die Luft so rein und belebend erscheint wie, sagen wir, in Tirol. Aber das ist sie selbstverständlich nicht. Es liegt nur an dem großen Gegensatz. Könnte ein Europäer aus seinem Klima geradewegs in jenes gebracht werden, das während der Trockenzeit in Aledjo vorherrscht, so würde er über dessen Anspruch auf den Titel »die Schweiz Togos« vermutlich nur höhnisch lachen. Doch für mich armes, ermattetes Wesen war es das wahre Lebenselixier.

Und es ist nicht nur das Klima. Aledjo ist ein wunderschöner Ort und herrlich auf einem Hochplateau beinah dreitausend Fuß über dem Meeresspiegel gelegen. Hier hat sich Dr. Kersting ein immerwährendes Monument geschaffen. Er sah voraus, welchen Bedarf es geben würde, legte den Platz als Kurort für Europäer an und erbaute wunderbar geräumige und luftige Rasthäuser mit weitem Blick auf das flache Land und die Bergregion, vorn die Ebene, hinten die Berge.

Diese Aledjo-Rasthäuser bestehen aus mehreren großen Rundhütten, die durch überdachte Gänge miteinander verbunden sind. Die Zimmer sind sehr geräumig und haben große Fenster und Türen, so daß überall frische Luft hereinkommen kann. Besonders das Speisezimmer ist so groß, daß ein Zirkus darin auftreten könnte. Und – was mich vielleicht mehr als alles andere freute – es gab die schönsten Ställe für unsere Pferde, die ich in ganz Afrika gesehen habe.

Mit der Zeit wird Aledjo sich bestimmt zu einem Ort von großer Bedeutung entwickeln. Schon jetzt wird dort eine schöne katholische Missionsstation errichtet. Ich selbst bin nicht katholisch, auch Schomburgk nicht, doch freundeten wir uns trotzdem mit den Patres an, die die Arbeit beaufsichtigten. Fast jeden Abend aßen wir zusammen und organisierten gemeinschaftlich einige Sportveranstaltungen – Zielschießen und ähnliches –, die großen Zulauf fanden.

Wir nutzten unseren Aufenthalt hier auch für Dreharbeiten an dem Film, der sich später als unser bester Abenteuerfilm herausstellte. Wir nannten ihn *The Outlaw of the Sudu Mountains*, und wollten ihn anfangs nur drehen, um die grandiose Landschaft rund um Aledjo zu zeigen, deren Schönheit, wie ich bereits andeutete, kaum angemessen beschrieben werden kann. Wenn zum Beispiel der Harmattan noch nicht in Sicht und die Luft also klar ist, kann man bis zu den Bassari-Bergen und dem hochaufragenden Gipfel von Malfakasa sehen, was »Langes Gewehr« bedeutet. Auch in der Nacht, wenn der Mond scheint, wie er es nur in den Tropen vermag, bekommt die Landschaft eine neue, geheimnisvolle Schönheit, die zu betrachten ich niemals müde wurde. In anderen Nächten, wenn der Mond nicht zu sehen war, erhellten die Buschbrände das Land im Umkreis von vielen Meilen, so daß ich meinte, nie etwas so Erschreckendes und Prachtvolles gesehen zu haben. Die Buschbrände werden während der Trockenzeit in regelmäßigen Abständen von den Einwohnern entfacht, da sonst das Land mit einer allzu üppigen Vegetation überwuchert würde. Es ist schlicht phantastisch, wie schnell die Natur die Verwüstungen der Flammen repariert. Nach zwei oder drei Tagen sprießt frisches grünes Gras auf dem aschigen Boden und bedeckt die ganze verbrannte Fläche mit einem wunderschönen, drei oder vier Zoll hohen sattgrünen Teppich, auf dem Antilopen und anderes vierfüßiges Kleinwild gierig grasen. »Das Land schwitzt«, sagen die Afrikaner sehr treffend. Die Flammen wälzten sich nicht unbedingt in einer breiten Front vorwärts, sondern fraßen sozusagen breite Wege und Straßen durch den Busch; und wir amüsierten uns oft damit, in unserer Einbildung Vergleiche anzustellen zwischen den glühenden Durchgangsstraßen und Orten, die wir kannten. »Da ist der Strand«, hieß es dann, »und dort ›Unter den Linden‹. Da drüben ist die Lichterkette des Themseufers, und das ist der Boulevard des Italiens. Das ist White City, das Earl's Court und so weiter.« Das war alles sehr lustig und diente dazu, die Erinnerung an Zuhause und an Freunde heraufzubeschwören und an glückliche Stunden, die wir in so völlig anderer Umgebung verbracht hatten. Später allerdings, als unsere Karawane weite Umwege machen mußte, um eben den Buschbränden auszuweichen, schätzte ich sie weniger. Unsere Pferde fürchteten sich aber nicht im geringsten davor, was ein Trost war. Sie konnten sogar mitten durch die kleineren Feuer hindurch galoppieren und hatten ein fabelhaftes Talent dafür, in der vorrückenden Reihe tanzender Flammen Durchlässe zu finden, durch die sie unbekümmert trabten. Der Grund dafür ist, daß die afrikanischen Pferde an Buschbrände gewöhnt sind. Ein frisch aus Europa kommendes Tier würde vor Schreck wahrscheinlich ganz wild werden, wenn es zum ersten Mal einem solchen Feuer gegenüberstünde.

Wir entwickelten die Handlung des *Outlaw*-Filmes praktisch an Ort und Stelle, und ich habe allen Grund, mich daran zu erinnern, denn während ich in dem Film spielte, widerfuhr mir ein weiteres der Mißgeschicke, die untrennbar mit dem Schauspielerberuf verknüpft sind. Die Story des Stückes ist kurzgefaßt folgende: Ein weißer Mann wird von seinen Kameraden geächtet und flüchtet sich in den Busch, wo er unter den Einheimischen als ihresgleichen lebt. Als er eines Tages in der Nähe einer Siedlung herumstreicht, nähert er sich dem Hof eines Landwirts und wird von der Bäuerin – mir – des Grundstücks verwiesen. Fluchend und Drohungen ausstoßend, läuft er zu seinem Lager in den Bergen, wo er einen Haufen schwarzer Strolche versammelt hat, deren selbsternannter Anführer er ist. Er sitzt abseits auf einer Kuppe, brütet über der Beleidigung, die ihm zugefügt wurde, und schwört Rache. Seine Chance kommt früher als erwartet. Von seinem Horst in den Bergen sieht er, wie ich einen einsamen Weg entlanggehe, beschließt, mich zu kidnappen, und führt seinen Entschluß auch aus, indem er mich, die ich mich heftig zur Wehr setze, über steile und gefährliche Bergpfade zu seinem Lager trägt. Ein Teil des Weges führte am Rande eines Abgrunds entlang, wo man nur einen besonders unsicheren Halt fand, doch ich mußte mich weiterhin wehren und winden, da eine kräftige junge Frau von zweiundzwanzig Jahren sich nicht einfach in solch rauher Manier entführen läßt, ohne dagegen anzukämpfen.

Und das war die Ursache des Unfalls. Der Kameramann hantierte angestrengt an seinem Gerät und rief immer wieder »Großartig! Prächtig! So bleiben! Weiter so!«, während Schomburgk auf einem Felsen außer Reichweite saß und Zustimmung signalisierte. Kurz, alles lief erstklassig, als plötzlich Nebel, der den Outlaw spielte, über einen Felsblock stolperte. Im selben Moment zappelte ich, vielleicht übereifrig darauf bedacht, der Situation möglichst große Realitätsnähe zu verleihen, noch energischer als zuvor. Mit dem Resultat, daß wir das Gleichgewicht verloren und kopfüber auf den Abgrund zustürzten. Nach dem ursprünglichen Entwurf der Szene hätte er mich in seinen Armen tragen sollen. Doch er hatte darauf beharrt, dies sei nicht die Art, in der ein Outlaw eine Frau davonträgt, und hatte mich über seine Schulter gehievt. Als er hinfiel, flog ich daher in einem Bogen über ihn hinweg und landete weniger als einen Fuß vom Rand der Klippe entfernt. Es versteht sich von selbst, daß ich, wäre ich darüber hinweggeschleudert worden, höchstwahrscheinlich nie wieder in einem Kinofilm gespielt hätte. So war ich zerschrammt und blutete und hatte mir auch ein paar schlimme Blutergüsse zugezogen, doch mein Berufsinstinkt ließ mich im selben Moment, als sie mir aufhalfen, ganz wie von selbst fragen: »Was für ein Bild hat das abgegeben?« Tatsächlich hatte es, außer daß man nicht sehen konnte, wie tief der Abgrund war, ein sehr gutes abgegeben, da der Kameramann die ganze Zeit über an der Kurbel seines Apparates gedreht hatte. Nichts außer einem Erdbeben, und einem recht heftigen Beben noch dazu, würde den Gleichmut eines Kameramannes, davon bin ich überzeugt, so ins Wanken bringen, daß er aufhörte, an seinem geliebten Apparat zu hantieren.

Ich weiß nicht, ob es mit dieser kleinen Aufregung zu tun hat oder nicht, Tatsache ist jedenfalls, daß Nebel kurze Zeit später Heimweh bekam und uns mitteilte, er müsse auf der Stelle nach Europa zurückkehren. Da wir nun immer noch ein oder zwei Szenen unseres *Odd Man Out*-Films zu drehen hatten, in denen er mitspielen sollte, zogen wir zu einem Ort namens Bafilo, nur etwa acht oder neun Meilen von Aledjo entfernt, denn wir hatten im Vorfeld beschlossen, die Szenen dort zu drehen. Ich möchte an dieser Stelle erwähnen, daß alle Dramen, die wir in Togo aufnahmen, ganz das Werk Major Schomburgks waren, der die Szenarios schrieb, sie produzierte sowie immer auch mitspielte. Die Idee zur *Weißen Göttin der Wangora* stammt allerdings von Mr. L. Dalton, einem jungen Londoner Journalisten.

In Bafilo wurde uns ein überwältigender Empfang bereitet,

da der Uro und sein ganzes Volk erschienen, um uns Ehre zu erweisen. Es war zweifelsohne sehr schmeichelhaft, aber dennoch konnte ich mir den Wunsch nicht verkneifen, sie würden ihren Gefühlen nicht ganz so deutlich Ausdruck verleihen. Der Lärm war schlicht entsetzlich, und die Hitze zusammen mit den Staubwolken brachten mich fast an den Rand meiner Kräfte.

Die Station in Bafilo thront auf einem Felsplateau, das jäh zur eigentlichen Stadt hin abfällt, die recht groß ist; und hier war ich eines Nachts Zeugin einer Szene, die in jenem Moment einen tiefen Eindruck bei mir hinterließ. Es war eine pechschwarze Nacht, man sah keinen Mond, aber Millionen und Abermillionen Sterne, die wie Feuerpünktchen an einem kohlrabenschwarzen Himmel funkelten. Wir saßen auf einer Art Plattform, die Dr. Kersting am äußersten Rand des Plateaus hatte bauen lassen und die über das Tal hinaus ragte. Die Stadt oder vielmehr die Ansammlung der Dörfer, aus denen sich Bafilo zusammensetzte, lag unter uns, doch nach allem, was wir von ihnen sehen oder hören konnten, hätte sie ebensogut gar nicht existieren können. Weder war etwas zu sehen noch kam ein Laut aus der Tiefe, der angezeigt hätte, daß sich hier die Wohnungen vieler tausend Menschen befanden.

Ich hatte gerade eine Bemerkung über die seltsame und so völlig unübliche Stille gemacht, als durch die Nachtluft ein sonderbarer, beinah unheimlicher raschelnder Ton aufstieg, wie das plötzliche Rauschen eines eben erwachten Windes in den Bäumen, ein Ton, der aber doch etwas Menschliches an sich hatte, wie von einer großen, sich unruhig regenden Menge. Dann, ganz plötzlich, glimmten Tausende entzündeter Fackeln auf, und ein Chor von Freudenschreien brach aus ebenso vielen wilden Kehlen hervor.

Es war der Beginn des Bairam-Festes, der großen muslimischen Zeit des Jubels, durch die das Ende des Ramadan-Fastenmonats angezeigt wird, wie in einem früheren Kapitel bereits erwähnt. Nach dem, was ich gehört und gesehen habe, schenkte das Volk von Bafilo dem Fasten nur wenig oder gar keine Bedeutung, aber das Fest feierten sie ausgelassen mit. Viele von ihnen warfen die Fackeln, die sie trugen, hoch in die Luft, so daß man den Eindruck hatte, Raketen fliegen zu sehen. Und damit liefen sie um die Wette durch den ganzen Ort. Schließlich kamen sie alle auf einem ebenen Platz neben dem Hauptdorf zusammen, wo die halb abgebrannten Fackeln auf einen großen Haufen geworfen wurden und zusammen ein beachtliches Freudenfeuer ergaben. Man braucht sich nur in Erinnerung zu rufen, daß das Bairam-Fest des Opfers Isaaks durch Abraham auf dem Berg Morija gedenkt*, um die Bedeutung des Feuers einschätzen zu können. Doch davon hatten diese Wilden nicht die geringste Ahnung. Für sie war es lediglich eine Gelegenheit zum Feiern. Hätten sie das Wort gekannt, so hätten sie es ohne Zweifel als *beano*, als große Zecherei bezeichnet. Die ganze Nacht durch hörte ich, jedesmal, wenn ich erwachte, die seltsame Musik und das Singen von Männern und Frauen. Es klang nicht unmusikalisch – wenn man es aus der Entfernung hörte.

In Bafilo waren wir sehr mit Filmen beschäftigt. Zuerst drehten wir die Szenen in *Odd Man Out*, über die ich geschrieben habe, so daß Nebel uns verlassen und nach Hause fahren konnte. Dies beschäftigte uns, mit Unterbrechungen und einschließlich der vorhergehenden Proben, etwa eine Woche lang, vom 1. bis zum 8. Dezember. An diesem Tag verließ uns Nebel unter vielen Ausdrücken des Bedauerns und mit den besten Wünschen von beiden Seiten, um seine Reise hinunter zur Küste anzutreten.

Ein Zwischenfall bei dem Film brachte uns große Belustigung. Nebel, der die Rolle des brutalen Ehemannes spielte, hat-

* Meg Gehrts verwechselt hier offensichtlich das Fest zum Ende des Ramadan mit jenem, das 70 Tage später gefeiert wird und Abrahams Opfer gedenkt. Bairam ist die türkische Bezeichnung für beide muslimische Feste, die dem Ramadan folgen. Der *Kleine Bairam* beendet das Fasten, der *Große Bairam* ist das Opferfest (*Tabaski* in Westafrika).

te einen Teller nach meinem Boy zu werfen; und um genau den richtigen Gesichtsausdruck hinzubekommen, beschlossen wir, ihm vorher nichts davon zu sagen. Das Ergebnis war von unserem Standpunkt aus absolut zufriedenstellend. Hodgson war vorgewarnt, seine Kamera bereitzuhalten, als Nebel eines Morgens zur Frühstückszeit so tat, als wäre mit seinem Porridge – das für diese Gelegenheit extra kalt serviert worden war – etwas nicht in Ordnung, die Schüssel mit ihrem Inhalt packte und sie auf den Boy schleuderte, der hinter meinem Stuhl stand. Einen so vollkommen verblüfften Afrikaner habe ich nie in meinem Leben gesehen. Sein ganzes Gesicht, seine Haltung, sein Benehmen drückten grenzenloses Erstaunen aus, gemischt mit Furcht. Ich sehe es so, daß er meinte, Nebel sei plötzlich verrückt geworden. Vielleicht eine Minute lang stand er wie angewurzelt da. Dann drehte er sich um und rannte, so schnell ihn seine Beine trugen, in das schützende Küchenhaus. Natürlich wurde ihm die wahre Natur des Vorfalls später erklärt, woraufhin er herzlich lachte und den Spaß verstand.

Nachdem wir den *Odd Man Out*-Film im Kasten hatten, fingen wir mit ein paar Dokumentarfilmen an, und die fand ich äußerst interessant. Unter anderem zeigten wir die verschiedenen Prozesse der einheimischen Baumwollverarbeitung von Anfang bis Ende. In der Umgebung von Bafilo wird sehr viel Baumwolle angepflanzt, und die Leute sind ausnehmend geschickt, was den Anbau der Pflanzen, die Verarbeitung der Baumwolle und die Herstellung von Kleidungsstücken betrifft.

Zunächst filmten wir die auf kleinen Flecken oder Feldern angepflanzte Baumwolle, auf Stellen, die von den Einwohnern von Zeit zu Zeit mitten im jungfräulichen Busch gerodet werden und wo die Baumwolle von den Mädchen gepflegt und gepflückt wird. Dann fotografierten wir die verschiedenen Verarbeitungsprozesse, wie das Entkörnen und Spinnen mittels handbetriebener, von den Frauen bedienter Spindeln, das Färben und so weiter, bis zum Endvorgang des Webens an den merkwürdigen, altmodischen Handwebstühlen, deren Modell vermutlich seit Tausenden von Jahren unverändert weitergegeben wurde. Diese Webstühle sind höchst seltsam und ebenso primitiv. Es können nur etwa vier bis fünf Zoll breite Stoffstreifen gewoben werden, die dann später mühsam aneinander genäht werden müssen, um daraus das gewünschte Kleidungsstück herzustellen. Die einheimischen Schneider gehen jedoch äußerst geschickt mit ihren Nadeln um, und ihre Stiche sind so winzig und liegen so nah aneinander, und die schmalen Stoffstreifen sind so perfekt aneinander gepaßt, daß das fertige Kleidungsstück aus etwas Entfernung aussieht, als wäre es in einem Stück gewebt.

Das Entkörnen erfolgt per Hand und wird meistens von den Frauen und Mädchen getätigt, die die Wolle sehr fein und sehr schnell auskämmen. In anderen Teilen Togos habe ich allerdings gesehen, wie das Entkörnen noch schneller vonstatten geht, wenn die Wolle auf einem Stein ausgerollt wird. Das Winden der Strähnen ist Aufgabe der Knaben. Überall sind es die Männer, die die wichtige Arbeit des Webens übernehmen, mit der Ausnahme, daß es hier in Bafilo so etwas wie eine Weberinnenzunft gibt. Diese Weberinnen arbeiten jedoch nach ganz anderen Prinzipien und an ganz anderen Webstühlen als die Männer. Anstatt das Tuch in schmalen Streifen zu weben, wird es als Ganzes hergestellt, und in praktisch jeder Breite. Es ist eine Art primitive Heimindustrie, die die Frauen in ihrer Freizeit beschäftigt und die sie zu Hause bewerkstelligen. Als wir eine der Weberinnen bei der Arbeit filmen wollten, mußten wir sie dazu bringen, ihren Webstuhl aus dem Haus zu tragen und draußen aufzubauen. Ich füge hinzu, daß diese Arbeiterzünfte in Togo nichts Außergewöhnliches sind, nicht nur unter Frauen, sondern auch – und noch verstärkt – bei den Männern. Sie sind sehr streng und konservativ, was die Bedingungen für die Zulassung als Mitglied anbelangt; und in bezug auf ihre Ziele und Inhalte entsprechen sie zu einem gewissen Grad unseren europäischen Gewerkschaften, während sie in anderer Hinsicht mit dem Kastensystem in Indien vergleichbar sind.

Das Färben ist ebenfalls Frauenarbeit; aus einem einheimischen Indigopräparat gewinnen sie eine wunderschöne dunkelblaue Farbe. Das interessanteste war für mich der Spinnvorgang. Die handgemachten Spindeln bestehen lediglich aus harten runden Stäben, die durch ein Loch geführt werden, das in eine flache, runde – manchmal auch birnenförmige – Scheibe aus weichem Stein oder hartgebackenem Lehm gebohrt wird, deren Gewicht dazu beiträgt, die Spindel am Drehen zu halten, und die auch ihre Geschwindigkeit reguliert – also in der Tat die Funktionen eines Dampfmaschinenreglers ausführt. Die Frauen, die die ganze Spinnarbeit erledigen, sind wahre Expertinnen an diesen äußerst primitiven Apparaten. Das eine Ende der Spindel setzen sie in den Hohlraum eines auf den Boden gestellten Flaschenkürbisses, ihre Finger reiben sie von Zeit zu Zeit mit Sand ein, um mehr Halt zu haben, und so bringen sie die Spindel gleichmäßig und schnell und scheinbar ohne oder mit nur geringer Anstrengung zum Drehen. Manchmal sieht man auch eine Frau die Spindel auf ihr Knie setzen. Eine weiße Frau, die sich an diesem Experiment versuchte, würde wahrscheinlich ein Loch in ihre Kniescheibe drehen (zumindest, wenn sie es eine bestimmte Zeit lang weiterführte), doch die Haut auf den Knien einer Afrikanerin ist durch ständiges Hinknien so schwielig geworden, daß sie beinah beschaffen ist wie Knochen. Ich habe gelegentlich auch gesehen, wie eine ganz besonders geschickte Spinnerin die Spindel von sich weg geworfen und am Faden wieder zurückgezogen hat, wobei sie diese die ganze Zeit in der Luft am Drehen hielt.

Eine andere Tätigkeit, die wir gefilmt haben und die, so weit Schomburgk es herausfinden konnte, diesem Bezirk eigentümlich ist, kann ich behaupten entdeckt zu haben. Ich war eines Tages auf Schmetterlingsjagd, als ich unerwartet auf eine Anzahl junger Mädchen traf, die an den Ufern eines kleines Flusses geschäftig dabei waren, mehrere kleine Gegenstände, deren Natur ich zunächst nicht bestimmen konnte, zu schleifen und zu polieren. Durch Nachfragen fand ich heraus, daß es sich um Palmnüsse handelte, aus denen sie künstliche Perlen fertigten, um sie zu Hüftgürteln zu verarbeiten. Wir ließen eine Gruppe Mädchen zusammen antreten und arbeiten und konnten so eine Anzahl höchst interessanter Fotografien dieser einzigartigen Arbeit machen, die den ganzen Prozeß, vom Schneiden der Nüsse über das Bohren der Löcher, Auffädeln der Perlen und so weiter, bis zu dem Moment zeigen, wo die einheimische Schöne, mit breitem Lächeln ihr Entzücken zum Ausdruck gebend, den fertigen Gürtel um ihre üppige Taille legt.

Ich vergaß ganz zu erwähnen, daß, während wir in Aledjo waren, Nebel eines Tages hinausging und einen »Hundekopfaffen« oder Pavian schoß. Er war so groß wie ich und sah so menschlich aus, daß ich es nicht ertragen konnte, ihn anzusehen. Am Abend fragte ich beiläufig, was aus dem Tierkadaver geworden sei, und erfuhr, daß unsere Boys ihn gekocht und gegessen hatten. Ich schauderte. Mir schien das nur eine Handbreit vom Kannibalismus entfernt. Ein anderes komisches kleines Tier, das wir hier schossen, wird Klippdachs* genannt. Der Körper ähnelte sehr dem eines Kaninchens, doch die Füße erinnerten mich stark an Elefantenhufe.

* ein Aguti

Die Menschen in Bafilo

Neben den im vorigen Kapitel erwähnten Filmen nutzten wir auch die Tatsache, daß es in Bafilo einen außergewöhnlich großen Markt gab, zu einer Reihe einzigartiger Aufnahmen von dieser – sehr wichtigen – Seite des täglichen Lebens der Afrikaner. Es war meine Aufgabe, ebenso wie die Hodgsons und Schomburgks, ständig nach neuen Szenen und Ereignissen Ausschau zu halten, und zusammen schafften wir es, eine vollständige, repräsentative Sammlung anzulegen.

Ich will nur ein paar Beispiele erwähnen. In einem Film sieht man Jungen mit einheimischen Süßigkeiten handeln, die aus Mehl und wildem Honig hergestellt werden. Bezahlt werden die schmackhaften Köstlichkeiten, auch das sei erwähnt, mit Kaurimuscheln. Münzgeld wird nur sehr selten verwendet. Der Wert dieser Muscheln variiert, je nach Abstand zur Küste, Transportschwierigkeiten und so weiter, von etwa 2.500 für einen Shilling bis zu nur etwa tausend. In Bafilo waren tausend Muscheln etwa sechs Pence wert. In einem anderen Film zeigten wir einen Barbier, der einem Baby den Kopf schor, wie es hier Brauch ist. Das Baby wurde während der Prozedur von der Mutter auf dem Arm festgehalten, was ihm gar nicht behagte, denn es strampelte und schrie die ganze Zeit. Als es vorbei war, fragte ich die Frau nach dem Grund für diese Sitte. »Wie willst du sonst die Läuse davon abhalten, sich auf seiner Kopfhaut satt zu fressen?« fragte sie sichtlich erstaunt. Wir fotografierten auch Jungen, die eine Abwandlung unseres Kopf-oder-Zahl-Spiels um Kauris spielten. Nur daß in Bafilo keine Polizisten die Straßenkinder stören oder ihnen den Spaß verderben. Dieser verdrießliche Puritanismus, der in England – und im übrigen auch in Teilen Deutschlands – so weit verbreitet ist, würde bei den Menschen in Togo nur wenig Zustimmung finden. In Bafilo filmten wir auch einen eigenartigen Tanz, der ausschließlich von Frauen getanzt wurde und in der Hauptsache darin bestand, heftig mit dem Körperteil aneinander zu stoßen, auf den Jungs in der Schule mit Ruten geschlagen werden. Es war ein seltsames und erheiterndes Schauspiel, doch die Frauen nehmen den Tanz sehr ernst und können ihn stundenlang ohne Unterbrechung tanzen, angefeuert von Zuschauern, die jeden besonders harten Stoß unweigerlich mit lauten Beifallsrufen begleiten, und vom sagenhaften Tamtam der einheimischen Kapelle. In wieder einem anderen Film sieht man Geier in ihrer Funktion als Aasfresser, während ganz in der Nähe Krieger einen Schwertkampf nachstellen. Die Produktion von Ledermatten, eine für Bafilo typische Arbeit, wurde ebenso gefilmt wie die Herstellung von Körben aus Palmblättern, die wir von Anfang bis Ende mit der Kamera festhielten. Die fertigen Artikel werden für eine Summe verkauft, die etwa dem Wert eines Viertelpennies pro Stück entspricht.

Im Busch rund um Bafilo gibt es viele wilde Tiere, aber die Hyänen machen den meisten Ärger. In Paratau hatten wir die lärmenden Biester aus der Ferne gehört, doch hier kamen sie ziemlich nah heran. Jede Nacht wurde unser Schlaf von ihnen unterbrochen und gestört. Für gewöhnlich stand ich auf und warf leere Flaschen und andere Dinge aus dem Fenster, um sie fortzujagen, ungefähr so, wie man zu Hause eine nachts umherstreifende Hauskatze vertreibt; aber obgleich sie für eine Weile davonschleichen, kommen sie stets wieder zurück. Manche Nächte waren schlimmer als andere. Ich erinnere mich, wie bei einer Gelegenheit ein ganzes Rudel um die Hütten strich, und ihr wildes Heulen flößte große Furcht ein. Am nächsten Morgen erschien Hodgson, der in einer einzelnen Hütte in einiger Entfernung der anderen Mitglieder unserer Gruppe schlief, ungewöhnlich blaß und hohläugig zum Frühstück, und auf unsere Fragen erfuhren wir, daß er, einen Angriff fürchtend, die ganze Nacht mit seinem Revolver in der Hand dagesessen hatte. In dem Moment tauchte Nebel auf – die Geschichte passierte, kurz bevor er nach Europa zurückkehrte – und sagte beiläufig zu Hodgson, daß er wegen des Lärms nicht hatte schlafen können und drauf und dran gewesen war, auf ein Schwätzchen zu seiner (Hodgsons) Hütte rüberzukommen. »Ein Glück für dich, daß du's nicht getan hast«, meinte Hodgson müde. »Ich hätte höchstwahrscheinlich auf dich geschossen. Meine Nerven waren so gereizt, daß ich ziemlich sicher auf jedes lebende Objekt (nur daß er nicht *lebend* sagte) losgeballert hätte, das im Dunkeln durch meine Hüttentür gekommen wäre.«

Es gab außerdem viele Skorpione dort und auch Schlangen, obwohl ich von letzteren lange Zeit keine zu Gesicht bekam. In der Tat sagte ich, als wir eines Tages vor unserer Hütte auf ein paar Steinen saßen und die kühle Nachtluft genossen, ganz beiläufig zu den Männern, daß ich all die Schlangengeschichten, die sie einander immer zu erzählen pflegten, nicht einmal zur Hälfte glaubte. »Jetzt bin ich seit einer ganzen Woche hier und keine einzige Schlange! Ich glaube nicht, daß da überhaupt welche sind.« Kaum hatte ich den Satz ausgesprochen, da hechtete einer der in der Nähe stehenden Boys zu dem Platz, an dem ich saß, und schlug mit einem Stock wild auf den Boden zu meinen Füßen. Es stellte sich heraus, daß es eine Puffotter war, eines der giftigsten Reptilien ganz Afrikas, und genau in dem Augenblick, wo ich ihre oder die Existenz ihrer Artgenossen in Bafilo verhöhnte, waren ihre tödlichen Giftzähne höchstens einen Fuß von meinen leicht bedeckten Knöcheln entfernt.

Merkwürdigerweise passierte etwas ganz Ähnliches mit einem Leoparden; und auch das ereignete sich an einem Abend. Die Herren hatten über diese Tiere gesprochen und wie ungeheuer viele es von ihnen gab, bis mir ihre Geschichten ziemlich auf die Nerven gingen. »Zum Kuckuck mit euren Leoparden«, rief ich aus. »Ich glaube nicht, daß hier im Umkreis von hundert Meilen auch nur ein einziger ist!« Ich sagte das natürlich im Spaß und schaute zu Schomburgk in der Erwartung, ihn lachen zu sehen. Statt dessen hob er warnend eine Hand, als wollte er uns zur Ruhe mahnen, und deutete mit der anderen auf etwas, das für mich wie ein schwarzer Schatten aussah, der langsam an uns vorbeischlich, nicht mehr als fünf oder sechs Yards entfernt von dem Platz, an dem wir saßen. »Ein Leopard!« flüsterte er. Hodgson und ich mußten beide lachen, denn wir dachten, daß er scherzte und daß das, was wir gesehen hatten, wohl nichts Gefährlicheres oder Ungewöhnlicheres war als ein einheimischer Hund. Wir saßen wie üblich außerhalb unserer Hütte, ohne Licht, da die Nacht, wenngleich dunkel, schön und warm war. Aber Schomburgk war sich ziemlich sicher. Er rief einen Boy herbei, ein paar Lampen anzuzünden, und da war tatsächlich, sogar für meine unerfahrenen Augen deutlich zu sehen, die Spur eines großen, ausgewachsenen Leoparden im weichen Sand. Er mußte vom Dorf gekommen sein, das Plateau erklommen und uns erblickt haben, zwischen den Hütten davon geschlichen und so entkommen sein. Als wir von der Untersuchung der Spur zurückkehrten, sagte Hodgson zu mir, an unsere frühere Erfahrung mit der Schlange erinnernd: »Sie sind wohl eine Prophetin, nur irgendwie verkehrt herum. Wenn Sie sagen, Sie glauben nicht an Elefanten, gehe ich und lade mein Gewehr.«

Vom 10. bis zum 13. Dezember litt ich an einem Fieberrückfall und mußte im Bett liegen, doch während der restlichen Zeit, ich sagte es bereits, waren wir ziemlich beschäftigt. Da mußten sieben Pferde versorgt werden, und gewöhnlich beaufsichtigte ich persönlich ihre Morgentoilette und trank meinen Kaffee um sechs Uhr bei den Ställen. Jeden Nachmittag gingen wir zum Reiten, während die Vormittage dem Schauspielen oder dem Filmen ethnografischer Themen gewidmet waren. An Statisten für unsere dramatischen Szenen mangelte es uns in Bafilo jedenfalls nicht. Als wir einmal fünfzig Schwarze brauchten, erschienen über tausend. Alle wollten sie genommen werden, und der Lärm und das Geschrei waren schlicht betäubend.

Eines Tages verursachte ein »Frauenpalaver« erheblichen Ärger. Ich muß dazu erklären, daß das Wort »Palaver« in Westafrika für alles mögliche verwendet wird. Ursprünglich bedeutete es ein Gespräch, eine förmliche Besprechung oder Unterredung. Heutzutage wird bei allem, was auch nur ein bißchen aus der Reihe fällt, von Palaver gesprochen. Wenn man zum Beispiel ein Pferd kaufen geht, ist das ein »Pferdepalaver«. Verdirbt oder stiehlt der Koch deine Vorräte? Es folgt ein »Kochpalaver«. Und so weiter und so fort. Am häufigsten sind jedoch die Frauenpalaver, denn mein schönes, aber schwaches Geschlecht machte, wie ich herausfand, in Togo ebensoviel Ärger wie ihm allgemein auch anderswo zugeschrieben wird. *Cherchez la femme.*

Der Fall begann folgendermaßen: Während des Nachmittags, als die Männer auf der Jagd waren, kam ein Mann aus dem Dorf und beklagte sich, daß einer unserer Soldaten – uns waren von der Kolonialverwaltung zwei als Eskorte mitgegeben worden – seine Tochter, ein vierzehn oder fünfzehn Jahre altes Mädchen, verführt habe. Sie sei, so sagte er aus, am Morgen zum Markt geschickt worden, um Vorräte einzukaufen, und der Soldat habe sie getroffen und dazu gebracht, mit ihm wegzugehen. Ich rief die Soldaten zu mir und befragte sie sowohl gemeinsam wie auch einzeln, doch sie bestritten beide ganz energisch, irgendein Mädchen angesprochen zu haben, und einer von ihnen fügte tugendhaft entrüstet hinzu, er habe eine eigene Frau in Sokode. Letztere Beteuerung machte allerdings, obgleich zweifellos korrekt, keinen großen Eindruck auf mich, da ich erst am Abend vorher dazugekommen war, wie er am Rand des Lagers mit einer der einheimischen Frauen schmuste.

Während ich mich bemühte, der Sache auf den Grund zu gehen, kehrte Schomburgk zurück, und als ich ihm erklärt hatte, worum es ging, rief er Alfred, unseren Chefdolmetscher, und befahl ihm, die Geschichte des Mannes sorgfältig und

Wort für Wort zu übersetzen. Dies zu tun schien Alfred jedoch nicht willens oder fähig, daher riefen wir Mseu zu Hilfe, einen anderen Dolmetscher, der das Bafilo besser verstand als Alfred. Mseu hörte sich an, was der Mann zu sagen hatte, und übersetzte es Satz für Satz, wobei er, als er geendet hatte, von sich aus hinzufügte, daß der Mann seiner Ansicht nach log. Ich selbst fing an, das gleiche zu denken, da mir plötzlich einfiel, daß die beiden Soldaten praktisch den ganzen Morgen im Lager gewesen waren und folglich nicht in Bafilo gewesen sein konnten, um Mädchen den Hof zu machen.

Der Mann jedoch beharrte darauf, daß seine Aussage korrekt und seine Tochter sogar jetzt in unserem Camp versteckt sei, also sagten wir ihm, er solle mit Mseu gehen und schauen, ob er sie finden könne. Dies zu tun schien er nicht bereit, ebensowenig Mseu, aber Schomburgk bestand darauf, und schließlich gingen sie zusammen los, um bald darauf mit dem Mädchen zurückzukommen. Das war eine ernste Sache, da diese Art »Frauenpalaver« leicht zu schwerem Ärger mit den Afrikanern führen können. Wir richteten also eine Art informelle Untersuchungskommission ein und gingen die Angelegenheit gründlich durch. Am Ende fanden wir heraus, daß Mseu selber das Mädchen entführt hatte. Schomburgk legte ihm eine Geldstrafe von zehn Shilling auf – eine hohe Summe für ihn –, die er dem Vater des Mädchens als Entschädigung geben sollte, und ließ ihn wählen, entweder mit einem Brief zum Bezirksamtmann nach Sokode zu gehen oder sich seiner persönlichen Züchtigung zu unterwerfen. Er suchte sich die zweite Möglichkeit aus, und Schomburgk setzte sie gründlich in die Tat um. Mseu heulte wie ein Hyäne und schrie um Gnade, zum großen Entzücken unserer Boys, denn der heute Bestrafte war stets mit Interesse dabei und richtiggehend erfreut, wenn ein anderer eine Tracht Prügel erhielt. Danach nahm ich das Mädchen beiseite und redete auch ihr ins Gewissen, doch leider schien es kaum Eindruck auf sie zu machen. Auf all meine Fragen, wie sie so schändlich hatte handeln können – denn offensichtlich war sie mehr oder weniger freiwillig mit Mseu gegangen –, antwortete sie nur einsilbig und abweisend, beziehungsweise indem sie das Kinn nach vorn und nach oben reckte, so, wie man überall beleidigte Gleichgültigkeit zum Ausdruck bringt. Nur einmal zeigte sie ein Zeichen von Interesse oder Bewegung, und zwar, als ich sie fragte, ob sie mit dem Mann mitgegangen sei, weil sie ihn liebte. »Ihn lieben!« rief sie entrüstet. »Nein, keinesfalls! Er ist alt und häßlich. Aber – er gab mir das.« Und sie zeigte auf eine Schnur mit ganz gewöhnlichen weißen Perlen, im Wert von vielleicht drei Halfpence, die sie um ihren Hals trug. Das arme Kind! Für sie war das eine Kette mit seltenen Perlen, und für Perlenketten, überlegte ich, waren feine, wohlerzogene, vornehme europäische Frauen früher nicht ungern bereit, ihre Ehre zu verkaufen.

In Bafilo fand noch ein weiteres Palaver statt, das mich direkter betraf. Als ich eines Tages ausritt, fing ein einheimischer Bursche von sechzehn oder siebzehn Jahren auf dem Weg vor meinem Pferd zu tanzen und zu schreien an. Je mehr ich mich darüber beschwerte, desto wilder fuhr er in seinem Tun fort, und ich fürchtete, das Pferd werde erschrecken und vielleicht durchgehen. Zum Glück ritt Schomburgk in dem kritischen Augenblick heran und hielt den Täter fest, der, wie sich herausstellte, betrunken war. Wir übergaben ihn seinem Chief, der sehr wütend wurde und prompt befahl, ihn auszupeitschen. Ich wartete, bis er gefesselt war, dann setzte ich mich für ihn ein, doch ich hatte größte Schwierigkeiten dabei, den Chief zu bewegen, auf die Bestrafung zu verzichten. Ich weiß nicht, ob mir der Übeltäter dankbar war oder nicht – Dankbarkeit zählt, vorsichtig ausgedrückt, nicht gerade zu den Charakterstärken der Afrikaner –, auf jeden Fall hätte er es aber sein sollen, denn von einem Chief verprügelt zu werden ist nicht gerade lustig.

Immer interessant für mich waren während unseres Aufenthalts in Bafilo die vielen Menschen, die verschiedenen Völkern aus den Kabre-Bergen angehörten, Losso, Lamantine usw. – halbwilde Leute, die zu ihren entfernten Heimatorten zurückreisten, nachdem sie in Sokode ihre Steuern abgearbeitet oder in Atakpame oder noch weiter weg für Lohn bei der Eisenbahn gearbeitet hatten. Alle wurden von ihren Frauen begleitet, die für sie kochten, und alle gingen völlig nackt; nicht einmal einer unter Hundert hatte ein Hüfttuch. Doch irgendwie gewöhnte man sich daran. Ihre schwarze Haut wischte den Eindruck der Nacktheit fort, und ihre äußerst anmutigen Bewegungen sowie ihre sittsame Haltung ließen ihre Nacktheit nicht nur natürlich, sondern bewundernswert erscheinen. Die Frauen waren in ihrem Auftreten außergewöhnlich bescheiden und die jüngeren Mädchen sogar schrecklich schüchtern. Wenn man sie beim Vorübergehen ansprach, konnte man als Antwort vielleicht ein schnelles schüchternes Lächeln erhalten, und für den Bruchteil einer Sekunde hob sich der Kopf. Aber wenn man einer von ihnen näherkam und ein Gespräch anfangen wollte, schienen sie vor Angst völlig gelähmt. Wie ein erschrecktes Rehkitz standen sie stocksteif da, am ganzen Körper zitternd, bis man auf etwa ein Yard oder so herangekommen war, um dann wie ein Pfeil davon zu schnellen. Viele trugen auf dem Kopf große Taschen mit Salz, der normalen Währung im Kabre-Land, vermutlich der Gegenwert mehrerer Monatslöhne eines Arbeiters. Einmal stolperte ein so beladenes junges Mädchen gerade vor meiner Hütte, fiel hin, die Tasche zerriß und ein Teil des wertvollen Salzes wurde verschüttet und war verloren. Ich hatte Mitleid mit ihr und holte ein bißchen von unserem eigenen Salz, um es ihr zu geben. Doch kaum näherte ich mich ihr, floh sie wie der Wind, nachdem sie einen erschreckten Schrei ausgestoßen hatte. Ich lief ihr hinterher, und mit der Hilfe des Dolmetschers gelang es mir schließlich, ihre Ängste zu beschwichtigen und sie dazu zu bringen, mein Salz anzunehmen.

Eine andere Sache bereitete mir großes Vergnügen, auch wenn ich von Schomburgk und den anderen damit erheblich aufgezogen wurde! Der Sohn des reichsten Bewohners von Bafilo setzte es sich in den Kopf, sich heftigst in mich zu verlieben. Seine Aufmerksamkeiten hatten nichts Beleidigendes an sich. Es war bloß eine Art stummer, hundeähnlicher Ergebenheit. Er konnte stundenlang schweigend dasitzen und mich ansehen, dann losrennen, um meinen Wünschen zuvorzukommen. Er brachte mir ständig Geschenke, ohne eine Gegenleistung zu erwarten, was für einen Afrikaner ganz und gar unüblich war. Der arme Kerl! Über den Tisch, an dem ich diese Worte schreibe, habe ich ein hübsches kleines Tuch aus einheimischer Handarbeit gebreitet – sein Abschiedsgeschenk! Ich kann ihn vor mir sehen, wie ihm die Tränen über sein gedrungenes, ebenholzfarbenes Gesicht liefen, als ich mich im Sattel umdrehte und ihm einen letzten Abschiedsgruß zuwinkte – ein groteskes Bild, und doch irgendwie ergreifend.

Manche der einheimischen Kleidungsstücke sind im übrigen von ganz außergewöhnlicher Schönheit. Unter den Mustern, die ich kaufte, befindet sich ein prächtiges Gewand aus handgewebtem blauen Stoff, einer Toga nicht unähnlich und kunstvoll bestickt, das ich jetzt in London als Theatermantel trage, wo es schon sehr bewundert wurde. Es ist aus vielen Streifen gewebt, etwa zwei Zoll breit und mit so kleinen und regelmäßigen Stichen aneinandergenäht, daß sie praktisch unsichtbar sind. Ich bezahlte 3 Pfund und 10 Shilling dafür, eine hohe Summe für afrikanische Verhältnisse, wobei man sich aber bewußt machen muß, daß ein solcher Mantel etwa ein Jahr Arbeit bedeutet.

Wieder unterwegs

Am 16. Dezember um fünf Uhr morgens verließen wir Bafilo, wo wir uns seit dem Ersten des Monats aufgehalten hatten, und gingen wieder auf die Reise Richtung Dako und in den Norden. Unterwegs ereignete sich ein Zwischenfall, der mich zutiefst verärgerte. Ein gewisser Dr. Engelhardt war etwa drei Wochen zuvor in Togo an einem bösartigen Fieber gestorben. Schomburgk und die übrigen hatten mir zu verstehen gegeben, daß er in Sokode starb. Nun sickerte durch, daß er in Wirklichkeit in Bafilo gestorben war, und zwar genau in meiner Hütte, dort, wo mein Bett gestanden hatte. Sie hatten das vor mir geheim gehalten, um mich nicht zu beunruhigen. Jetzt dachten sie, es sei ein guter Witz, mir davon zu erzählen, und waren ganz überrascht, als ich deswegen böse wurde. Die Hütte sei gründlich desinfiziert worden, meinten sie, was mich ganz und gar nicht besänftigte. Ich bezeichnete sie als kalt und herzlos und sagte noch viele andere Dinge, aber sie lachten nur.

Die Entfernung zwischen Bafilo und Dako beträgt nur wenig mehr als zwölf Meilen, doch wegen der schlechten Straße brauchten wir dafür um die vier Stunden. Es ging bergauf und bergab, und der Weg war übersät mit großen Felsen und losen Kieseln. So kam es, daß ich bei der Ankunft recht durchgeschüttelt und müde war, und der Anblick des sauberen und hübschen kleinen Rasthauses war mir sehr willkommen. Es gab aber keine Unterkünfte für unsere Pferde, so daß wir sie alle zusammen unter einem großen Baum anbinden mußten. Wir nahmen unser Essen unter einem anderen Baum ein und fühlten uns sehr wohl und wie auf einem Picknick.

Am nächsten Tag ging es weiter nach Kabu. Das Vorankommen gestaltete sich sogar noch schwieriger als am Tag zuvor. Ich habe in der Tat weder vorher noch nachher so etwas erlebt. Die Straße, ein bloßer Pfad, kreuzte eine andauernde Folge von Höhenzügen, mit engen bewaldeten Tälern dazwischen, durch die in der Regenzeit reißende Ströme flossen. Die steilen Abhänge in diese Täler hinabzureiten war schier unmöglich. Wir mußten wieder und wieder absteigen und, so gut wir eben konnten, hinabklettern. Sogar ohne ihre Reiter war es für die armen Pferde bisweilen äußerst schwierig, nicht den Halt zu verlieren, und eines hätte beinah einen schweren Unfall erlitten, als es ein noch nicht ganz ausgetrocknetes Flußbett durchquerte. Es hatte den äußerst steilen Abhang zum Fluß hinab überwunden, da geriet es mit einem Hinterbein zwischen eine große Baumwurzel und die Uferböschung und hätte sich das Bein fast gebrochen. Zu allem Überfluß handelte es sich um unser bestes Pferd und mein eigenes Reittier. Ich war ängstlich besorgt, bis Schomburgk mir nach sorgfältiger und eingehender Untersuchung versicherte, daß außer einer Sehnenzerrung kein Schaden entstanden war.

Als der Tag fortschritt, wurde es schrecklich heiß. Ich fragte immer wieder, wie weit es denn noch sei, und die Antworten des Dolmetschers variierten kaum zwischen »Nicht mehr weit!« und »Nur noch eine halbe Stunde!« Wie sich herausstellte, dauerte es nach dem letzten »Nur noch eine halbe Stunde!« noch drei volle Stunden, und der ganze Tag von vier Uhr morgens bis halb zwei Uhr nachmittags ging dafür drauf, so daß wir neuneinhalb Stunden ohne Pause im Sattel saßen, abgesehen von der Zeit, die wir zu Fuß die Hänge der Täler hinaufgeklettert und hinuntergeschlittert waren. Selbst die Pferde spürten die Anstrengung, und obwohl ich zwei Reittiere besaß und sie häufig gewechselt hatte, waren sie mit ihren Kräften am Ende, als wir das Ziel unserer Reise erreichten. Schomburgk, der im voraus wußte, daß dieser Abschnitt sehr hart sein würde – obgleich nicht einmal er geahnt hatte, wie hart –, hatte mich vor dem Aufbruch streng ermahnt, meinen Tropenhelm zu tragen. Doch ich bestand, in echt weiblicher Verstocktheit, darauf, einen großen Schlapphut in Cowboymanier aufzusetzen, für den ich eine Schwäche hatte. Als die Sonne hoch am Himmel stand, wurde ich mir über meinen Fehler klar, doch mein Stolz ließ mich ihn nicht zugeben. Die letzten paar Meilen waren die schlimmsten. Nur mein dickes Haar, davon bin ich überzeugt, bewahrte mich vor einem Sonnenstich. Ein- oder zweimal schwankte ich im Sattel, von Mattigkeit und der schrecklichen Hitze beinah überwältigt. Mir wurde von den Männern allerdings nur wenig Mitgefühl entgegengebracht. Besonders Schomburgk war äußerst roh und unfreundlich, und das war seinem sonstigen Verhalten so entgegengesetzt, daß ich schließlich, nach ein oder zwei halbherzigen Mitleidsappellen, ziemlich wütend wurde, meine Zähne zusammenbiß, mich im Sattel aufrichtete und den Entschluß faßte, durchzustehen, was immer da kommen mochte. Später, nachdem wir gelagert und uns ausgeruht hatten, sagte er mir, daß er sich mit Absicht so verhalten hätte. Ihm war klar gewesen, daß ich am Rand einer Ohnmacht stand, und er wußte, wenn er mich wütend machen konnte, dann würde ich es vermutlich schaffen, mich zusammenzunehmen; wohingegen er, hätte er begonnen, mich zu trösten, fürchtete, ich würde ganz zusammenbrechen. Höchstwahrscheinlich lag er damit richtig. Gesunder Zorn ist ein gutes Stärkungsmittel.

Wie auch immer, irgendwie gelang es mir, bis zu unserer Ankunft in Kabu durchzuhalten. Hier wurde mir das Haus des Chiefs zur Verfügung gestellt, da es kein Rasthaus gab, und ich warf mich der Länge nach auf meine Pferdedecke und schlief, mit dem Sattel als Kissen, tief und fest eine volle Stunde lang. Ich erwachte ganz erfrischt und mit einem Bärenhunger. Leider gab es nichts zu essen, weil die Träger mit den Proviantkisten noch nicht angekommen waren. Die Schwarzen brachten uns jedoch ein paar große Kalebassen mit einheimischem Bier. Ich probierte es zum ersten Mal, und ich muß sagen, daß ich es sowohl erfrischend als auch nahrhaft fand. Das war ein Glück, denn bis um sechs Uhr abends hatten wir nichts zu essen. Es handelt sich um ein gegorenes Hirsegetränk, das, wie mir gesagt wurde, in höchstem Maße berauschend ist, wenn man viel davon trinkt. Es hat einen ganz eigenen süßlich-sauren Geschmack, gar nicht unangenehm. Nachdem ich geschlafen, mich gewaschen und zu Abend gegessen hatte, fühlte ich mich trotz des langen Marsches gar nicht schlecht, obgleich es der härteste und längste von allen war und bleiben sollte. Entlang der Straße sah ich hier zum ersten Mal Antilopenspuren, aber keine Antilope ließ sich blicken. Wie erwarten jedoch, in Kürze viele zu sehen, ebenso wie andere Tiere, da wir uns nun im wilden Herzen Afrikas befinden – keine ordentlichen Straßen, nur Pfade, und rundherum der schatten- und wasserlose Busch.

Am nächsten Tag war unsere Etappe recht kurz. Ich fühlte mich ungewöhnlich gut und in Form, und da die Straße nicht schlecht war, ritt ich beinah den ganzen Weg in langsamem Galopp. Ich vergaß zu erwähnen, daß wir seit Sokode nach jedem Wegabschnitt die Träger wechselten und sogenannte »Auswechselträger« in unsere Dienste stellten. Diese werden von den Dorfoberhäuptern gestellt, gegen Bezahlung natürlich, und jeden Tag wurde ein Soldat unserer Eskorte vorgeschickt, um für den nächsten Abschnitt die richtige Anzahl Leute zu organisieren. Was Togo betrifft, gibt es in der Hinsicht praktisch keine Schwierigkeiten, wenngleich in anderen Teilen Afrikas, wie mir berichtet wurde, die Dinge anders liegen. Auf der ganzen Reise hatten wir nur einmal Ärger mit Trägern, worauf ich später zurückkommen werde. Ich darf hinzufügen, daß das Auswechseln von Trägern zwei Seiten hat, Vor- und Nachteile. Einer der Hauptvorzüge liegt darin, daß man mit täglich ausgeruhten Leuten schneller vorwärtskommt als mit »alten« Trägern. Auf der anderen Seite ist ein Kern alter Träger vorteilhaft, da sie die

Ladung kennen und daher viel schneller packen können. Auf dem Weg von Atakpame nach Sokode brauchten wir gewöhnlich nicht länger als eine halbe Stunde, um morgens zusammenzupacken und loszumarschieren, während unsere eingewechselten Träger jetzt dreimal soviel Zeit in Anspruch nahmen.

In Bapure kamen wir zum ersten Mal in Kontakt mit den Konkomba, die als die schönsten Wilden in Togo gelten. Da Bapure jedoch ein Grenzdorf ist, waren diejenigen, die wir sahen, meist nicht reinrassig und daher nicht zu vergleichen mit jenen Prachtexemplaren, die wir weiter landeinwärts erblickten. Aus dem Grund will ich ihre Beschreibung auf später verschieben.

Wir lagerten hier unter einem großen Baum, dem Lieblingsplatz unzähliger zahmer Perlhühner, deren unaufhörliches Gegacker uns schrecklich nervte. Die Hitze war mittags außerordentlich groß, und um das Maximum an frischer Luft und das Minimum an Sonnenschein zu erhalten, behalfen wir uns damit, die Vordächer von unseren Zelten abzunehmen und das Segeltuch als Schutzdach zu benutzen. Es war erstaunlich, wieviel das ausmachte. Unter einer solchen Markise und durch die dicken Äste eines großen Baumes noch mehr vor dem grellen Licht der Sonne geschützt, genoß ich meine Siesta in höchster Bequemlichkeit und relativer Kühle, wohingegen ich es, blieb ich im geschlossenen Zelt, normalerweise unmöglich fand, während des Tages Schlaf zu bekommen. Tatsache ist, daß ein Zelt in den Tropen alles andere als eine wünschenswerte Unterkunft darstellt. Es scheint kühl zu sein, und es sieht kühl aus, doch das ist nicht der Fall. Im Gegenteil, in seinem Inneren ist es fast immer drückend heiß.

Während wir hier auf unsere Träger warteten, amüsierten mich die Possen zweier afrikanischer Reisender von der Küste, die unerwartet auftauchten. Sie trugen »elegante« Kleider, die sie wohl für die neueste europäische Mode hielten: breitkrempige Strohhüte, kurze enge Hosen und Cutaway-Sakkos. Sobald sie uns sahen, kamen sie herbeistolziert. Meinte Schomburgk: »Wo kommt ihr her?« »Von der Küste.« Und Schomburgk: »Das sieht man.« Das war alles. Aber es reichte aus. Unsere beiden »Elitegentlemen« traten rasch den Rückzug an, und während ihres restlichen Aufenthalts ließen sie uns links liegen – was genau das war, was wir wollten. Sie hatten zwei Träger für ihr Gepäck, und später sahen wir sie Rücken an Rücken auf ihren Kisten in der Mitte der Dorfstraße sitzen, jeder ein Buch lesend, während ein Schwarm gaffender Schwarzer um sie herumstand, sichtlich beeindruckt und erstaunt angesichts solch großartiger Zurschaustellung von Bildung bei Männern ihrer eigenen Rasse und Hautfarbe. Natürlich war das alles nur Theater.

Obwohl die Tage hier im Togoer Sudan häufig schrecklich schwül sind, läßt die Hitze zu dieser Jahreszeit in der dünnen, trockenen Luft schnell nach, und so können die Nächte kalt werden. An dem Morgen beispielsweise, an dem wir Bapure verließen, war es um fünf Uhr so kalt, daß ich beim Ankleiden mit den Zähnen klapperte. Ein kurzer schneller Galopp brachte jedoch den Kreislauf in Schwung. Während des ersten Teils unserer Reise folgten wir einem malerischen Pfad, gerade breit genug, daß zwei Leute nebeneinander reiten konnten, und der auf beiden Seiten an lichtes Buschland grenzte. Ungefähr auf halber Strecke zwischen Bapure und unserem nächsten Halt in Gerin-Kuka kreuzten wir einen Fluß, den Dakpe, der die Grenze zwischen den Bezirken Sokode und Mangu bildet, und nun fanden wir uns auf einer breiten, von der Kolonialverwaltung gut ausgebauten Straße wieder. Ich mochte sie überhaupt nicht. Die gewundenen Wege der Einheimischen, die sich hin- und herschlängeln, mögen nicht so geeignet für schnelles oder einfaches Reisen sein, doch sie besitzen den Charme des Unbekannten. Wenn man sie entlangreitet, fragt man sich fortwährend, welch neue Landschaft die nächste Biegung enthüllen mag. Aber die breite, gerade Hauptstraße, auf der man meilenweit voraus sehen konnte! Puh! Da war nicht mehr Romantik oder Ungewißheit als auf der Rotten Row*.

Doch bald sollte ich daran erinnert werden, daß ich mich, Straßen hin oder her, nicht in Europa befand, sondern mitten im wilden Afrika. Wir waren noch ein oder zwei Meilen von Gerin-Kuka entfernt, als plötzlich vor uns ein furchtbares Getöse ertönte und bald darauf eine ungeheure Menge Konkomba in Sicht kam, die uns hüpfend und schreiend entgegenliefen und lange Bogen und mit Widerhaken versehene Pfeile durch die Luft schwangen – letztere, wie ich belehrt wurde, vergiftet. Es war ein höchst beeindruckender, barbarischer Anblick. Die Wilden, alle ganz oder beinahe nackt, stießen im Chor Schreie aus, eine Reihe langgezogener, klangvoller »ha-ha-has«, warfen ihre Bogen in die Luft und fingen sie geschickt wieder auf. Und die ganze Zeit über tanzten sie und machten Luftsprünge und kurze Sätze nach vorn, als wollten sie uns angreifen.

Ich gebe zu, ich hatte zunächst ein kleines bißchen Angst, bis Schomburgk mir versicherte, daß dies bloß ihre Art war, einen Ehrengast zu begrüßen, und daß niemand anderer als ich dieser Ehrengast war, die erste weiße Frau, die je bis in ihr Land vorgestoßen war. Ich kann allerdings gut verstehen, welche Mißverständnisse ein Empfang wie der hier beschriebene hervorrufen und wie leicht er zu Komplikationen führen kann, wie das gelegentlich auch geschehen ist, und zwar nicht nur bei den Konkomba, sondern auch bei anderen mehr oder weniger verwandten Völkern, deren Bräuche praktisch identisch sind. In dem Zusammenhang erzählte Schomburgk von einem Vorfall, der ihm persönlich bekannt war. Es geschah einige Jahre zuvor, in einem Gebiet, das nun im Nordwesten Rhodesiens liegt, in der Biegung des Kafue-Flusses*. Ein Reisender, der nicht mit Namen genannt werden soll, kam hier zum ersten Mal mit den

* berühmte Reitallee im Hyde Park
* heute im Süden Sambias

Mashukulumbwe in Kontakt. Er hatte viel über den Kampfesmut der Mashukulumbwe gehört (gerade so wie ich viel über den Kampfesmut der Konkomba), und als sie herbeikamen, ihn zu begrüßen, so wie die Konkomba kamen, uns zu begrüßen, bekam er wie ich Angst, schoß und tötete einen von ihnen. Die armen Wilden, völlig außerstande zu begreifen, inwiefern sie Anstoß erregt hatten, gingen geschlossen zum Distriktbeauftragten, um sich über die Gewalttat zu beschweren und Wiedergutmachung und Entschädigung zu verlangen. Sie bekamen, wonach sie fragten, wobei man das Geld, das sie erhielten, später von dem Reisenden einforderte, der für seinen Anteil an der Affäre streng getadelt wurde.

Dies war das erste Mal, daß ich richtige Konkomba sah, und ich war ehrlich beeindruckt von ihrer Erscheinung. Sie waren hochgewachsen, mit prächtigen Proportionen, hatten ein wildes, kriegerisches Aussehen und eine so anmutige und würdevolle Haltung, daß man gar nicht anders konnte, als sie zu bewundern. Sie waren auch rechte Dandys, denn obzwar sie keine nennenswerten Kleidungsstücke trugen, hatten viele von ihnen kleine Kupferplättchen ins wollige Haar geflochten oder trugen auf dem Kopf einen eigenartigen, helmähnlichen Kopfputz aus Kaurimuscheln, gekrönt von Antilopenhörnern. Auch die Köcher, in denen sie ihre Bündel vergifteter Pfeile trugen, waren wunderschön hergestellt und geschmückt; und um ihre Arme trugen sie, manchmal vom Handgelenk bis zur Schulter, Armbänder aus Messing und aus Kupfer. Blank poliert glitzerten sie in der Sonne, wenn sie sich bewegten, was ein höchst eindrucksvolles Bild abgab. So ritt ich mit großem Pomp in Gerin-Kuka ein, umgeben von meiner tanzenden, schreienden und hüpfenden Eskorte. Der Lärm machte mein Pferd unruhig, und ich begann zu fürchten, daß ich die Kontrolle über es verlieren könnte, so daß ich froh war, als sie, nachdem wir das Dorf erreicht hatten, einmütig zu schreien aufhörten und einen langsamen, melodiösen und doch barbarischen Gesang anstimmten, vollkommen anders als alle afrikanischen Lieder, die ich je zuvor gehört hatte. Der Dolmetscher erklärte, daß das Lied extra zu meinen Ehren komponiert worden war und daß mir damit gesagt wurde, ich sei herrlicher als der Mond, strahlender als die Sonne und anmutiger und schöner als eine Pferdeantilope.

Das Rasthaus in Gerin-Kuka ist sehr geräumig, komfortabel und wunderbar sauber. Es ist viereckig, nicht rund wie sonst die Rasthäuser in Togo, und das allein war eine Veränderung. Wir waren die ersten Bewohner, was vielleicht erklärt, warum es so geschniegelt aussah; obgleich die Rasthäuser in ganz Togo stets tadellos instandgehalten werden. Nur Weiße dürfen sie bewohnen, und es obliegt den Dorfoberhäuptern, sie sauber zu halten. Man darf sich jedoch nicht vorstellen, daß die Kolonialverwaltung nur auf die Bequemlichkeit des weißen Reisenden bedacht ist. In der Nachbarschaft jedes dieser Rasthäuser für Europäer wird auch ein Gehöft für die Afrikaner errichtet. Viele dieser Gelände sind recht eindrucksvoll aussehende Plätze, eigentlich in sich abgeschlossene Dörfer, die oft bis zu fünfzig oder sechzig Rundhütten umfassen, von denen jede einer einheimischen Familie Unterkunft bietet. Das ganze Gelände, *songu* genannt, einem einheimischen Beamten unterstellt, dem *sery-chi-songo* (für die Rechtschreibung möchte ich mich nicht verbürgen*), dessen Aufgabe darin besteht, es sauber und ordentlich zu halten und darauf zu achten, daß die Bewohner ihre Unterkünfte ausfegen, bevor sie sie morgens verlassen, um ihre Reise fortzusetzen. Dieses Kehren wird, das darf ich anmerken, keineswegs oberflächlich ausgeführt, denn die Verwaltung besteht auf Sauberkeit sowohl hinsichtlich der Rasthäuser für die Afrikaner als auch derjenigen, die von den Weißen benutzt werden. Es handelt sich aber keinesfalls um eine große Mühe. Besen stehen nicht zur Verfügung, aber die Leute improvisieren

* *záki-n zángo*, Chef des Lagerplatzes, in Haussa

schnell einen aus den Ästen des nächststehenden Baumes, wobei die Arbeit – wie gewöhnlich – den Frauen zufällt, wenn es in der Gruppe welche gibt. Für das Übernachten wird ein Penny berechnet, und das Geld wird von dem *sery-chi-songu* eingesammelt. Keiner Gruppe ist es gestattet – außer im Krankheitsfall –, über einen bestimmten Zeitraum hinaus – normalerweise drei Tage – in einem der Rasthäuser zu bleiben. Der Bau der Rasthäuser und Straßen hat bewirkt, daß sich ein ziemlich regelmäßiger Reiseverkehr zwischen der Endstation der Eisenbahn in Atakpame und anderen Teilen Togos entwikkelt hat. Die Straßen und Rasthäuser werden nicht nur von der Bevölkerung Togos genutzt, vielmehr kommen auch die Bewohner aus den nördlichen Teilen der britischen Besitzungen einerseits sowie der französischen andererseits durch Togo, wenn sie an die Küste reisen wollen, da sie hier Gebrauch von den bestehenden Einrichtungen machen können.

Übrigens bezahlte ich vor dem Rasthaus von Gerin-Kuka auch zum ersten Mal unsere Träger mit Salz, jener im ganzen Bezirk Mangu, wo wir jetzt sind, allgemein üblichen Währung. Jeder Träger erhielt zwei Tassen voll Salz für die Arbeit eines Tages. Schomburgk sah darin nichts Außergewöhnliches und rümpfte die Nase, als ich vorschlug, den Vorgang zu filmen. Doch er stimmte zu, und als wir später unsere Filme in London zeigten, fand dieser große Beachtung. Die Zuschauer fanden es seltsam, daß es Afrikaner gab, die bereit waren, den ganzen Tag unter sengender Sonne schwere Lasten zu tragen für eine Entlohnung, die von ihrem Standpunkt aus so unangemessen war.

Am Nachmittag gaben die Konkomba, noch nicht zufrieden mit ihrem grandiosen Empfang vom Morgen, einen großen Tanz zu meinen Ehren. Danach ging Schomburgk in den Busch, um nach Antilopen Ausschau zu halten. Er hatte mir vorher gesagt, er bliebe nicht länger als eine Stunde oder so fort, und als es dunkel wurde und er nicht zurückkehrte, machte ich mir Sorgen um ihn, da ich daran dachte, wie leicht man im afrikanischen Busch vom Weg abkommt. Hodgson versuchte, mich zu beruhigen, und sagte, es sei ziemlich sicher, daß ein alter und so erfahrener Afrikareisender wie Schomburgk sich nicht im Busch verirrte. Als er jedoch um acht Uhr noch nicht zurückgekommen war, gab ich den Soldaten Anweisung, nach ihm zu suchen, und feuerte ein paar Revolverschüsse ab, um ihm die Richtung zu weisen für den Fall, daß er in Hörweite war. Ich schickte auch Einheimische mit Laternen los, und bald funkelten überall im Busch rund um Gerin-Kuka kleine Feuerpünktchen. Um neun Uhr tauchte der Streuner auf. Er war, wie er sagte, auf eine ziemlich frische Antilopenspur gestoßen und, vom Jagdfieber vorwärtsgetrieben, tiefer in den Busch gedrungen als geplant. Wie das so mit den Männern ist auf der ganzen Welt, war er nicht das kleinste bißchen dankbar für meine rücksichtsvolle Besorgnis. Im Gegenteil, er brummte und grollte und behauptete, die Laternenlichter hätten ihn geblendet und verwirrt und dazu geführt, daß er noch länger unterwegs war, als es sonst der Fall gewesen wäre; außerdem würden das unnötige Getöse und die ganze Aufregung ihn in den Augen der Einheimischen recht dumm dastehen lassen. »Ich bin ganz gut in der Lage, selbst für meine Sicherheit zu sorgen, danke«, fuhr er mich schließlich an; worauf ich eisig zurückgab, wenn er glaube, ich sei um seine Sicherheit besorgt gewesen, so irre er sich gewaltig, der einzige Grund für mein Handeln sei gewesen, daß ich keine Lust gehabt hätte, allein mit einer führerlosen Karawane im Herzen der afrikanischen Wildnis zu stranden. Es ist wohl unnötig zu erwähnen, daß wir uns nach dem kleinen Schlagabtausch am Abend nicht im besten Einvernehmen trennten.

Am nächsten Morgen war er eitel Sonnenschein und zeigte sich zuvorkommend und höflich, und da ich durch mein Verhalten zum Ausdruck gab, daß ich ihm seine Grobheit der letzten Nacht verziehen hatte, begann der Tag erstklassig. Wir sind jetzt, über Kadjamba und Nali, unterwegs nach Sansane

Mangu, der nördlichsten Station Togos, und wir befinden uns im Herzen des Togoer Sudans. Die Tage sind ausgesprochen heiß, und die Nächte scheinen kälter und kälter zu werden. Heute morgen zum Beispiel war dicker Reif auf dem Boden, so daß wir unter unseren warmen Decken zitterten. Diese extremen Temperaturunterschiede sind äußerst anstrengend. Mindestens neun von zwölf Tageslichtstunden, die man in diesen Breiten hat, schickt die Sonne sengende Strahlen von einem wolkenlosen Himmel auf sandige Ebenen und felsige Berge, und die ganze Landschaft flimmert und glüht wie die Mündung eines Ofens; aber mit Einbruch der Nacht scheint eine plötzliche Kühle von den Sternen herabzufallen, die Hitze strahlt rasch in den Weltraum ab und das Quecksilber im Thermometer fällt oft um vierzig oder fünfzig Grad* in kaum mehr als ebenso vielen Minuten. Das gilt nur für die Trockenzeit.

Bei der Abreise von Gerin-Kuka nahmen wir nicht die Hauptstraße, sondern bogen auf einen Seitenpfad ab, der nur in der Trockenzeit benutzt werden kann. Nachdem wir ein paar Meilen geritten waren, hielt Schomburgk sein Pferd an und machte mich, sich hinabbeugend, auf eine kleine Vertiefung oder ein Loch im harten Lehmboden aufmerksam. Es sah so aus, als habe jemand einen Eimer tief in den weichen Lehm gestoßen und die so hinterlassene Vertiefung dann aushärten lassen. Ich sah es mir an, als er mich darum bat; aber ich konnte nichts Bemerkenswertes daran finden und sagte ihm das auch. »Vielleicht nicht«, antwortete Schomburgk, »und doch ist es eine Elefantenspur, die erste, die Ihre Augen je gesehen haben.« Natürlich war mein Interesse sofort geweckt, und ich stieg vom Pferd, um den Abdruck genauer zu betrachten. Schomburgk erklärte, daß es eine alte Spur aus der letzten Regenzeit war. Ich fand den Fußabdruck riesig groß, laut Schomburgk stammte er aber von einem eher kleinen Elefanten. Wir folgten der Spur

* Fahrenheit; etwa 22–28° Celsius

eine kurze Strecke lang, und ich erhielt meine erste Lektion in der Waidmannskunst, da Schomburgk mich darauf hinwies, wo das Tier zum Fressen Halt gemacht und dabei Zweige abgebrochen und eine Anzahl kleiner Bäume entwurzelt und wo es angehalten hatte, um sich eine Weile auszuruhen. Während der Regenzeit steht dieser ganze Teil des Landes unter Wasser und ist unpassierbar; dann kommen die Elefanten aus dem Bergland im Nordosten und aus dem Gebiet des Kara-Flusses, wo sie sich in den »Galeriewäldern«, wie sie genannt werden, das ganze Jahr über aufhalten, auf der Suche nach Nahrung hierher. Am nächsten Tag kamen wir an eben diesen Kara-Fluß, und ich sah Flußpferd- und Büffelspuren. Wir begegneten auch enormen Scharen Perlhühner. Das Fleisch dieser Vögel ist eßbar, aber zäh.

Kadjamba erwies sich als ziemlich kleines Dorf. Wir konnten nicht einmal Träger finden, die uns nach Nali, unserer nächsten Station, begleiteten, sondern mußten jene behalten, die wir aus Gerin-Kuka mitgebracht hatten. Es gab nur ein kleines Rasthaus, und ich schlief in meinem Zelt, wo ich böse von Moskitos zerstochen wurde, die in unzähligen Myriaden umherschwärmten. Unter ihnen war die Anophelesmücke, die Überträgerin der Malaria. Nur die weibliche Mücke sticht, und sie muß zuvor mit dem Fieberbazillus infiziert worden sein, um die Infektion auf die gestochene Person übertragen zu können. Daher sind Anophelesmücken in dicht bevölkerten Gebieten weitaus gefährlicher als solche in verhältnismäßig dünn besiedelten, wie jenes, in dem wir uns nun befanden. In den großen Dörfern und darum herum ist praktisch jede Mücke eine Infektionsträgerin, während jene draußen im Busch relativ unschädlich sind.

Am nächsten Tag brachen wir wie gewöhnlich um sechs Uhr auf, und nach einem Ritt von eineinhalb Stunden erreichten und überquerten wir den großen Kara-Fluß, wo das Wasser unseren Pferden bis zum Sattel ging. Dieser Fluß wird von den Kabre-Bergen gespeist und ist einer der Hauptnebenflüsse des

Oti, des großen Flusses in Nordtogo, der seinerseits wiederum in einen weiteren, noch größeren Fluß mit Namen Volta fließt, welcher die Grenze zwischen dem britischen und dem deutschen Territorium bildet. In der Trockenzeit, also jetzt gerade, ist der Kara nur etwa 100 Yards breit und relativ seicht, mit einer langsamen, trägen Strömung; doch in der feuchten Jahreszeit ist er, wie mir erzählt wurde, bis zu 500 Yards breit und so tief und reißend, daß er kaum zu durchwaten ist.

Das Konkomba-Land, in dem wir uns jetzt befinden, unterscheidet sich in vielerlei Hinsicht vom Land der Tschaudjo, insbesonders in bezug auf Anzahl und Ausdehnung der Dörfer. Die Konkomba leben in kleinen, aus zwei oder drei Häusern bestehenden Gehöften, die dicht, aber ungleichmäßig über das ganze Land verteilt sind; der Grund dafür liegt darin, daß die Konkomba hauptsächlich Landwirte sind und ihren Lebensunterhalt mit dem Boden verdienen. Die Tschaudjo hingegen sind Händler und Krieger, die mit der Landwirtschaft nur wenig im Sinn und sich daher im Laufe der Zeit mehr und mehr an bestimmten Orten konzentriert haben. In Paratau, das man als die Hauptstadt des Tschaudjo-Landes bezeichnen könnte, zählt die Bevölkerung mehrere tausend Seelen, und Bafilo ist sogar noch größer.

Zwei Stunden nach der Überquerung des Kara-Flusses ritten wir in Nali ein, wo der Chief all seine »Geschenke« unter einem großen Baum ausgelegt hatte. Die Sammlung gab einen stattlichen Anblick ab; ziemlich viel Mehl, ungemahlener Mais, viele Hühner und ein großer Stapel Eier. Im Gegenzug gaben wir ihm Messing, Tabak und Salz, und er zog sich hocherfreut zurück. Später gingen Schomburgk und Hodgson auf die Jagd, und letzterer kehrte aufgeregt zurück, da er zum ersten Mal eine Herde Hippos gesehen hatte. Sein Jubel über das Ereignis wurde jedoch getrübt durch die Tatsache, daß sein Gewehr in ganz außergewöhnlicher Weise blockierte, als er gerade auf sie schießen wollte. Er hatte es bereits mit einem Hohlspitzgeschoß für Antilopen geladen und zog den Hebel, um die Patrone herauszunehmen, in der Absicht, mit einem Vollmantelgeschoß nachzuladen. Doch die Hülse ging ab, und die Kugel blieb im Lauf stecken, und da er keinen Ladestock hatte, war das Gewehr eine Zeitlang völlig funktionsunfähig. Die Herde bestand aus fünf oder sechs Hippos, und noch Tage danach klagte Hodgson immer wieder darüber, daß er nicht in der Lage gewesen war, wenigstens eines von ihnen zu erlegen.

Von Nali aus ritten wir am Morgen etwa zehn Meilen und kampierten dann im offenen Grasland. Es gab natürlich kein Rasthaus, und so schlugen wir unsere Zelte auf. Am nächsten Tag, den 23. Dezember, bauten wir das Lager wie gewöhnlich um sechs Uhr ab und erreichten nach etwa anderthalbstündigem Ritt den Oti. Hier hielten wir an, frühstückten und machten uns so gut wir konnten zurecht für unseren Einmarsch in Sansane Mangu, das nur einen Ritt von ungefähr eineinhalb Stunden vor uns lag.

Weihnachten in Sansane Mangu

Mangu, die nördlichste Station in Togo, untersteht Hauptmann von Hirschfeld, der in seinen zahlreichen und mühsamen Pflichten von zwei anderen weißen Männern unterstützt wird, einem Unteroffizier und einem Zivilisten. Gemeinsam bewerkstelligen diese drei Vertreter einer herrschenden Rasse von einem Jahresende zum nächsten administrative und exekutive Aufgaben in einem Gebiet, das so groß ist wie ein halbes Dutzend englischer Grafschaften und weit größer als viele der kleineren halbselbständigen deutschen Staaten. Die Region ist das ganze Jahr hindurch schwer zugänglich, und während der Regenzeiten ist eine Durchquerung in vielen Teilen völlig unmöglich. Außerdem wird sie von einem seltsamen und heterogenen Volk bewohnt, das verschiedene Dialekte spricht, mannigfaltige Bräuche, Sitten und Glaubensvorstellungen hat und in manchen Fällen – und manchmal in allen Fällen – streitsüchtig, widerspenstig und tückisch ist.

Daß diese große, weit ausgedehnte Region, die teilweise sogar jetzt noch unbekannt und auf Karten nicht verzeichnet ist, erst jüngst in relativ kurzer Zeit einer beständigen und stabilen Herrschaft unterworfen wurde und daß die mörderischen Auseinandersetzungen praktisch zum Erliegen gebracht worden sind, spricht meiner Meinung nach Bände über den Charakter und die Fähigkeiten jener Männer, die diese Aufgabe erfüllt haben. Der erste dieser Pioniere war Dr. Gruner, der die deutsche Flagge geradewegs bis zur Biegung des Niger trug, der jedoch infolge der Kurzsichtigkeit des deutschen Parlaments wieder zurückweichen mußte. Die britische Regierung machte übrigens keine solchen Fehler, wie ich bemerken darf. Ich las in unseren Geschichtsbüchern, wie vor etwa zwanzig Jahren die Regierung Lord Roseberys nahe daran war, in bezug auf Uganda eine ähnlich verhängnisvolle Politik in die Tat umzusetzen. Doch die Rosebery-Regierung fiel infolge öffentlicher Proteste, was zur Folge hatte, daß euer Union Jack nun über dem Teil Ostafrikas weht. Unser Parlament unterlag keinem solchen öffentlichen Druck – jedenfalls zu dieser Zeit und in dieser Angelegenheit. Doch hier sollte ich besser aufhören. Ich dringe in die hohe imperiale, um nicht zu sagen internationale Politik ein, und diese Dinge sind nichts für ein Mädchen wie mich.

Laß mich auf das Mangu von heute zurückkommen, dem wir uns nun, wenn es Dir beliebt, lieber Leser – ich mag diese altmodische Formulierung einfach gern –, auf Pferden vom Tiefland des Oti her nähern. Eine große breite Straße führt vom Oti hinauf zur Station, und man kann die Stationsgebäude von weitem sehen, weiß im Sonnenlicht schimmernd und sogar aus der Entfernung einen Eindruck äußerster Sauberkeit vermittelnd. Als unsere Karawane mit ihrer langen Reihe Träger sich in Serpentinen langsam aufwärts schlängelt, beobachte ich durch meinen Feldstecher, daß überall Flaggen wehen, und noch bevor Schomburgk mich darüber aufklärt, errate ich, daß man mit dieser Zierde meine Ankunft, die Ankunft der ersten weißen Frau in Mangu ehrt. Alsbald galoppiert Hauptmann von Hirschfeld, von einem berittenen Leibwächter begleitet, uns entgegen, und ich, darauf erpicht, einen möglichst eindrucksvollen Einzug zu halten, reite vor, um ihn zu begrüßen. Doch was sind schon die Pläne von Mäusen und Menschen* – von jenen der Frauen ganz zu schweigen! Weicher Sand – in der Regenzeit wahrscheinlich Treibsand – lag direkt auf meinem Weg. Als mein Pferd die Stelle erreichte, sank es zuerst bis über

* *The plans of mice and men*: Zitat aus dem Gedicht *To a Mouse* von Robert Burns (1759–1796)

die Fesselgelenke ein, taumelte dann, fiel schließlich und schleuderte mich über seinen Kopf. Und in dieser formlosen, um nicht zu sagen würdelosen Art und Weise hielt die erste weiße Frau ihren ersten Einzug in die hoch im Norden gelegenen Station Mangu. Später lachten Hauptmann von Hirschfeld und ich noch oft über den Zwischenfall, doch im Moment fand ich ihn alles andere als lustig. Nicht daß ich im geringsten verletzt gewesen wäre. Der Sand war zum Glück weich, und das stolpernde Straucheln meines Pferdes hatte, was mich betraf, eher ein Einsinken als ein Fallen zur Folge. Doch ich war tief gedemütigt. Ich hatte mich darauf gefreut, großen Eindruck zu machen, und den einzigen Eindruck, den ich hinterließ, war der meines Gesichtes im Sand, als ich stürzte.

Der volle Name der Station – ich habe es wohl bereits erwähnt – ist Sansane Mangu und bedeutet »der Ort, an dem sich die Krieger treffen«. Früher war es der Versammlungsplatz der Einheimischen, wo sich die jungen Männer trafen, um auf einen der Raubzüge zu ziehen, die den Wilden auf der ganzen Welt so lieb und teuer sind. Der genaue Treffpunkt war ein großer Baobab, der heute noch steht, und bei dem Baum ist die neue Station Mangu gebaut worden, auch in der Absicht, den Fetischzauber zu brechen, der ihm nach dem Glauben der Einheimischen immer noch innewohnt. Die alte Station Mangu, gegründet von einem Leutnant Thierry, lag an einem anderen Ort, mit Ausblick auf den Oti. Es war eine kleine Station, doch sehr stark befestigt, eigentlich ein Fort. Von der Station sind nur Mauern geblieben. Das Innere des Geländes wird als europäischer Friedhof genutzt. Drei weiße Männer liegen dort. Zwei starben an Krankheiten, einer wurde im Kampf gegen die Tschokossi* getötet, ein Volk, das das Land im Norden und im Westen bewohnt. Das ungesunde Klima des Ortes bewirkte, mehr als alles andere, daß die alte Station verlassen werden

* die Anufom

mußte. Die neue wurde gegründet von einem Hauptmann Mellin, der vor ein paar Jahren starb. Vor kurzem erst erhoben sich die Tschokossi in einem Aufstand und versuchten, die Station einzunehmen, und beinahe wären sie erfolgreich gewesen. Es fanden harte Kämpfe statt, ein weißer Mann und zahlreiche einheimische Soldaten wurden getötet. Als Akt der Buße mußten sie, nachdem der Aufstand niedergeschlagen war, in der Nähe ihres Hauptdorfes eine enorme Steinpyramide mit einem Kreuz auf der Spitze bauen.

Hauptmann von Hirschfeld, der während dieses und unseres späteren Aufenthalts in Mangu die Gastfreundschaft in Person war, hatte alles für uns vorbereitet. Uns wurde ein schönes Haus zur Verfügung gestellt, sauber gefegt und mit allem Notwendigen ausgestattet, sehr groß, luftig und geräumig, mit einer schönen breiten Veranda. Ganz in der Nähe unseres Hauses befand sich ein einheimisches Bauwerk von außergewöhnlichem Aussehen, genannt Tamberma Fort. Es war vor vielen Jahren von einem Volk dieses Namens gebaut worden, das im äußersten Nordosten Togos lebt. Die Tamberma waren und sind noch immer sehr wild, kriegerisch und aufsässig. Die deutsche Kolonialverwaltung, das sollte ich an dieser Stelle erklären, erlegt jedem Einwohner eine »Kopfsteuer« von sechs Shilling pro Jahr auf. Die Abgabe entspricht der britischen *hut tax* und ist, ebenso wie jene, stets Ursache endlosen Ärgers und Krachs mit den Schwarzen, die gemäß der togoischen Gesetzgebung entweder die Steuer in bar bezahlen oder zwölf Tage beim Straßen- oder Hausbau für die Kolonialverwaltung arbeiten müssen. Nun hören sich sechs Shilling für einen zivilisierten Weißen nach einer sehr kleinen Summe an, doch für einen halbwilden Schwarzen, der das ganze Jahr über keinerlei Münzgeld zu Gesicht bekommt, stellen sie eine unmöglich zu leistende Abgabe dar. Er muß sie also abarbeiten, und wenn es sich um weit entfernt lebende Leute handelt, bedeutet dies eine lange Hin- und Heimreise, mit Frauen und Kindern, was nicht selten beträchtliche Schwierigkeiten und Entbehrungen mit sich bringt, da der Schwarze sich ja um Essen für sich und seine Familie kümmern muß, zwar nicht während des Abarbeitens der Steuer, doch auf der Reise. Kein Wunder, daß er sich über die verhaßte Abgabe empört und ihr zu entgehen sucht, wann immer es ihm möglich ist; denn der Einheimische ist von Natur aus unfähig, vorauszuschauen, und es kann ihm nicht begreiflich gemacht werden, daß die Arbeit, zu der er herangezogen wird, ihm ebenso – wenn nicht noch mehr – nützt wie seinen weißen Herren. Er bemerkt zwar, daß er auf den Straßen, die er baut, jetzt mit ehedem nicht gekannter Sicherheit vorwärtskommt; daß die von ihm errichteten *songus* ihm und seiner Familie unterwegs Zuflucht bieten; und daß sich aus diesen einfacheren Verbindungswegen letztlich billigere Warenpreise und die Öffnung neuer Absatzmärkte ergeben. Doch all das vermag den angeborenen Konservatismus sowie die tief verwurzelte Abneigung des Schwarzen gegen geregelte Arbeit kaum aufzuwiegen.

Die Tamberma kamen also einst von ihren Bergfestungen im fernen Nordosten herab nach Mangu, und nachdem sie sich den ihnen auferlegten Arbeiten unterzogen hatten, packten sie ihre Sachen und gingen nach Hause zurück. Und sie verließen es nie wieder – zumindest nicht, um nach Mangu zu kommen. Denn kurz nachdem sie in ihr Land zurückgekehrt waren, wurden zwischen den deutschen und den französischen Besitzungen neue Grenzlinien gezogen, und das Land der Tamberma wurde von dieser Linie durchschnitten. Das hatte ein beträchtliches Durcheinander zur Folge, da nun ein Teil des Volkes der einen Regierung, ein weiterer Teil der anderen untertan war. Nun scheinen die Dinge allerdings bald in Ordnung zu kommen, da den Tamberma in gegenseitigem Einverständnis beider Regierungen ein Jahr Zeit gegeben wurde, sich zu entscheiden, wem sie sich unterordnen wollen, und die Frist geht in Kürze zu Ende. In der Zwischenzeit steht das Tamberma Fort, das sie als Andenken an ihren Besuch errichtet hatten, noch immer in

Mangu, ein bemerkenswert malerisches Bauwerk. Ich darf hinzufügen, daß es gegenwärtig von den Muslimen in der Station als Moschee benutzt wird, und die haben sich bereit erklärt, es im Gegenzug für ihr Sonderrecht instandzuhalten.

Rund um Mangu gibt es große Plantagen verschiedener Edelhölzer, eine Art Versuchsfarm für die Baumzucht. Die ganze Arbeit geschieht auf Anregung und unter der persönlichen Aufsicht der hier stationierten Beamten, und sie sind es auch, die zahlreiche weitere Verbesserungen vorgenommen haben. Der Ort ist eine kleine Insel der Zivilisation in einer Wüste der Wildnis, und das neue Stationshaus ist nach Schomburgks Ansicht das schönste und ansehnlichste Gebäude seiner Art im Innern Afrikas. Das die Station umgebende Land ist, vor allem in nördlicher Richtung, typisch für den Sudan; wegen des harten, ausgetrockneten Lateritbodens sieht es insgesamt eher trocken aus, doch vielerorts wächst reichlich Gras, und an den Uferböschungen gibt es auf beiden Seiten einen breiten Gürtel mit Flußvegetation – Bäume, Weiden und ähnliche Pflanzen.

Während des Harmattan, von Oktober bis Ende Januar, ist Mangu ein wunderbarer Aufenthaltsort; keine Moskitos, es ist angenehm windig, kühl in der Nacht und nicht zu heiß am Tag dank des Harmattan, da die Sonnenstrahlen den trockenen, gelben Dunst nicht durchdringen können. Während des übrigen Jahres allerdings, und besonders von Mai bis August, ist Mangu nicht unpassend beschrieben worden als »Hades mit offenem Deckel«. Nicht nur, daß tagsüber eine furchtbare Hitze herrscht – mir wurde gesagt, man könne nicht durch den Ort gehen, ohne daß einem der Schweiß in Strömen herunterläuft. Auch nachts ist es kaum kühler, und damit nicht genug, brechen fast unablässig Gewitter mit entsetzlicher Gewalt über das Land herein, wobei der Regen mit tropischer Heftigkeit in einem Winkel von etwa fünfundvierzig Grad niedergeht und geradewegs in die Häuser eindringt, so daß zuzeiten die Menschen lieber gleich nach draußen laufen und es über sich ergehen lassen, als drinnen Zuflucht zu suchen, was dann praktisch unmöglich ist. Die Stürme dauern nicht lange genug, um die Luft abzukühlen, aber die Blitze scheinen ihren besonderen Spaß darin zu finden, in die Station oder das Dorf einzuschlagen, wobei nach einer verbreiteten Theorie ein Wasserlauf unter dem Ort die Elektrizität anziehen und für dieses Phänomen verantwortlich sein soll. Wie wahrscheinlich das ist, weiß ich nicht; Tatsache ist aber, daß Mangu in der Hinsicht großes Pech hat. Während der letzten Regenzeit zum Beispiel wurden zwei Einheimische im Dorf und einer hier auf der Station durch Blitzschlag getötet. Der Blitz fuhr auch einmal auf Hauptmann von Hirschfelds Haus nieder und schlug in seinen Schreibtisch ein, wobei eine Menge Papiere vernichtet wurden und Hirschfeld selbst dem Tod nur durch ein Wunder entrann.

Wir verbrachten Weihnachten in Mangu, und es war wirklich großartig. Das Festessen am Heiligabend nahmen wir in Hauptmann von Hirschfelds Haus zu uns, einem schönen, ansehnlichen Steingebäude. Es war erst letzten Oktober fertiggestellt worden, und wenn man sich darin aufhält, insbesonders nachts, mag man kaum wahrhaben, daß man sich im Herzen Afrikas befindet. Zu unserem Weihnachtsessen teilten wir uns ein Ferkel, und ich war dabei, als es geschlachtet wurde. Ich muß zugeben, daß mir bei dem Anblick ziemlich übel wurde, wenngleich ich später noch eine recht erfahrene Metzgerin werden sollte. Es ist schon komisch, bis zu welchem Ausmaß man in der Wildnis jeglichen Anstrich von Zivilisation ablegt. Als wir Mangu später in Richtung Norden verließen, sollten wir für eine Weile völlig von der Außenwelt abgeschnitten und beinah zur Gänze auf unsere Gewehre und Schießeisen angewiesen sein, um frisches Fleisch für den Kochtopf zu erhalten. Die Männer jagten und töteten das Wild, und ich zerlegte und kochte es. Ganz wie die Frauen in der Steinzeit, nehme ich an.

In Mangu waren wir aber freilich noch in Kontakt mit der Zivilisation, und unser Weihnachtsmahl war, außer daß es auf seine Weise eine gewisse Kuriosität darstellte, außerordentlich gelungen. Hier die Speisenfolge:

Kaviar ohne Eis
Spargelsuppe
Oti-Fisch
Kammuschelragout à la Mangu
Schweinerücken à la Konkomba
Pfirsiche à la Konservendose
Eischnee, Sahne, Vanillesoße
Käsehäppchen
Kaffee Likör
Weine
Madeira Claret Champagner.

Auf dem Eßtisch stand ein Miniatur-Christbaum, den Hauptmann von Hirschfelds Mutter den ganzen langen Weg von Deutschland heruntergeschickt hatte, und nachdem wir mit dem Essen fertig waren, versammelten wir uns darum und stießen auf abwesende Freunde an. Ich hatte mich ganz und gar nicht auf das Weihnachtsfest gefreut. Eigentlich hatte ich eher Angst davor gehabt und die Befürchtung gehegt, es würde uns eher traurig als froh stimmen, jetzt aber genoß ich es von ganzem Herzen. Einerseits fiel es mir wegen der Hitze und der Umgebung schwer zu realisieren, daß tatsächlich Weihnachten war; andererseits war jedermann so nett und gastfreundlich, daß man gar nicht umhin konnte, vergnügt und lustig zu sein. An Silvester veranstalteten wir ein weiteres kleines Fest, und Punkt Mitternacht machten wir ein Feuer aus insgesamt etwa dreitausend Fuß alter Zelluloidfilme. Das leicht entzündliche Material loderte heftig auf, sobald man ein Streichholz daran hielt, und gab ein prächtiges Freudenfeuer ab.

Ich deutete bereits auf die großen Plantagen rund um Mangu hin. Die meisten gedeihen prächtig, doch mancherorts richtete eine bestimmte Käferart, die riesige Sägescheren hat, erheblichen Schaden an. Man bekam richtig Mitleid, wenn man auf den Straßen an den Pflanzungen entlang ritt und Hunderte und Aberhunderte der schönen Bäume sah, die aufgrund dieser Schädlinge bereits abgestorben oder kurz davor waren. Jede Anstrengung war unternommen worden, erzählte mir Hauptmann von Hirschfeld, um sie auszurotten, doch vergebens. In den Pflanzungen gibt es viele kleine Antilopen und riesige Scharen Perl- und Haselhühner (letztere ähneln dem Rebhuhn). Den größten Spaß bereitete uns jedoch ein Vogel, den man hier »Koran« nennt. Es handelt sich dabei um eine komisch aussehende Kreatur, einem Zwergstrauß nicht unähnlich, der jedoch, im Unterschied zum Strauß, gut fliegen kann. Schomburgk war ein richtiger Experte darin, sie abzuschießen; ein Schuß nach rechts, ein Schuß nach links – peng! peng! Sie eigneten sich sehr gut zum Verzehr, da sie zwei unterschiedliche Sorten Fleisch lieferten, weiß und braun, lagenweise angeordnet wie ein Sahne-Schokolade-Kuchen. Sie waren so fleischig und gut genährt, daß ich sie gewöhnlich in ihrem eigenen Fett kochte, und wir alle stimmten darin überein, daß sie so am besten schmeckten, köstlich, wenn man sie heiß aß, und kalt sogar noch besser. Überall rund um die Station gab es auch große Mengen Wachteln, die ich zu braten pflegte und nach Vorschrift auf Weißbrotscheiben servierte. Und wir hatten so viele Antilopen, wie wir schießen wollten. Ihr Fleisch stellte mit seinem angenehmen Wildgeschmack eine nette Abwechslung dar. Der einzige Nachteil war, daß wir es allzu frisch essen mußten, da in diesem Klima alles über Nacht schon schlecht wird.

Der Oti lieferte uns Fisch im Übermaß. Wir ritten fast jeden Tag zum Fluß hinunter, und einmal machten wir in einer großen Piroge eine Kreuzfahrt. Wir starteten morgens um sieben und kamen um elf zurück. Wegen des niedrigen Wasserstandes konnten wir nicht weit fahren, doch es war trotzdem sehr vergnüglich, und die Landschaft war wunderschön. Gegen Ende allerdings wirkten die Sonnenstrahlen, vom beinah stehenden Wasser reflektiert, sehr drückend. Ich kann mir nur annähernd vorstellen, wie es im Sommer sein muß. Von einer Sandbank aus, wo Hodgson sich anpirschte, schoß er mit seinem Gewehr einen sehr schönen *Paauw* – eine Art Trappe – aus einer Entfernung von etwa sechzig Yards, und die Kugel ging gerade durch den Hals. Ein Zufallstreffer, aber Hodgson war trotzdem schrecklich stolz darauf.

Früh am Morgen des 30. Dezember wurde uns zur Kenntnis gebracht, daß sich die Einheimischen zu einer großen gemeinsamen Angelexpedition sammelten, und natürlich ritten wir mit Kamera und Kameramann los, uns den Spaß anzusehen. Sie fingen eine Menge Fische, allerdings auf eine Art und Weise, die, fürchte ich, einem echten Schüler Isaac Waltons* kaum zusagen würde. Es war jedoch sehr interessant, und wir konnten einige gute Aufnahmen machen. Die Leute hatten im Vorfeld auf einem flachen und ruhigen Abschnitt eine Anzahl Dämme parallel zueinander durch den Fluß gebaut und gingen nun daran, aus jedem der so entstandenen Becken das Wasser abzuschöpfen, bis nur noch flüssiger Schlamm übrigblieb: Hier versteckten sich die Fische, die nun von Hunderten mit Kalebassen bewaffneten Einheimischen ausgegraben wurden. Anschließend teilte der Zeremonienmeister den Fang unter den schwitzenden Fischern auf. Es handelte sich mehrheitlich um nicht besonders große Barbenarten, doch war ein beachtlicher Bursche dabei, den wir kauften und später zum Abendessen verzehrten. Er schmeckte sehr gut, im Gegensatz zu vielen Flußfischen Togos, die ungefähr so schmackhaft sind wie Löschpapier mit Schlammgeschmack.

In Mangu drehten wir keine Abenteuerfilme, aber sehr viele ethnografische Dokumentationen. Das Drehen war nun schwie-

* engl. Schriftsteller (1593–1683), der mit *The Compleat Angler* ein beschauliches Lehrbuch des Angelsports schrieb

riger geworden, da die große Trockenheit ständig das Holz der Kameras rissig werden ließ, bis sowohl Hodgson als auch Schomburgk nahezu verzweifelten. Fast jeden Abend waren sie damit beschäftigt, die während des Tages entstandenen Schäden zu reparieren, indem sie die Risse mit Siegelwachs füllten, das sie dann mit erhitzten Messern glattstrichen und mit Klebeband abdeckten. Wir hatten nur zwei Filmkameras mitgebracht – zusätzlich zu drei normalen Fotoapparaten –, und der Rahmen der einen hatte sich durch die Hitze unterwegs so schlimm verzogen, daß der Funktionsmechanismus gestört und das Gerät völlig unbrauchbar wurde. Folglich waren wir auf den einen verbleibenden Apparat angewiesen; und sollte der aus irgendeinem Grund ausfallen, bedeutete das automatisch das Ende der Expedition, da es keinen Ort in greifbarer Nähe gab, um eine neue Filmkamera zu besorgen, als Europa. Ich habe niemals sonst gesehen, daß einem unbelebten Objekt soviel Sorgfalt zuteil wurde wie diesem Apparat. Eine Mutter mit ihrem Neugeborenen ist nichts dagegen! Über dieses Stück Messing und Holz wachte Hodgson wahrhaftig wie über seinen Augapfel. Er ließ es kaum jemals zu, daß ein anderer als er das Gerät trug, ob unterwegs oder im Lager, und ein Junge war abgestellt worden, der den ganzen Tag nichts anderes zu tun hatte, als es mit Palmöl abzureiben.

Neben anderen interessanten Filmen, die wir in Mangu aufnahmen, zeigte einer, wie die aus Stein errichtete neue Station gebaut wurde und als Kontrast dazu die alten Gebäude aus Lehm und Flechtwerk, die noch immer ganz in der Nähe standen. Während der Stunden, in denen die Arbeit in vollem Gange war, war der Schauplatz sehr belebt, und unsere Kameras wurden dem Umstand voll gerecht. Auf einer Aufnahme ist eine endlose Reihe Träger zu sehen, welche die aus dem Steinbruch gehauenen Felsbrocken heraufschleppen. Auf der nächsten sind Arbeiter dabei, in einem Kalkofen hiesiger Bauart Kalk zu brennen. Ein weiteres Bild zeigt vierzig kräftig gebaute

Schwarze, wie sie gemeinsam einen riesigen Holzbalken tragen, der in den Bergwäldern viele Meilen von hier geschlagen wurde; zu dem Zeitpunkt, als unsere Aufnahme gemacht wurde, hatten sie ihn schon acht volle Tage so getragen. Die fachmännische Maurerarbeit wird, unter Aufsicht von bewaffneten Soldaten, von Langzeitgefangenen ausgeführt, von denen viele in Ketten gehen müssen. Der Chefmaurer war, wie mir gesagt wurde, ein Mörder.

Nachdem wir den Film aufgenommen hatten, ritten wir hinab zum Steinbruch in der Nähe des Oti, von wo die Steine kommen. Hier arbeiteten Hunderte von Afrikanern ihre Steuer ab. Der Steinbruch, der sehr groß ist und noch scheinbar unbegrenzte Kapazitäten hat, wurde erst vor kurzer Zeit von Hauptmann von Hirschfeld entdeckt. Auf dem Weg dorthin kamen wir an einem großen *songu*, einem Rastplatz für Schwarze, vorbei, der den Rasthäusern der Weißen entspricht. Hier sahen wir eine bunte Mischung von Angehörigen aller Völker aus ganz Westafrika und sogar aus Teilen Nordafrikas – Haussa aus Nigeria; Fulbe mit ihrem relativ hellen Teint und ihren klaren, europäisch aussehenden Gesichtszügen aus dem innersten Zentralsudan; gedrungene, kohlschwarze Heiden, Leute aus den Kabre-Bergen und aus den zentralen Waldregionen; majestätische arabische Händler aus Timbuktu und noch ferneren Regionen, in wehende, schneeweiße Gewänder gekleidet; nackte Menschen mit grimmigem, wildem Aussehen aus dem Volk der Gurma und zahlreiche kräftige Konkomba, aufrecht und elegant wie immer, doch ohne ihre Helme und ihren Kopfschmuck. In dieser bunt zusammengewürfelten Menschenmenge und um sie herum wimmelte es von nackten kleinen Kindern, und Frauen und Mädchen mit Wasserkalebassen oder Töpfen mit Essen auf dem Kopf gingen, ebenfalls unbekleidet, ernst und gemächlich hin und her, wobei ihre Fußspangen aus Messing in der Sonne blinkten und bei jeder Bewegung Musik machten. Es war der malerischste Anblick, den ich je in meinem Leben gesehen hatte, und sicherlich pittoresker als alles, was mir bisher in Togo begegnet war.

Am Morgen des 2. Januar kam ein Soldat und teilte uns mit, in der Nacht sei eine Hyäne in die Falle gegangen, und sofort sattelten wir unsere Pferde und ritten los, um sie in Augenschein zu nehmen. Der Soldat führte uns zu dem Ort, wo sich die Falle befunden hatte, doch sowohl sie als auch die Hyäne waren verschwunden. Unsere Nachforschungen ergaben, daß das mächtige Tier den Anker, der die Eisenschlinge an ihrem Platz hielt, ausgerissen hatte und mitsamt der ganzen Vorrichtung geflüchtet war. Wir wußten jedoch, daß es für das Tier unmöglich war, sich allein vollständig aus der Falle zu befreien, und so folgten wir seiner Spur ein ganzes Stück weit bis zu einem Grasdickicht, in dem es sich versteckt hatte. Ein Soldat ging hinein und zog es samt der Falle und allem heraus. Das arme Tier heulte schrecklich, was nicht verwunderlich war, denn sein Maul war ganz blutig und zerschnitten von seinem Versuch, das Eisen von der Falle wegzubeißen. Kein angenehmer Anblick, und ich drehte lieber den Kopf weg, während Schomburgk der Qual mit einer Kugel aus seiner Mauser ein Ende bereitete. Am Nachmittag kamen große Scharen Geier, um sich an dem Kadaver gütlich zu tun, und wieder nahmen wir die Kamera und erhielten einige schöne Aufnahmen. Diese aasfressenden Vögel sehen abscheuerregend aus, doch sie sind von unschätzbarem Wert für die schmutzigen afrikanischen Dörfer, wo sie sich als Reinigungskommandos betätigen, und werden nur selten, wenn überhaupt, gestört.

Mangu wird von Millionen und Abermillionen Fledermäusen heimgesucht. Ich hätte es nicht geglaubt, wenn ich es nicht mit meinen eigenen Augen gesehen hätte. Wenn ich hier schreibe, daß in der Dämmerung aus einer einzigen kleinen Hütte zwölf- bis fünfzehntausend dieser Geschöpfe herausschwärmten und in ziemlich großem Umkreis den Himmel verdunkelten, kann ich wohl kaum erwarten, daß man meinen Worten

Glauben schenkt. Doch es ist so. Einer der Dolmetscher erzählte mir, daß einmal eine verlassene Hütte, in der sich eine Kolonie – oder sollte ich sagen »Batterie*«? – Fledermäuse niedergelassen hatte, versiegelt und darin Schwefel verbrannt worden war. Und als man sie am nächsten Morgen öffnete, wurden ungefähr achtzehntausend Fledermauskadaver gezählt.

Wir bekamen in Mangu sehr viel Milch sowie einheimische Butter, was eine willkommene Abwechslung in unserem Speiseplan darstellte. Die Butter ist gut zum Kochen, allerdings kann man sie nicht aufs Brot essen, da sie, selbst wenn sie ganz frisch ist, einen ranzigen Geschmack hat. Auch bei der Milch muß man sehr sorgfältig darauf achten, daß die Kalebassen sauber sind. Das wurde stets von mir selbst kontrolliert, da die Bediensteten, ich habe es bereits erwähnt, keinen Begriff davon haben, wie wichtig Hygiene ist.

Eines Abends, kurz bevor wir Mangu verließen, um in den »höchsten Norden« weiterzuziehen, erzählte uns Hauptmann von Hirschfeld von lesenswerten Aufzeichnungen über die Zeit von Dr. Gruner und den früheren Pionieren, die hier aufbewahrt werden. Schomburgk interessierte sich sehr dafür und drang in den Hauptmann, sie doch veröffentlichen zu lassen, und der meinte, das würde er wahrscheinlich bald tun.

* Wortspiel mit der englischen Bezeichnung *bat* für Fledermaus

Unser »höchster Norden«

Am 11. Januar 1914 verließen wir Mangu, wo wir uns seit dem 23. Dezember aufgehalten hatten, und setzten unsere Reise in nördlicher Richtung fort. Hinter Mangu ist Togo noch unerschlossen, und das Land ist für Europäer nicht als ganz sicher anzusehen. Wir betraten die Region auch nur mit besonderer Erlaubnis Seiner Hoheit des Herzogs zu Mecklenburg, der sie uns nur gewährt hatte, weil ihm Schomburgk als alter, erfahrener Afrikareisender persönlich bekannt war und man sich bei ihm darauf verlassen konnte, daß er die Einheimischen gut behandelte, daß er nichts tat oder sagte, um sie zu provozieren, und daß er in einer Notlage, wenn er angegriffen würde, seine Stellung behaupten konnte.

Vor unserer Abreise hatte Schomburgk ein offizielles Dokument unterzeichnen müssen, das nur die Reise nordwärts entlang des Oti gestattete, nicht aber das Eindringen ins Land der Gurma. Er wurde gewarnt, vor den Tschokossi in den Dörfern des äußersten Nordens auf der Hut zu sein, da sie als sehr scheu galten und weißen Fremden, die in ihr Gebiet eindrangen, mißtrauisch gegenüberstehen sollten. Als Schomburgk mir davon erzählte, betonte er, daß die Tschokossi nirgendwo gefährlich waren, wenn man richtig mit ihnen umging, und daß es kaum etwas beziehungsweise nichts zu befürchten gab von den auf deutschem Territorium lebenden Gurma, wenngleich er zugestand, daß gelegentlich Gurma aus dem französischen Territorium über die Grenze nach Panscheli kamen, wohin wir unterwegs waren, und daß diese Herumstreuner schwierig und sogar aufsässig sein konnten. In der Tat war nur kurze Zeit zuvor ein deutscher Offizier, mit einer großen Soldateneskorte in eben jenem Gebiet unterwegs, in das wir eindringen wollten, von umherziehenden Wilden angegriffen worden, die ein ganzes Geschwader vergifteter Pfeile auf das Zelt abschossen, in dem er gerade schlief. Nach der Version, die ich hörte, muß er dem Tod wie durch ein Wunder entronnen sein. Er lag schlafend im Zelt, wurde mir berichtet, als ihn das »plong, plong, plong!« der Pfeile weckte, welche die straff gespannte Zeltbahn streiften und durchdrangen. Mit einem Satz sprang er zum Zelteingang, woraufhin die lauernden Wilden einen weiteren Pfeilhagel losließen; ein Pfeil prallte von der Zeltstange ab, hinter der er stand, und verletzte ihn an der Stirn. Mit bemerkenswerter Geistesgegenwart setzte er sich, anstatt seinen Angreifern nachzujagen, gleich auf den Boden und rief seinen Boy zu Hilfe, der sich auf der Stelle daran machte, das Gift aus der Wunde zu saugen. So war sein Leben gerettet, denn er stand zwar große Qualen aus und war lange Zeit ernsthaft krank, doch am Ende erholte er sich wieder. Er hatte Glück, da sich in der Regel der geringste Kratzer von einem vergifteten Pfeil als tödlich erweist. Ich zog während meines Aufenthalts in Togo und auch später viele Erkundigungen ein bezüglich des von den Afrikanern auf ihren Pfeilspitzen verwendeten Giftes, doch ich konnte keine richtigen Informationen bekommen, oder vielmehr war das, was ich erfuhr, extrem widersprüchlich. Ein Freund von mir, Doktor Porteous, versicherte mir, er habe ein wenig Gift von einem frisch präparierten Pfeil untersucht und sei zu dem Ergebnis gekommen, es handle sich um ein Digitalis-Extrakt, das aus einer einheimischen Pflanze von der Art des Fingerhuts gewonnen werde. Andererseits habe ich mit Leuten gesprochen, die behaupten, tatsächlich gesehen zu haben, wie die Afrikaner ihre Pfeile vergiften, indem sie die Spitzen einfach in ein Stück verfaultes Fleisch stecken und sie eine Weile dort lassen; und wieder andere beteuern, daß das Gift ein Präparat aus modriger Pflanzenerde aus dem nächsten Moorloch sei. Daran mag etwas Wahres sein, denn es ist bekannt, daß die durch die Pfeile verwundeten Menschen häufig an Tetanus erkranken. Wahrscheinlich wird nicht zu allen Zeiten und von allen Völkern ein und dasselbe Gift benutzt, sondern je nach Gelegenheit werden verschiedene Arten verwendet.

Wir verließen Mangu an einem Sonntagmorgen, und Hauptmann von Hirschfeld traf, mit seiner üblichen Zuvorkommenheit, alle Vorkehrungen bezüglich Trägern und allem übrigen, und er stellte auch unser überzähliges Gepäck bis zu unserer Rückkehr bei sich unter. Die Etappe des ersten Tages war nur fünf Meilen lang, und der Ritt durch das Oti-Tal, in dem die Einheimischen vor kurzem erst einen Buschbrand entfacht hatten, alles andere als angenehm. Die Luft war von schwarzem, undurchdringlichem Staub erfüllt, der mir in die Augen trat, die Kehle hinab, die Nasenlöcher hinauf – überallhin. Eine entsetzliche Hitze ließ uns reichlich schwitzen, so daß unsere Gesichter bald häßlich verschmiert aussahen. Das Wasser, in dem ich mich im Lager schließlich wusch, nahm die Farbe von Tinte und eine Konsistenz fast wie Erbsensuppe an; und als ich mein Haar aufband, fielen schwarze Schauer daraus auf den Boden.

Schomburgk wollte das Lager in einem Dorf aufschlagen, aber mir hatte es ein wunderschöner Platz angetan, etwa fünfzehn Fuß hoch in einer Biegung des Flusses auf einem Felsvorsprung gelegen, von dem aus man eine herrliche Aussicht über das umliegende Land genießen konnte. Schomburgk war dagegen, da er meinte, dort würde sich tagsüber der Wind als sehr lästig erweisen und wir würden nachts ziemlich sicher von Moskitos aufgefressen. Ich war jedoch hartnäckig, und schließlich ließ er mir meinen Willen. Hinterher wünschte ich, er hätte es nicht getan. Seine Prophezeiung bewahrheitete sich. Und nicht nur ein bißchen. Im Laufe des Tages erhob sich ein heißer Wind, fegte in heftig wirbelnden Böen über die Oti-Ebenen und brachte noch mehr schwarze Staubwolken vom verbrannten Grasland mit sich; und in der Nacht waren die Moskitos so schlimm, daß wir nicht schlafen konnten, genau wie er es vorausgesagt hatte. Ich habe niemals eine so schlimme Insektenplage erlebt wie die Moskitos an den Ufern des Oti. Die Boys mußten mit grünen Ästen Feuer machen, um sie zu verjagen, und während sie sich, halb erstickt vom Rauch, darüber kauerten, erzählte mir Schomburgk eine Geschichte über Moskitos, auf die er einmal in der Waldregion des Kongo gestoßen war. »Also wirklich«, meinte er, »wir schossen sie mit unseren Revolvern ab wie Wildtiere, wie sie da über unseren Köpfen auf den Ästen der Bäume saßen, und sie waren so groß, daß einige von ihnen ein Pfund wogen.« »Ach, hören Sie doch auf«, gab ich ungehalten zurück, »nirgendwo auf der Welt gibt es solche Insekten.« »Ich sage Ihnen die reine Wahrheit«, erwiderte er ernst, »mehrere der Kongo-Moskitos wogen ein Pfund.« »Ja«, warf Hodgson verschmitzt lachend ein und zwinkerte mir zu, »*mehrere*. Mehrere tausend – oder Millionen, wenn Sie so wollen.« Da erfaßte ich den Witz, und wir alle lachten.

Der Ort, in dessen Nähe wir unser Lager aufgeschlagen hatten, war ein kleines Tschokossi-Dorf namens Beti. Die Leute sahen sehr wild aus. Die Tschokossi, die in und um Mangu lebten, waren verhältnismäßig zivilisiert, doch diese hier waren schlicht und einfach Wilde. Die Männer trugen nur schmale Lendenschurze aus unbehandelter Baumrinde, die Frauen vorn und hinten Bündel grüner Zweige, die sie jeweils erneuerten, wenn sie am frühen Morgen zum Waschen an den Fluß gingen. Die Frauen und Mädchen pflückten einfach ein paar Zweige und hatten so ein neues Kleidungsstück. Da haben uns diese Naturkinder etwas voraus. Keine zivilisierte Frau, und mag sie noch so reich sein, bekommt *jeden* Tag ein neues Kleid, denke ich. Für Schomburgk waren diese zweifelhaften Kostüme schrecklich, ich hingegen fand sie sehr hübsch, schicklich und kleidsam. Und was die Hygiene angeht, ist der Brauch sicher sehr zu empfehlen.

Am Nachmittag gingen all unsere Boys hinunter zum Fluß, um in einem großen tiefen Becken zu baden, in dem ich vorher ein paar Krokodile gesehen hatte. Ich war entsetzt, als ich sie sah, rief ihnen zu, herauszukommen, und sagte ihnen, was ich gesehen hatte; doch sie lachten nur über meine Bedenken und schwammen, tollten und spritzten weiter herum. Die Afrikaner behaupten, und vermutlich zu Recht, daß zwar ein Mann, der sich allein in krokodilverseuchtes Wasser wagt, fast sicher seinen Tod heraufbeschwört, daß jedoch viele von ihnen gemeinsam ohne Risiko hineingehen können. Ohne Zweifel macht den Reptilien der Lärm und das Herumspritzen Angst, und statt anzugreifen, tauchen sie unter und bangen um ihre eigene Sicherheit.

Auf dem Weg zu dem Dorf riß sich ein zahmer Affe, den wir früher auf der Reise gekauft hatten, los und sauste ins Grasland. Er wurde unterwegs immer in einen Hühnerstall gesperrt und nahm die Demütigung wohl übel. Wir waren sehr in Sorge, denn wir alle hatten den »komischen kleinen Kauz«, wie Artemus Ward* ihn bestimmt genannt hätte, mehr oder weniger liebgewonnen und wollten ihn nicht verlieren. Die Boys versuchten alles, um ihn wieder einzufangen, aber es gelang ihnen nicht; doch als Schomburgk ihn rief, kam er prompt zu ihm und saß den Rest des Tages zusammengerollt vorn auf seinem Sattel.

Kurz nach dem Zwischenfall erreichten wir einen äußerst romantischen kleinen See, eine wirklich schöne, schmale und langgestreckte Wasserfläche. Wir hatten danach Ausschau gehalten, denn bevor wir Mangu verließen, erzählte uns einer der Beamten dort, er habe hier kürzlich einen großen Flußpferdbullen geschossen, und Schomburgk war ganz begierig darauf, eines oder mehrere dieser Geschöpfe zu filmen. So ritten wir um den ganzen See, auf der einen Seite hinauf, auf der anderen hinab, und erforschten ihn gründlich. Wir sahen eine Menge Wasservögel, doch keine Flußpferde, ob groß oder klein, männlich oder weiblich. Als wir das Lager wieder erreichten,

* Pseudonym des amerikanischen Humoristen Charles F. Browne (1834–1867)

berichteten uns unsere Boys, daß sie eine große Herde Antilopen gesehen hatten. Wir erlitten Tantalusqualen, denn wir brauchten noch Fleisch fürs Essen und hatten keine Spur von ihnen gesehen. Die Einheimischen sind noch immer mit ihrem – zu dieser Jahreszeit – bevorzugten Zeitvertreib beschäftigt, nämlich dem Verbrennen des Grases auf den Oti-Ebenen, und der Wind blies, wie gewöhnlich, die verbrannten Rückstände in unsere Augen und Nasen. Alles andere als angenehm!

Am nächsten Tag setzten wir unseren Marsch fort. Wir hatten vorgehabt, dem Oti zu folgen, doch der Fluß schlängelt sich hier in höchst verwirrender, nervender Art hin und her, und unser Soldatenführer aus Mangu verlief sich, als er eine Abkürzung ausprobierte. Wir kamen durch eine Reihe schmutziger Tschokossi-Dörfer, doch die Leute waren mürrisch und mißtrauisch, wollten auf unsere Fragen nicht antworten oder gaben nur unverbindliche, einsilbige Worte zurück. Diese Menschen leben, wie die Konkomba, in winzig kleinen Dörfern von zwei oder drei Familien, und nach ihren Antworten auf unsere Erkundungen hin zu urteilen, konnte man glauben, einen Fluß wie den Oti gäbe es in Togo überhaupt nicht, und schon gar nicht in der Nähe ihres Wohn- und Aufenthaltsortes.

Schließlich hielten wir um die Mittagsstunde, zutiefst verärgert und völlig erschöpft, erhitzt, staubig und durstig, an einem Ort namens Magu und stellten unsere Zelte unter ein paar niedrigen, verdorrten Bäumen auf. Es erwies sich als höchst ungemütlicher Campingplatz. Der schwarze Staub ließ sich überall nieder. Die Sonne stach mit entsetzlicher Heftigkeit herab, und es war praktisch unmöglich, vor der Hitze Zuflucht zu finden, da es rundherum nur niedrigen Busch gab mit einzelnen Stellen offenen Graslandes, genannt *Veldt*. Spät am Nachmittag, nach einer Ruhepause, machte sich Schomburgk auf den Weg, nach dem Oti zu suchen, und kehrte nach kurzer Zeit zurück mit der unter den Umständen irgendwie tröstlichen Nachricht, er sei nur etwa eine Viertelstunde entfernt. Und doch hatten uns die

Leute versichert, er sei »sehr weit weg«. Das zeigt, wie weit man den Worten eines Wilden trauen kann. Schomburgk berichtete uns ferner, daß er auf dem Rückweg eine Pferdeantilope gesichtet hatte, die jedoch zu weit von ihm entfernt war, als daß er hätte schießen können. Noch eine Enttäuschung!

Bevor wir am Abend zu Bett gingen, wies Schomburgk den Dolmetscher an, uns um 5 Uhr morgens zu wecken. Und tatsächlich hörte ich ihn bald wie üblich rufen, es sei Zeit zum Aufstehen, und der Anweisung gehorchend erhob ich mich, wenngleich ich mich noch ungewohnt schläfrig fühlte. Ich schob das jedoch auf die ermüdenden Ereignisse des vergangenen Tages, und nachdem ich mich gewaschen und angekleidet hatte, trat ich aus meinem Zelt. Zu meinem Erstaunen stand der Mond noch hoch am Himmel, und erst dann kam ich auf die Idee, auf meine Uhr zu schauen. Es war 2.30 Uhr! Nach einigen alles andere als freundlichen Bemerkungen zu dem Dolmetscher legte ich mich wieder in mein Zelt und versuchte, noch mal einzuschlafen. Doch in der Zwischenzeit hatte Hodgson, der ebenfalls geweckt worden war, ein längeres Schwätzchen mit einem der Boys angefangen. Hodgson war ein erstklassiger Kameramann und ein sehr anständiger Kerl obendrein, aber er war auch die wohl unverbesserlichste Quasselstrippe, der ich je begegnet bin. Ich sagte immer zu ihm, er spräche auch mit seinem eigenen Schatten, wenn sonst nichts und niemand zum Plaudern da wäre. In der Hinsicht war er das ganze Gegenteil Schomburgks, der wie die meisten Männer, die lange in der Wildnis gelebt haben, eine sehr ruhige und reservierte Art hatte.

Um fünf Uhr standen wir schließlich auf und setzten unseren Weg in Richtung Oti fort, den wir, wie Schomburgk uns gesagt hatte, nach etwa fünfzehn bis zwanzig Minuten erreichten. Wir befinden uns nun in ausgesprochen wilden Gefilden, in die nur wenige weiße Menschen, wenn überhaupt, ob Männer oder Frauen, je ihren Fuß gesetzt hatten. Wege existieren nicht, und die Pfade – wenn man sie überhaupt als solche bezeichnen kann – führen nirgendwohin außer von einem Dorf zum nächsten oder vielleicht noch zu Wasserlöchern oder Flußfurten, je nachdem. Die meiste Zeit versuchten wir, dem Oti zu folgen, doch seine ausgedehnten Schleifen und die Beschaffenheit der Uferböschungen an einigen Stellen machten dies zuzeiten ganz unmöglich.

Wir befinden uns in einer wildreichen Gegend, und wir sahen viele Antilopenherden. Auch Scharen von Perlhühnern rannten vor den Pferden her; Ketten von zehn oder zwölf Haselhühnern flogen auf; Haubenkraniche zogen auf ihrem Weg von einem Futterplatz zum nächsten über uns hinweg und stießen dabei ihre eindringlichen, krächzenden Schreie aus. Was für ein herrlicher Anblick für ein Großstadtmädchen wie mich! Ich fühlte mich endlich der Natur richtig nahe; das hier war Gottes großer »Zoo«. Ich wollte gar nichts reden – nur schauen und lauschen. Ich beginne jetzt zu verstehen, weshalb alle weißen Buschleute ruhige Männer sind, die über vieles nachdenken, aber wenig reden, wie jener berühmte, unvergessene Papagei. Wie ich schon sagte, schnitten wir zahlreiche große Biegungen ab, so daß der Fluß meist nicht zu sehen war, doch wenn wir einen Blick auf ihn erhaschten, konnte ich sehen, daß er von Enten, Krickenten und allen möglichen Arten Wasservögel bedeckt war; und jedes Dickicht, jede Baumgruppe, an der wir vorbeikamen, beherbergte Kolonien farbenprächtiger Landvögel, blaue Eichelhäher, Sonnenvögel und viele andere, deren herrliches, im Sonnenlicht aufblitzendes Federkleid eine unerschöpfliche Freudenquelle darstellte.

Um diese schöngefiederten Vögel ging es, als Schomburgk und ich eines Tages eine Auseinandersetzung hatten. Ich wollte unbedingt, daß er ein paar Exemplare schoß und für mich ausstopfte, da ich mit gutem Grund wußte, was für ein außergewöhnlich geschickter Amateurpräparator er war. Doch er lehnte es höflich und bestimmt ab, etwas dergleichen zu tun. Er ist für den Schutz wildlebender Vögel und hat strikte Ansichten über das Töten um der Federn willen. »Wir könnten«, sagte er, »von hier vielleicht Federn und Häute im Wert vieler hundert Pfund mit zurück nach Europa nehmen, doch das zu tun wäre ein Verbrechen gegen die Natur und ihren Schöpfer.« Ich erwiderte, daß ich nicht für Geld töten, sondern gern ein paar Exemplare für meinen persönlichen Gebrauch und als Schmuck haben wolle. »Und außerdem«, fügte ich hinzu, »töten Sie Vögel zum Essen – Haselhühner, Wachteln und so fort –, und was es für einen Unterschied machen soll, ob man sie tötet, um sie zu essen oder um sich damit zu schmücken, das kann ich beim besten Willen nicht erkennen. So weit ich das beurteilen kann, macht es für die armen Viecher nämlich herzlich wenig Unterschied.« Worauf Schomburgk zurückgab, daß Männer nun mal essen müßten und Frauen im übrigen auch, daß aber letztere nicht unbedingt Federn oder ausgestopfte Vögel an ihre Hüte zu stecken brauchten. Schließlich verletzte er seine Prinzipien insofern, als er mir doch einen einzelnen von den Hunderten der hier umherfliegenden Sonnenvögel schoß. Diese kleinen Geschöpfe sind von seltener Schönheit: purpurroter Körper, ein entzückendes blaues Köpfchen, ein blauer Tupfen an der Schwanzwurzel und sehr lange, strahlende Schwanzfedern. Meinen flehentlichen Bitten nachgebend, schoß mir Schomburgk auch noch einen blauen Eichelhäher und gab Hodgson die Erlaubnis, mir einen weiteren zu schießen. Diese sind nun in London Gegenstand größter Bewunderung, da wir, bevor es zum Schuß kam, vollkommene Exemplare mit dichtem Gefieder auswählten. Doch ich wünschte, meine lieben Freunde hätten sie so sehen können, wie ich sie zuerst sah, nämlich als die Federn noch lebten. Der Unterschied zwischen dem Gefieder eines ausgestopften Vogels und dem eines lebendigen oder auch eines erst vor kurzem getöteten ist sehr ausgeprägt. Es ist der gleiche Unterschied wie der zwischen dem eigenen Haar und einer künstlichen Perücke oder wie zwischen einer Wasserstoffblondine und einer echt blonden Frau.

Diese so schillernd gefiederten Vögel singen übrigens nicht. Manche von ihnen pfeifen, doch meist klingen ihre Schreie rauh und krächzend. Der Grund dafür liegt darin, daß sie sich auf die Schönheit ihrer Farben verlassen, um das andere Geschlecht zu verführen. Es ist wundervoll, wenn man einmal darüber nachdenkt, wie immer und überall auf der Welt die Liebe die treibende Kraft ist, die die Erde sich drehen läßt. Ihr verdanken wir die Farben der Sonnenvögel, die Schwanzfedern des Paradiesvogels, das Lied der Nachtigall, und all dies ließ bestimmt auch in grauer, ferner Vorzeit Malerei und Musik entstehen. Zweifelsohne dachte die erste Tschokossi-Schöne, die einen grünen Zweig abriß, um sich damit zu bedecken, dabei zunächst an sexuelle Attraktivität, und das gleiche gilt heute für ein Kleid vom Modehaus Worth.

Es ist erstaunlich, wie zahm die Antilopen und andere Vierfüßer wurden – wenigstens soweit es mich persönlich betraf –, je weiter wir in die Wildnis vorstießen. Fast schienen sie jegliche Furcht vor mir verloren zu haben. Die süßen kleinen Puku-Antilopen hielten für gewöhnlich inne und starrten mich neugierig an, bis ich mich ihnen auf ein paar Yards genähert hatte, und einmal kamen ein paar Riedböcke heran, standen gerade vor meinem Pferd stocksteif da und blickten mich an. Ich rief Schomburgk zu, sein Gewehr herüberzubringen, doch als er mich erreichte, waren sie schon davongaloppiert.

Am Morgen des 13. Januar gelangten wir, nachdem wir dem Oti etwa acht Meilen gefolgt waren, auf eine große offene Fläche. Schomburgk und Hodgson folgten dem Flußufer, um dort einen Erkundungsritt zu unternehmen, während sie es mir überließen, die Karawane über die Ebene zu führen. Bald wurde die Fortbewegung für die Pferde so schwierig, daß wir nur im Schneckentempo vorwärtskamen. Wir waren auf der Art Land, die hier draußen als »Jamsfeld« bezeichnet wird, und zwar aus folgendem Grund: Wenn die Bauern Jams anbauen, häufeln sie mit der Hacke einen kleinen Hügel um jede Pflanze. Jetzt in der Regenzeit steht das ganze Land, das wir durchqueren – und das zu den Oti-Ebenen gehört –, vollständig unter Wasser, und wenn es abtrocknet, hinterläßt es eine Menge kleiner Hügel, die von der Sonne dann bald so hart wie Ziegelsteine gebacken werden – daher der Name.

Dank der Feuer, mit denen vor kurzem das alte Gras abgebrannt worden war, wuchs nun jede Menge frisches Grünzeug zwischen diesen Hügelchen, Futter für unzählige Antilopenherden. Nie zuvor hatte ich so viele auf einmal gesehen. Manche der Herden, die wir trafen, zählten dreißig oder vierzig Köpfe. Wenn Schomburgk und Hodgson die Karawane begleiteten, waren sie scheu, doch wenn ich allein ritt, war das ganz anders. Sie schienen instinktiv zu begreifen, daß keine Gefahr drohte. Sie standen ruhig da, glotzten beharrlich in meine Richtung, bis ich auf etwa dreißig oder vierzig Yards herangekommen war, und galoppierten dann anmutig davon, um später immer wieder anzuhalten, sich umzudrehen und neugierig auf das zu starren, was offensichtlich ganz neu für sie war. Andere wiederum trabten ein kleines Stück seitlich des Pfades, dem wir folgten, entlang und stellten sich dann wie Soldaten bei der Parade in einer Reihe auf, um uns vorüberreiten zu sehen.

Ich betrachtete gerade bewundernd eine Reihe dieser niedlichen kleinen Geschöpfe, als meine Boys meine Aufmerksamkeit auf ein großes, sich bewegendes Objekt in der Ferne richteten und dabei aufgeregt flüsterten: »Schau mal, Missy – ein ganz großes Stück Fleisch!« (Der Afrikaner bezeichnet jedes Wild mit »Fleisch«). Ich richtete meinen Feldstecher auf das Objekt und sah, daß es sich um ein ungewöhnlich schönes Exemplar der Pferdeantilope handelte, die wahrhaftig so groß war wie ein kleines Pferd. Die Pferdeantilopen unterscheiden sich sehr von den kleinen Pukus und ähnlichen Arten; es handelt sich um die zweitgrößte Antilopenart, nur die Elenantilope ist größer. Ohne Fernglas sah die hier aus wie ein blauschwarzer Schatten, der sich schräg durch das strahlende Sonnenlicht fortbewegte, und ich glaube nicht, daß ich sie ohne die Boys entdeckt hätte. Durch das Glas konnte ich jedoch deutlich die wunderschön gefleckte Haut und die stolze Kopfhaltung des Tieres erkennen und sehen, wie es seinen langen Schwanz rhythmisch und gleichmäßig hin und her bewegte, um die Fliegen von seinem Hinterteil zu vertreiben. Es überquerte weit vorn unseren Pfad und kehrte offensichtlich gerade vom Fluß, wo es seinen Durst gelöscht hatte, zurück in den sicheren Schutz des Busches. Als ich meinen Blick auf das Tier richtete, lief es zuerst recht gemächlich dahin, doch nachdem ich es ein oder zwei Minuten beobachtet hatte, sah ich es plötzlich anhalten und unruhig in meine Richtung starren. Offenbar hatte es Witterung von uns aufgenommen. Es fing an, zornig und trotzig seinen Kopf hochzuwerfen. Dann scharrte es auf dem Boden, und einen Augenblick später war es wie ein Pfeil auf und davon.

Gegenwärtig kämpften wir uns eine leichte Steigung empor und ritten dann in eine Art kreisförmige Senke hinab, in dessen Mitte ein kleines *Vley* lag, eine Niederung, in der sich das Wasser aus der Regenzeit sammelt. Die Wasserfläche war buchstäblich zugedeckt und auch umringt von einer ungeheuren Ansammlung aller Arten Vögel, unter ihnen auch etwa hundert Marabus. Beim Anblick letzterer machte mein Herz einen Sprung, und zum ersten und letzten Mal während unserer Reise bedauerte ich es, kein Gewehr zu tragen. Hier waren die schönsten und teuersten Federn der Welt im Wert von mehreren hundert Pfund in meiner Reichweite, und ich konnte nicht eine von ihnen ergattern. Ich hätte leicht auf sie schießen können, sofern ich eine Waffe bei der Hand gehabt hätte, denn sie ließen mich recht nah herankommen, bevor sie sich langsam in die Luft erhoben, nur um sich ein paar hundert Yards weiter wieder niederzulassen. Nachher erzählte ich Schomburgk davon und bettelte ihn an, zurückzugehen und mir wenigstens einen Vogel zu holen; doch seine Antwort war ein deutliches

Nein. »Ich sagte bereits, daß ich diese wunderbaren Geschöpfe nicht abschießen werde«, meinte er. »Aber Marabufedern!« erwiderte ich, den Tränen nah vor Zorn. »Sie wissen ja gar nicht, was die für eine Frau bedeuten. Und auch noch so herrliche Exemplare. Die sind ja praktisch unbezahlbar.« All dem und noch mehr dieser Art hörte er schweigend zu und schüttelte nur von Zeit zu Zeit beharrlich den Kopf. Später jedoch sollte ich meine Marabufedern bekommen, und zwar ohne Schomburgks Gefühle zu verletzen und ohne auch nur einen einzigen Vogel zu töten. Doch das ist eine andere Geschichte, die ich zu gegebener Zeit erzählen werde. Die Existenz der Marabus in Togo wurde übrigens auf genau dieser Reise von Schomburgk entdeckt, der ebenso wie ich zufällig auf einen Schwarm stieß. Als wir nach Mangu zurückkehrten und er dort erzählte, was wir gesehen hatten, weigerte man sich strikt, ihm zu glauben, und behauptete, er müsse irgendeine verbreitetere Art aus der Familie der Kraniche irrtümlich für den seltenen und wertvollen Marabu-Storch gehalten haben. Besonders energisch zu dem Thema äußerte sich unser alter Freund Hauptmann von Hirschfeld; er habe jahrelang in diesem Land gewohnt und sei auf seinen offiziellen Inspektionsreisen überall herumgekommen, und wenn es in Togo solche Vögel gäbe, so wäre er ihnen mit Sicherheit begegnet. Als das Gespräch stattfand, standen wir gerade auf dem Platz vor dem Haus des Hauptmanns, und Schomburgk, der zufällig nach oben schaute, bemerkte ruhig zu von Hirschfeld: »Na, da fliegt doch gerade einer über uns hinweg!« und reichte ihm sein Fernglas. »Bei Gott, Sie haben recht«, schrie der Hauptmann, nachdem er den Vogel erblickt hatte, »ich kann seine Schwanzfedern ganz deutlich sehen.« Und von nun an wird also der *Leptoptilus crumenifer* auf der Liste der in Togo heimischen Vögel stehen. Ich darf noch hinzufügen, daß ich nach meiner Heimkehr nach London in den Hutgeschäften des West End häufig nach Marabufedern forschte, jedoch nicht ein einziges Mal auch nur einen kurzen Blick auf echte Federn werfen konnte. Die, welche mir angeboten wurden, und das auch noch zu sehr hohen Preisen, stammten meist von der viel weniger kostbaren indischen Art, wohingegen andere noch nicht einmal von irgendeinem Kranich waren, sondern von allen möglichen Vögeln, inklusive Geiern.

Nachdem wir die Senke mit den Marabus verlassen hatten, ritten wir immer weiter über die schatten- und wasserlose, sonnenverbrannte Ebene. Die Hitze war schrecklich, und der Führer hatte sich offensichtlich verlaufen. Ich gebe zu, daß ich ein wenig ängstlich war, und schließlich ließ ich anhalten in der Meinung, daß wir ebensogut herumsitzen konnten, statt immer weiter in eine vielleicht falsche Richtung zu gehen. Nach etwa einer Stunde tauchten Schomburgk und Hodgson auf. Sie waren zur Erkundung dem Flußlauf gefolgt, hatten mit dem Kompaß den Kurs festgestellt und Vermessungen vorgenommen. Sie hatten herausgefunden, daß der Oti gerade hier wieder einen großen Bogen machte.

Schomburgk übernahm von mir wieder das Kommando über die Karawane und setzte einen Kurs direkt nach Norden fest, zu einem ziemlich großen Dorf namens Sumbu. Wenig später verließen wir die Ebene und erklommen ein Plateau. Wir waren alle sehr müde, auch ich, und ich konnte nun gut verstehen, warum Afrikaner am liebsten nackt gehen oder nur mit einem Hüfttuch bekleidet. Man macht sich nie klar, wie ausgesprochen lächerlich und überflüssig sich zivilisierte Kleidung erweisen kann, bis man einmal in der Tageshitze durch den afrikanischen Busch reist. Wir kamen an vielen schmutzigen kleinen Tschokossi-Dörfern vorbei, die meist verlassen oder zerstört waren, doch nirgendwo sahen wir die Bewohner. Als wir schließlich schon fast verzweifelten, konnten wir aus der Ferne in einem der Dörfer ein paar zaghafte Lebenszeichen entdekken; ein streunendes Küken etwa und irgendeine Promenadenmischung. Als wir hinaufritten, fanden wir ein kleines Dorf, bewohnt von Tschokossi und ein paar Fulbe, die nach deren

Vieh sahen. Die Tschokossi, darf ich zur Erklärung anmerken, sind selbst keine Rinderzüchter. Ihr ganzer Viehbestand kommt auf dem Handelsweg aus dem Norden zu ihnen und steht immer unter der Obhut von Fulbe, die aufgrund ihrer Lebensweise und ihres Wissens über Viehzucht als die Massai Westafrikas bezeichnet werden können. Diese Fulbe-Viehtreiber, in ihrem eigenen Land meist arme Männer oder jedenfalls keine Viehbesitzer, was so ziemlich auf das gleiche herauskommt, sind nur zu glücklich, sich für eine Weile bei den Tschokossi niederzulassen und auf deren Herden aufzupassen. Als Lohn bekommen sie die Milch und in festgelegten Abständen ein oder zwei Kälber. Diese wachsen und vermehren sich, und mit der Zeit besitzt jeder Fulbe eine eigene Herde und kehrt, nach Fulbe-Maßstäben als reicher Mann, in sein Land zurück. Ich interessierte mich sehr für dieses Volk, das, wie ich wohl schon erwähnte, ganz anders geartet ist als die gewöhnlichen schwarzen Völker in diesem Teil Afrikas. Sie waren, wie ich fand, recht intelligente Gesprächspartner. Sie haben klare Gesichtszüge, ähnlich dem europäischen Typus, helle schokoladenfarbene Haut, und manche Frauen, die ich sah, waren keineswegs häßlich. Was ihre Herkunft betrifft, so haben die Fulbe arabisches und Berberblut in ihren Adern und ein bißchen vom Negroiden. In dem Dorf machten wir Halt und nahmen einen hastig zubereiteten Lunch zu uns, sehr bereichert durch eine große Kalebasse mit frischer Milch, die uns von den Fulbe-Hirten gebracht wurde.

Nach dem Lunch ritten Schomburgk und ich voran nach Sumbu, etwa zwei Meilen weiter, und ließen die Karawane uns folgen. Unterwegs kamen zwei Riedböcke heran und schauten uns aus nicht einmal zehn Yards Entfernung an. Schomburgks Kommentar dazu, daß er sein Gewehr nicht bei sich hatte, war, milde ausgedrückt, nicht gerade vornehm. Ich persönlich war froh darüber, doch das sagte ich ihm nicht. Die herrlichen Geschöpfe kamen uns so nah, daß ich den Ausdruck panischer

Angst in ihren schönen großen braunen Augen erkennen konnte, und ich freute mich, als sie davonstoben, auch wenn ihr Fleisch uns fürs Essen höchst gelegen gekommen wäre. In Sumbu errichteten wir unser Lager auf einer Anhöhe mit Blick auf den Oti, der hier von frischem Gras umsäumt ist, wunderschön. Auch die Aussicht über die Ebenen im Norden und im Westen war sehr schön, mit ruhig grasenden Puku-Herden hier und da, so weit das Auge reichte. Wir haben vor, hier vier oder fünf Tage zu bleiben.

Bei den Wilden von Sumbu

Wie beabsichtigt, blieben wir mehrere Tage in Sumbu, von wo wir kurze Ausflüge in das umliegende Land und auch einmal in nordöstlicher Richtung bis zur französischen Grenze machten. Wir haben Togo jetzt von einem Ende bis zum anderen durchquert, und ich kann mich rühmen, die erste weiße Frau zu sein, die weiter als bis Sokode gegangen ist, wohin auch nur höchstens eine oder zwei je gekommen sind.

Die Leute hier in der Gegend bilden ein sehr wildes und gemischtes Völkchen. Neben den Tschokossi, die sozusagen heimisch sind auf diesem Boden, gibt es viele andere – Gurma aus dem Flachland im Norden, Fulbe aus dem Zentralsudan, Ashanti aus den benachbarten britischen Herrschaftsgebieten und Bewohner Dahomeys von jenseits der französischen internationalen Grenze, außerdem Leute aus den verschiedensten Regionen und Kolonien, die aus unterschiedlichen, nur ihnen selbst bekannten Gründen gleichsam Zuflucht gesucht haben in diesem abgelegenen und selten besuchten Gebiet in relativer Nähe dreier Grenzen.

Am Nachmittag nach unserer Ankunft gingen die Männer auf die Jagd, und ich merkte, daß unsere Boys ganz in der Nähe meines Zeltes blieben und daß ihre normalerweise fröhlichen Gesichter einen ernsten, um nicht zu sagen düsteren Ausdruck bekamen. Da dies ihrem sonstigen Verhalten so völlig widersprach, wollte ich von ihnen den Grund dafür wissen. Sie antworteten, sie hätten Angst, sich aus dem Lager hinaus zu wagen. »Leute hier«, sagten sie, »sehr schlechte Leute, töten sehr viel.«

Das war nicht unbedingt beruhigend, und als jetzt Messa, der Koch, kam, um mir zu sagen, daß er keine Hühner bekommen könne – der Dolmetscher habe mitgeteilt, daß die Dorfbewohner sich weigerten, welche zu verkaufen –, da fühlte ich mich ziemlich unwohl. Ich konnte von hier aus die Leute vor ihren Häusern sitzen sehen, jeder neben sich seinen Bogen und seinen Köcher mit vergifteten Pfeilen.

Ich überlegte jedoch, daß ich vor der Rückkehr der Jäger irgendwie Essen beschaffen mußte, und so rief ich den Koch und befahl ihm, mit mir ins Dorf zu gehen. Er weigerte sich zuerst und sagte, er habe Angst. Doch ich erwiderte ihm, wenn eine Frau dorthin gehen könne, dann könne ein Mann das erst recht, und schließlich willigte er widerstrebend ein, mich zu begleiten. Als wir uns dem Dorfplatz näherten, rannten alle Kinder schreiend davon. Das störte mich nicht allzu sehr. Ich hatte mich daran gewöhnt. Was mir nicht gefiel, war, daß die Frauen, auf Geheiß ihrer Männer, ebenfalls davongingen – wohin, konnte ich nicht sehen. Das deutete ich als schlechtes Zeichen, denn es ist eine wohlbekannte Tatsache, daß die Afrikaner ihre Frauen und Kinder immer dann wegschicken, wenn sich Unfrieden anbahnt. Die Männer saßen still da, sahen uns mit finsteren Gesichtern schweigend an, ohne sich zu rühren und ohne ein Wort zu sprechen.

In diesem Augenblick, muß ich gestehen, fürchtete ich mich sehr. Ich erinnerte mich an den schauerlichen Vorfall mit dem weißen Mann und den vergifteten Pfeilen. Der Vorfall hatte sich hier ganz in der Nähe ereignet. Es war anzunehmen und sogar sehr wahrscheinlich, daß manche von genau den Männern, die da saßen und mich böse anblickten, an dem feigen und tückischen Angriff beteiligt gewesen waren. Ich dachte mir jedoch, da ich mich nun einmal in ihre Mitte gewagt hatte, mußte ich die Sache jetzt durchstehen. Wir konnten auf keinen Fall unserer Feigheit nachgeben, denn wenn wir uns jetzt zurückzogen, mußten wir ihnen notgedrungen den Rücken zuwenden – wir konnten nicht gut zurückweichen, sie dabei ansehen und den ganzen Weg bis zum Lager rückwärts gehen –, und ein plötzlich losgelassener Pfeilhagel würde unser beider Ende bedeuten.

So ging ich erhobenen Kopfes weiter, wandte mich an eine größere Gruppe der dort hockenden Schwarzen und sagte, daß ich ein Huhn kaufen wolle. Niemand nahm auch nur die geringste Notiz davon. Ich wartete so etwa eine halbe Minute, dann fixierte ich einen der am wenigsten aufsässig aussehenden Wilden und richtete meine Frage an ihn persönlich. Ich sagte zu ihm, daß ich ein Huhn wolle, daß ich bereit sei, jeden halbwegs vernünftigen Preis für ein Huhn zu bezahlen, daß ich aber auf jeden Fall eins haben müßte. Daraufhin stand der Mann auf, packte ein Huhn, und hielt es mir hin, noch immer ohne ein Wort zu sagen.

Ich hatte kein Salz mitgebracht – die übliche Landeswährung –, und so gab ich ihm eine Sixpencemünze in bar. Es war vermutlich das erste Geldstück, das er oder irgend jemand sonst hier je gesehen hatte. Jeder drängelte sich vor, um sie genauer anzusehen, jeder tat seine Meinung dazu kund. Dabei entstand großer Lärm. Als die Frauen das Getöse hörten, kamen sie herbeigelaufen, und sogar die Kinder wagten sich näher heran und starrten mit weit aufgerissenen Augen verwundert auf die fremde weiße Frau, die da gleichsam vom Himmel gefallen und in ihr Dorf gekommen war, um mit winzigen Stückchen Metall um Hühner zu feilschen. Nachdem die Münze von Hand zu Hand gegangen war, wurde sie mir schließlich wieder ausgehändigt von dem Mann, dem ich sie zuerst gegeben hatte, und der nun zum ersten Mal seinen Mund öffnete, um mir gnädigst zu erklären, daß ein Huhn eine halbe Tasse Salz kostete – das heißt, ungefähr drei Halfpence. Ich sagte ihm, daß das Sixpencestück, das ich ihm gegeben hatte, so viel wert war wie zwei ganze Tassen Salz, und daß ich daher, nach seiner eigenen Preisangabe für die Vögel, von Rechts wegen damit vier Hühner kaufen könnte, daß er aber, da er als einziger die Güte gehabt habe, mir das Gewünschte zu verkaufen, das Geld behalten solle und ich den Vogel behielt.

Er schüttelte den Kopf. Offensichtlich glaubte er mir nicht. Wahrscheinlich dachte er, ich versuchte, sein wertvolles Huhn gegen ein wertloses Stück Metall zu tauschen, das – angenommen, er wäre dumm genug, darauf einzugehen – gleich seine Frau als Halsschmuck an sich reißen würde und das dann nicht einmal ein besonders schöner Schmuck wäre.

In dem Augenblick tauchte zum Glück ein vielgereister Mann – der sogar schon einmal in Mangu gewesen war – aus einem Nachbardorf auf, der sich, als man ihn darum bat, das Sixpencestück ansah und seinen Freunden meine scheinbar so phantastische Angabe über den Wert der Münze bestätigen konnte. Plötzlich war der Bann gebrochen. Offenbar war eine Person, die wie ich bereit war, Hühner zum vierfachen Marktwert zu kaufen, ein Wesen, dessen Bekanntschaft zu machen sich lohnte.

Von fast offener Feindseligkeit fielen die Dorfbewohner nun ins andere Extrem und wurden so anhänglich, daß es fast auf die Nerven ging. Jeder drängte sich um mich, wobei besonders die Frauen die lebhafteste Neugierde zeigten. Sie betasteten meine Kleider, meine Arme, meinen Hals, mein Haar – vor allem mein Haar – und bombardierten mich mit Fragen. War das alles mein eigenes Haar? Wuchs das Haar bei allen weißen Frauen so gerade wie bei mir? Wodurch glänzte es so? Behandelte ich es mit Palmöl? Diese und andere, noch heiklere Fragen über meine intimsten Toilettengeheimnisse wurden mir von jedermann entgegengeschleudert. Um ihre Aufmerksamkeit davon abzulenken, nahm ich einen kleinen Bengel von ungefähr drei Jahren auf den Arm und tätschelte ihn. Auf einmal lief jede Frau auf dem Platz ihren Sprößling holen und hielt ihn mir entgegen, daß ich ihn bewunderte. Da kam mir ein glücklicher Gedanke. Ich hatte in meiner Tasche ein paar Zuckerstükke, die ich immer für die Pferde bei mir trug. Ich zog sie heraus und verteilte sie unter den am nächsten stehenden Kindern. Sie nahmen sie, hatten aber offensichtlich keine Ahnung, was sie damit anfangen sollten. Ein kleines Mädchen legte ihr Stück in eine Kalebasse und fing an, mit einem spitzen Eisenstäbchen wie mit einer Spindel ein Loch hineinzubohren, wohl in der Absicht, es sich als Talisman um den Hals zu hängen. Sie war enttäuscht und verärgert, als das Stückchen in mehrere Teile zerbrach. In der Zwischenzeit hatte ich ein Stück, das ich für mich behalten hatte, in zwei Hälften geteilt und nahm die eine in meinen Mund, während ich die andere einem kleinen Jungen gab, der neben mir stand und in einem Anflug von Kühnheit daran schleckte. Sein Entzücken war prompt auf seinem Gesicht zu lesen. Ich frage mich, ob Charles Lambs sagenhafter Chinese, als er zum ersten Mal Schweinebraten kostete, größere Freude zeigte als dieser kleine Tschokossi bei seiner ersten Kostprobe von Zucker. Nachdem er noch ein paarmal geleckt hatte, gab er das Stück seiner Mutter, die ihrerseits daran schleckte und wie ihr Kind sogleich sichtlich begeistert war von dem Lekkerbissen. Die anderen Frauen zögerten nicht lang, ihrem Beispiel zu folgen. Bald war der Platz voller Frauen und Kinder, die an Zuckerstücken leckten und die neue Delikatesse von Hand zu Hand, von Mund zu Mund weiterreichten, wobei die Empfänger in vergnügter Vorfreude und Aufregung johlten und jauchzten. Nach dieser kleinen Episode konnte ich sicher sein, daß ich, wann immer ich mich in Sumbu zeigte, von Kinderhorden verfolgt wurde, die um ein paar »weiße Honigsteine« bettelten, wie sie sie nicht unpassend getauft hatten.

Nachdem das Eis einmal gebrochen war, wurde ich gut Freund mit den Sumbu-Leuten, so sehr, daß ich das Dorfoberhaupt bat, mich durch sein Dorf zu führen. Bereitwillig erklärte er sich einverstanden. Es war ein ganz ungewöhnlicher Ort, anders als alle, die ich je gesehen oder wovon ich je gehört hatte. Er verdient eine genauere Beschreibung. Das Dorf selbst ist eiförmig, die Häuser sind rund und nah aneinander gebaut, zwischen ihnen ist nicht mehr als zwei Yards Abstand, und alle stehen rund um das Oval herum; ihre Dächer überlappen sich so, daß sich die Kanten der schräg abfallenden Dachvorsprünge in einer Höhe von etwa drei Fuß vom Boden praktisch berühren. Alle Häuser sind rundherum durch zwei Mauern verbunden, eine äußere und eine innere, die genauso hoch sind wie die Häuser, und die äußere Mauer wird mit Dornbüschen geschützt. Das Eingangsloch zu jedem Haus – eine Tür kann man es nicht nennen – liegt vom Boden aus zwei Fuß hoch, ist rund und der Durchmesser gerade groß genug, daß sich ein Erwachsener mit den Füßen zuerst hindurchquetschen kann. Der einzige Zugang zum Dorf ist eine große Tür in einem geräumigen Haus an einem Ende des Ovals. Dieses Gebäude ist eine Art Gemeinschaftshaus und wird unter anderem von den Frauen dazu genutzt, auf Steinen auf einer harten, tischhohen Lehmplattform Getreide zu mahlen; ferner dient es als eine Art Clubraum für die Männer während der Regenzeit sowie nachts als Stall für Schafe und Ziegen. Am entgegengesetzten Ende des Gebäudes befindet sich eine zweite große Tür, die in einen Hof führt. Auf der Höhe der ersten beiden Häuser zur Rechten und zur Linken des großen Gemeinschaftshauses zieht sich eine gerade Mauer von einer Seite auf die andere und teilt so den inneren, eiförmigen Platz in zwei ungleich große Abschnitte, von denen der größere jenseits dieser Mauer liegt. Die Zwischenmauer besitzt in der Mitte einen Eingang, durch den man in den anderen Teil des umzäunten Raumes gelangt, und erst von dort aus ist der Zugang zu den Häusern möglich.

Und nicht einmal dann direkt. Als ich, nachdem ich vom Chief höflich durch das Gemeinschaftshaus und über den vorderen Hof geleitet worden war, in den inneren Raum kam, dachte ich natürlich, irgendwelche Anzeichen dafür zu entdecken, daß hier Menschen wohnten, und schaute mich nach Wohnungstüren um. Zu meiner großen Überraschung war jedoch nichts zu sehen außer der bloßen inneren Mauer; und das Dorfoberhaupt, dessen Augen angesichts meiner offensichtlichen Verwirrung übermütig blitzten, richtete einen verästelten

Stock daran auf und bedeutete mir, diesen gewissermaßen als Leiter zu benutzen und daran hinaufzuklettern. Das tat ich, wenngleich nicht ohne leichte Bedenken, und als ich hinüber- und auf der anderen Seite wieder hinunterstieg, fand ich mich in einem schachtartigen Raum zwischen der Innen- und Außenmauer und zwei der Häuser wieder. Nur von hier war der Zugang zu den eigentlichen Wohnräumen der Tschokossi möglich, und zwar durch die oben erwähnten kleinen runden Öffnungen, die nahe unter den weit herabhängenden Dachvorsprüngen lagen. Doch selbst nachdem man seinen Körper durch dieses Loch gezwängt hat, ist das eigentliche Innere des Hauses noch nicht erreicht. Man sieht sich einer weiteren leeren Wand gegenüber, um die man in pechschwarzer Finsternis vorsichtig herumgehen muß. Diese innere Wand soll verhindern, daß sich jemand im Schutz der Dunkelheit hineinschleichen und vergiftete Pfeile auf die Schläfer drinnen abschießen kann, ein gern geübter Brauch, dem sowohl die Tschokossi als auch die Gurma nur zu häufig frönen sollen. Diese ganze Reihe ausgefeilter Vorsichtsmaßnahmen stammt aus den Tagen, als Kriegshandlungen zwischen den einzelnen Völkern nicht vereinzelt auftraten, sondern endemisch waren. Jedes einzelne dieser Dörfer ist in Wirklichkeit eine Festung, und jedes Haus ein Fort. Einen solchen Ort zu erstürmen wäre äußerst schwierig, zumindest für Wilde, die lediglich mit Pfeil und Bogen bewaffnet sind; ein Überraschungsangriff wäre schlicht unmöglich, vor allem aufgrund der Tatsache, daß die beiden freien Plätze zwischen der Außen- und der Innenmauer und der großen gemeinsamen Eingangshütte und den beiden auf jeder Seite am nächsten stehenden Hütten zur Hühnerhaltung verwendet werden und daß diese Geschöpfe durch ihren ungewohnten Lärm augenblicklich die Anwesenheit eines Eindringlings verkünden würden. Die Afrikaner in der Nähe von Mangu, haben es, ebenso wie jene, die noch südlicher davon leben, jetzt ganz aufgegeben, solche Festungsdörfer zu bauen, da es für sie nicht mehr notwendig ist. Auch ist es wenig wahrscheinlich, daß selbst die Tschokossi im äußersten Norden Togos noch solche bauen werden, wenn die, welche sie jetzt bewohnen, einmal verlassen sind oder zerfallen. Später erfuhr ich, daß die Tschokossi die Kunst, solche seltsamen Dörfer zu bauen, von den Gurma erlernt haben sollen, mit denen sie sich vermischt haben.

Ich vergaß zu erzählen, daß Messa, nachdem ich die Hühner gekauft, ihm übergeben und dabei gesagt hatte, daß ich nun auf Einladung des Chiefs in das Dorf hineingehen würde, ernsthaft versuchte, mich davon abzubringen. »Oh, ich gehe auf jeden Fall hin«, antwortete ich, »und du kommst mit mir.« Woraufhin er seine Hände in eindrucksvoller Geste nach oben reckte und erklärte, er habe Angst. »Ich rufe Alfred«, stieß er plötzlich, nach ein paar Momenten des Nachdenkens, hervor, »er großer Mann, nicht ängstlich«, und weg war er mit Riesenschritten, bevor ich ihn zurückhalten konnte. Man muß dazu sagen, daß Alfred, unser Chefdolmetscher, barfuß sechs Fuß und drei Zoll groß war.

Nun gut, ich wartete eine Weile, daß er auftauchte, bis ich des Wartens müde wurde; dann ging ich allein ins Dorf, zur großen Freude des alten Chiefs, der soviel unbedingtes Vertrauen in ihn sehr hoch zu schätzen schien und mir alles mit großer Redseligkeit zu erklären begann. Natürlich konnte ich nicht ein Wort verstehen von dem, was er sagte, und so entschloß ich mich nach erneuter Überlegung, wieder hinauszugehen und darauf zu warten, daß Alfred erschien. Das tat er auch bald darauf, wobei er sich sehr langsam und widerstrebend fortbewegte und größten Unwillen erkennen ließ, mit mir in das Dorf zu kommen. »Ganz bestimmt«, meinte ich, »sollte ein so langer Lulatsch wie du keine Angst haben, wenn so ein kleiner Stöpsel wie ich sich nicht fürchtet«; und ich schloß mit der Drohung, Schomburgk über ihn Bericht zu erstatten. Erst jetzt erklärte er sich äußerst unwillig dazu bereit, mich zu begleiten, protestierte dabei aber so ernsthaft und nachdrücklich gegen die »schrecklichen Risiken«, die wir eingingen, daß mich der Gedanke streifte, mein Beharren auf diesem Unternehmen könnte sich möglicherweise als ein Beispiel für jene Gefahren erweisen, in die sich Narren stürzen, in die sich aber selbst Engel niemals begeben würden. »Aber«, überlegte ich dann, »ich bin keine Närrin, und Messa ist ganz bestimmt kein Engel.« Ich nahm also mein Herz in beide Hände, und wir gingen hinein, und was dabei herauskam, habe ich ja bereits erzählt. Ich war hocherfreut und ganz aufgeregt angesichts meiner Entdeckung dieses außergewöhnlichen Dorfes, und so ging es auch Schomburgk, als ich ihm davon berichtete. Er stimmte mir zu, daß es eine weitere Information zu unserem anthropologischen Wissen über das dunkle Afrika bedeutete, und überdies zu einem Thema, worüber bisher noch nichts veröffentlicht worden war.

Nach dieser kleinen Episode hatten wir keinerlei Probleme, während unseres Aufenthalts von den Leuten jede Menge Hühner zu den üblichen Marktpreisen zu bekommen, was deutlich zeigt, jedenfalls für mich, daß man mit Entschlossenheit, gepaart mit Freundlichkeit, sehr viel bei den Einheimischen erreichen kann, sogar bei den ganz wilden. Unser Lager liegt sehr romantisch auf einem hohen Felsplateau und bietet eine weite Sicht über das hohe, wogende Grasland. Es gibt Vorräte im Übermaß, ausgenommen Eier, die gerade jetzt rar sind. Doch die Fulbe bringen uns unablässig Milch und Butter zum Kochen. Da ihr Dorf viel niedriger liegt als unser Lager, kann ich sie schon von weitem kommen sehen, und ihr Auftauchen am Horizont ist das Signal, mit den Frühstücksvorbereitungen anzufangen. Wir verwenden die Milch für unser Porridge und unseren Kaffee, aber sie ist immer sehr verschmutzt. Tolstoi hatte recht, als er schrieb, Sauberkeit sei auf der ganzen Welt ein Klassenmerkmal. Je tiefer unten, desto mehr Dreck! Die meisten der Leute hier, zum Beispiel, sind schlicht schmutzig und haben nicht die rudimentärsten Begriffe von Sauberkeit. Wirr durcheinander entleeren sie ihren Darm in nächster Nähe ihrer Dörfer und werfen ihren Abfall überallhin. Das Ergebnis ist unter anderem eine wahre Plage von Fliegen, die sich überall niederlassen und bei diesen Bedingungen sicher ideale Züchter und Träger von Krankheiten sind. Zuerst hatte ich echte Bedenken, die Milch, die uns gebracht wurde, zu verwenden. Doch indem ich sie durch ein sauberes Tuch seihte und dann zum Kochen brachte, habe ich es bisher geschafft, gesundheitsschädliche Folgen abzuwenden. Ich muß den Leuten all die Milch, Butter und Eier, die sie uns bringen, in Salz bezahlen; sie weigern sich strikt, Münzgeld anzunehmen. Der Wechselkurs wurde auf eine Tasse Salz für jede große Kalebasse Milch festgesetzt und die gleiche Menge für eine Portion Butter. Sie bringen soviel Milch auf einmal, daß eine ganze Menge übrig bleibt, und mir kam die glückliche Idee, daraus Käse zu machen. Ich schüttete die Milch in eine große Schüssel, wartete, bis sich der Rahm oben absetzte, schöpfte ihn ab, gab ihn in ein Handtuch und hängte ihn in die Zweige eines Baumes. Das Ergebnis war ein hervorragender Frischkäse, der sich, nachdem ich für die Würze etwas Salz und Kümmel hinzugefügt hatte, als sehr schmackhaft erwies. Als erstes ließ ich Schomburgk probieren, dem es sehr gut schmeckte. »Wer hat das gemacht?« fragte er. »Ich«, antwortete ich, recht stolz auf meine Leistung – welche Frau wäre das nicht! »Das ist gut«, rief er aus. »Bitte noch eine Portion.« Jetzt kam Hodgson des Wegs. »Etwas Käse?« fragte ich. Hodgson beäugte den Leckerbissen zweifelnd, in der Meinung, es handle sich um ein einheimisches Erzeugnis, und er hatte – unter den Umständen nicht ganz zu Unrecht – eine tief verwurzelte Abneigung und viele Vorurteile gegenüber allen von Einheimischen hergestellten Lebensmitteln. »Wer hat das gemacht?« fragte er, genau wie Schomburgk. Ich wollte ihm gerade die gleiche Antwort geben wie diesem, als der mich unter dem Tisch heftig anstieß. Ich verstand, und meine Lippen formulierten die prompte Lüge. »Oh, der Koch, nehme ich an«, antwortete ich unbekümmert. »Dann will ich keinen«, erwiderte er bestimmt. Worauf mich Schomburgk erneut unter dem Tisch anstieß, doch diesmal anerkennend. Wir aßen den restlichen Käse zusammen auf. Dann fingen wir beide zu lachen an, und Hodgson wurde sehr ärgerlich, da er ja nicht wußte, worin der Witz lag. Jetzt allerdings weiß er es; auf jeden Fall wird er es wissen, wenn er einmal dieses Buch lesen sollte.

Außer kulinarischen Problemen hatte ich noch anderen häuslichen Ärger in Sumbu. Die Waschtage waren eine wahre Plage. Unsere »Waschfrau« war ein Boy, und besagter »Boy« war ein Mann, was sich ziemlich paradox anhört, aber wenn Du einen Moment nachdenkst, lieber Leser, wirst Du sehen, daß es damit seine Richtigkeit hat und daß es sogar ganz vernünftig ist. Also der Boy oder Mann oder »Wäscher«, wie auch immer, hatte in bezug auf das Reinigen von Kleidern eine fixe Idee, und diese war nicht unähnlich dem Gedanken, der auch der richtigen Behandlung von »einer Frau, einem Hund und einem Walnußbaum« zugrunde liegt, jedenfalls einem alten englischen Sprichwort zufolge, das uns versichert: »Je mehr man sie schlägt, desto besser.« Nur bin ich davon überzeugt, daß weder Frau noch Hund noch Walnußbaum länger als ein paar Sekunden die furchtbaren Schläge aushalten könnten, die unser Boy unseren Kleidern versetzte. Er war ein kleiner, wirklich sehr kleiner Mann, doch sehr stark und energisch, mit Fäusten wie Gingerbierflaschen, und er pflegte meine feine Unterwäsche mit seinen eisernen Pranken durchzuwalken und zu zerfetzen, bevor er sie auf einem großen rauhen Felsstück zu Brei hämmerte. Schließlich erhöhte Schomburgk seinen Lohn unter der Bedingung, daß er nicht so hart arbeitete; wohl der erste bekannte Fall, daß ein Arbeitgeber etwas Derartiges tat. Das Ergebnis war katastrophal. Von dem Moment an hatte er nicht mehr das geringste Interesse an den Waschgängen. Er zog die verschmutzten Sachen gerade einmal für ein paar Minuten durch den Fluß und nahm sie dann wieder heraus. Die Hoffnung, daß sie sauber wurden, hatte ich zwar aufgegeben, doch als ich, in dem Wunsch, sie zumindest glatt zu bekommen, vorschlug, sie anzufeuchten und zu bügeln, schloß er mit seinem Gewissen einen Kompromiß und bügelte sie – naß. »Wo liegt der Sinn darin«, rief er aus, als ich mit ihm darüber stritt, »die Sachen erst zu trocknen und sie dann wieder naß zu machen, um sie mit heißen Eisen erneut zu trocknen?« Auf eine solche Logik, lediglich als Logik betrachtet, gab es keine Antwort, und ich war weise genug, das offensichtlich Unmögliche nicht weiter zu versuchen.

In Sumbu lebten viele alte Leute. In der Regel sieht man diese in Afrika selten. Besonders an einen alten Knaben erinnere ich mich gut. Er saß den ganzen Tag vor seinem Haus, nur noch Haut und Knochen, ein lebendiges Skelett. Er sah aus wie ein zusammengeschrumpfter Affe oder wie eine Mumie aus dem British Museum. Eines Tages packte mich Mitleid mit ihm, und ich gab einer Frau ein Stück Zucker, das sie ihm geben sollte. Nachdem er es gegessen hatte, rappelte er sich zu meinem unendlichen Erstaunen auf und legte eine Art improvisierten Kriegstanz hin. Später erzählte er unserem Dolmetscher, daß er nun, da er einen der Honigsteine von der weißen Frau gegessen habe, bereit sei zu sterben. Der Satz klingt neu, ist es aber nicht. Es ist nur eine weitere Variante des Scherzes: »Das-Schicksal-kann-mir-nichts-anhaben-ich-habe-heute-gegessen«.

Der Chief von Sumbu, der mich auch durch sein Dorf geführt hatte, ist der häßlichste Mann, den meine Augen je erblickt haben, selbst in Afrika, was ziemlich viel heißen will. Er war so unvergleichlich häßlich, von so vollkommener und grotesker Scheußlichkeit, daß wir ihn mit der Kamera aufnahmen. Wir hielten es allerdings nicht für notwendig, ihm den wahren Grund für unseren Wunsch nach einem Bild von ihm zu erklären. Im Gegenteil, wir sagten ihm, er sei nicht nur der nördlichste Chief Togos, den wir besucht hatten, sondern auch der bestaussehende, und Europa wäre untröstlich, würde es nicht ein Porträt eines Individuums von so hohem Rang und zugleich so großer Schönheit besitzen. Hodgson, unser Kameramann, zögerte eine Weile. Er sagte, er habe Angst, das Gesicht des Chiefs könnte die Kamera kaputt machen. Das tat es nicht, doch ich bin geneigt zu behaupten, daß nicht viel dazu fehlte. Um dem Chief Gerechtigkeit widerfahren zu lassen, sollte ich hinzufügen, daß seine Häßlichkeit nicht angeboren war, sondern damit zusammenhing, daß er voller Pockennarben war, und zwar sehr schlimmer. Sein Gesicht hätte ein gutes Markierbrett beim Cribbage-Kartenspiel abgegeben, aber als Gesicht war es ein Fehlschlag. Doch selbst ohne die Narben wäre er häßlich genug gewesen, glaube ich, auch beim anspruchslosesten Schönheitswettbewerb den hölzernen Löffel davonzutragen*. Er erinnerte mich an jenen durch Mark Twain unsterblich gewordenen häßlichen Mann, der, nachdem er furchtbar unter den Pocken gelitten hatte, genauso gut aussah wie zuvor.

Außer daß er sehr häßlich war, war der Chief auch noch sehr schmutzig. Und auch sein ganzes Volk. In der Tat sind die Tschokossi von Sumbu wohl der schmutzigste Haufen Wilder, denen ich bis jetzt begegnet bin. Das Dorf lag nur zwanzig Minuten vom Fluß entfernt, und doch waren die Körper selbst der jungen Männer stets grau von Asche, Sand und Schmutz und voller Ungeziefer. Die Frauen waren sehr viel sauberer, vermutlich weil sie die Gewohnheit hatten, jeden Morgen zu baden, wenn sie zum Wasser holen an den Fluß gingen. Die jüngeren Mädchen trugen glänzend polierte Messingarmreifen um ihre Handgelenke und Unterarme, und der Kontrast zwischen dem Schmuck und ihrer ebenholzfarbenen Haut und den grünen Blättern, die sie vorn und hinten tragen, ist außerordentlich stark. Manche der ganz jungen, unverheirateten Mädchen sind alles andere als häßlich, doch sie verlieren ihr gutes Aussehen bald aufgrund der harten Arbeit, die sie verrichten müssen. Sie

* Der hölzerne Löffel wurde als Trophäe ursprünglich dem schlechtesten Mathematikstudenten der Universität Cambridge und später jeweils dem Letzten eines Wettbewerbs verliehen.

sind vom Morgen bis zum Abend damit beschäftigt, Wasser zu holen, zu kochen, die Jamsfelder zu hacken und Brennmaterial aus den Wäldern heranzuschaffen, während die Männer faul in der Sonne liegen und Fliegen züchten. Allerdings läßt die unaufhörliche Arbeit sie sehr stark werden, und Stärke ist ein hoch geschätztes Kapital für eine Tschokossi-Frau. Eine schwache hat auf dem Heiratsmarkt nur geringe Chancen. »Bei uns wählen die Männer ihre Frauen nach Stärke aus, nicht nach Schönheit«, bemerkte ein strammer Wilder zu mir. Ich habe ähnliche Ansichten von Mitgliedern unserer Arbeiterklassen in Europa äußern hören. Und was ist die Philosophie dieser Wilden hinsichtlich des Heiratens schließlich anderes als eine ursprüngliche Form von Eugenik?

Was die Männer angeht, so weisen sie die Unterstellung von Faulheit mit Nachdruck von sich. »Wir sind Kämpfer«, meinte der alte Chief, wenn ich ihn behutsam wegen dieser Sache neckte, »und keine Arbeiter. Es obliegt den Frauen zu arbeiten, während wir sie gegen Angriffe von außen schützen.« »Aber«, erwiderte ich, »im Moment gibt es nichts zu kämpfen; es herrscht Frieden im Land.« »Wer weiß?« war seine etwas rätselhafte Antwort.

Diese hoch oben im Norden lebenden Völker – Tschokossi, Gurma und andere – mögen zwar den Vorwurf der Faulheit von sich weisen, doch wenn sie der Heimtücke und Feigheit bezichtigt werden, fühlen sie sich geschmeichelt. Auf einen Feind von hinten mit einem vergifteten Pfeil zu schießen betrachten sie nicht nur als legitime Kriegshandlung, sondern als die beste Form der Kriegsführung. Es ist ihre Aufgabe, sich an einen Feind heranzuschleichen, zu sehen und nicht gesehen zu werden, um sich dann unerwartet auf ihn zu stürzen; eine Vorgehensweise, die im übrigen von allen Strategen empfohlen und von allen Raubtieren befolgt wird. Und es ist auch eine Tatsache, daß eine bestimmte Art Feigheit eine bestimmte Art Mut erfordert. Der Wilde auf Beutezug, der mitten in der

Nacht die Mauern eines Tschokossi-Dorfes erklimmt, um aufs Geratewohl seine vergifteten Pfeile auf die schlafenden Bewohner abzuschießen, ist nicht wirklich ein Feigling, wie verwerflich sein Verhalten, von einem zivilisierten Standpunkt aus gesehen, auch erscheinen mag. Denn wenn er sein Vorhaben ausgeführt hat, muß er den Rückzug schaffen, wobei die Chancen fünfzig zu fünfzig stehen, daß zu dem Zeitpunkt das ganze Dorf in Aufruhr ist, und ich kann mir keinen weniger wünschenswerten Ort vorstellen, bei zwanzig oder mehr racheerfüllten Feinden in der Falle zu stecken, als diesen schachtartigen Platz zwischen den Häusern und den umschließenden Mauern.

Ich führte mit dem alten Dorfoberhaupt viele Gespräche zu diesen und anderen Themen, und einmal machte er eine komische Bemerkung, die mich von Herzen lachen ließ. »Oh«, sagte er mit leichtem Erstaunen, »du *kannst* also lachen.« »Natürlich«, erwiderte ich, »warum nicht?« »Nun, ich habe noch nie zuvor eine weiße Frau gesehen, aber mir ist immer erzählt worden, daß sie nicht lachen können.«

Wenngleich der Chief, und in geringerem Maße auch sein Volk, sehr freundlich zu mir waren, zeigten sie sich bis zum Schluß mißtrauisch und argwöhnisch gegenüber unseren Boys. Das Mißtrauen kam auf viele seltsame, um nicht zu sagen unangenehme Arten zum Ausdruck. Zum Beispiel war es unser Brauch, wenn wir unterwegs waren, unseren Dienern, etwa fünfzehn Personen, drei Halfpence am Tag Extrageld für ihren Lebensunterhalt zu geben. Das Geld pflegten sie, wenn wir in ein Dorf kamen, zusammenzulegen und dafür eine Frau zu engagieren, die für sie Vorräte einkaufte und kochte; die sie also im Grunde beköstigte. Doch in Sumbu konnte keine Frau gefunden werden, die den Job tun wollte, ja sie verkauften ihnen nicht einmal Vorräte, bevor sie nicht ihr Münzgeld gegen Salz eingetauscht hatten, die landesübliche Währung. Damit waren sie endlich in der Lage, Vorräte zu kaufen, Hirsemehl, Jams, usw. Dann gab es jedoch ein neues Problem. Sie hatten niemanden, der für sie kochte, noch besaßen sie eigene Kochutensilien. So kamen sie zu mir und baten mich, ihnen einen unserer Töpfe zu leihen. Natürlich sagte ich nein; ich bin nicht überempfindlich, aber aus einem Topf zu essen, aus dem vorher Afrikaner gegessen hatten! Pfui! Andererseits konnte ich nicht dastehen und zusehen, wie die armen Kerle hungerten. Also ging ich ins Dorf und bettelte den Chief an, mir einen Topf zu borgen. Nach viel Palaver willigte er ein, und Schomburgk erlaubte auf meine Bitte hin seinem Gewehrträger, nachmittags freizunehmen und für die anderen zu kochen. Diese Vereinbarung funktionierte ziemlich gut, da Afrikaner ja nur einmal am Tag essen, und zwar am Abend. Dann aber essen sie enorme Mengen. Man kann direkt sehen, wie ihr Bauch »sichtlich anschwillt«, wie bei dem fetten Mr. Pickwick bei Charles Dickens.

Kaum war diese Schwierigkeit beseitigt, tauchte eine andere auf. Wegen des Boykotts der Dorfbewohner bekamen die Boys nicht einmal eine Hütte, die sie nachts zum Schlafen hätten benutzen können, und so mußten sie draußen im Freien kampieren. Sie beschwerten sich bei mir, und ich berichtete Schomburgk darüber, fand ihn jedoch wenig mitfühlend. »Wenn die Sumbu-Leute ihnen keine Hütte zur Verfügung stellen wollen, dann werden sie es auch nicht tun, und Schluß. Ich habe nicht das Recht, sie dazu zu zwingen. Außerdem ist es nicht schlimm, in Afrika draußen zu schlafen. Ich habe Hunderte von Nächten draußen geschlafen, wenn ich auf Elefantenjagd war. Es hat mir niemals geschadet, und das wird es ihnen auch nicht. Sagen Sie ihnen meine Worte.« Ich tat, wie mir geheißen, und die Boys mußten für den Rest der Zeit, die wir in der Gegend blieben, draußen schlafen. Doch es gefiel ihnen ganz und gar nicht.

Gegen Ende unseres Aufenthaltes hier wurden einige von ihnen richtiggehend mißmutig und unzufrieden, was so gar nicht ihrem sonstigen Wesen entsprach. Unter anderem vermutlich, weil sie ihre Frauen in Mangu gelassen hatten. Dies war auf ihren eigenen Wunsch geschehen, da sie sagten, sie hätten Angst, sie so weit ins Landesinnere mitzunehmen. Nichtsdestotrotz spürten sie die Trennung, denn Afrikaner, die zeitweise von ihren Frauen getrennt leben, sind wie führerlose Schiffe. Sie hatten es im übrigen alle als selbstverständlich betrachtet, daß auch ich in Mangu zurückgelassen würde, und zeigten sich in höchstem Maße erstaunt und beunruhigt, als sie hörten, daß ich die Karawane begleiten würde. Als wir aufbrachen, kamen all unsere Diener geschlossen zu mir und flehten mich an, nicht zu gehen, da die Tschokossi im Norden gefährlich seien und sie um die Sicherheit ihrer »kleinen weißen Mutter« bangten. Ich war tief bewegt von ihrer Sorge, konnte aber ihrer Bitte nicht nachkommen, selbst wenn ich es gewollt hätte, was ich aber nicht tat. Später einmal hörte ich Asmani, Schomburgks Diener, im Gespräch mit einem anderen Boy ausrufen: »Also ich bin wirklich froh, wenn unsere kleine weiße Mutter wieder sicher an Bord des Dampfers ist.«

Eine andere Quelle der Unzufriedenheit war, daß das Essen, das wir in der Karawane mitführten, knapp wurde. Zum Beispiel ging unser europäisches Mehl zu Ende, und wir waren selbst gezwungen, Brot zu essen, das halb mit Hirseschrot, halb mit Mehl gebacken war. Ich mochte es überhaupt nicht. Ohne die Fulbe wären wir bestimmt, wenn nicht auf halbe, so doch wenigstens auf verminderte Ration gesetzt gewesen. Sie brachten uns, wenn sie mit unserer täglichen Ladung Milch kamen, riesige Kalebassen mit Buttermilch, die die Boys dann kauften und mit ihrem Hirsegericht mischten, eine willkommene Zugabe zu ihrer Nahrung.

In der Zwischenzeit gingen die paar Kleidungsstücke, die sie besaßen, völlig kaputt. Messa mußte seine Hosenbeine oberhalb der Knie abschneiden, um mit den Flicken den Teil seiner Anatomie zu bedecken, auf den Jungs in der Schule geschlagen werden. Alfred, der Dolmetscher, saß noch schlimmer in der

Klemme, da er keine Hosenbeine mehr hatte, um sie in dieser Weise zu benutzen. Er beklagte sich bei mir und sagte, sein Erscheinungsbild sei nicht schicklich. Ich mußte ihm darin zustimmen, ihn aber auch darauf hinweisen, daß ich in dieser Angelegenheit nichts für ihn tun konnte, da wir keine Ersatzkleidungsstücke mit uns führten. Wenn wir zurück nach Mangu kämen, sagte ich zu ihm, würde Schomburgk all unser Personal mit neuen Kleidern ausstatten; ich schlug ihm vor, in der Zwischenzeit mit einem Stück Stoff vorlieb zu nehmen; sich in ein großes Tuch zu wickeln ist in Westafrika eine weitverbreitete Sitte. »Ach du meine Güte, nein, kleine Mutter«, antwortete er schockiert. »Ein Dolmetscher kann sich doch nicht in ein Stück Stoff wickeln, er muß Hosen haben, das ist das mindeste.«

Am nächsten Tag bemerkte ich, daß Messa, der schon immer etwas dandyhaft war, seine bloßen Beine von den Knöcheln bis über die Knie mit weißen Stoffstreifen bedeckt hatte, die in blaues Bleichpulver getaucht und wie Gamaschen gewickelt waren. Ich hänselte ihn wegen dieser »Verbesserung« seines Erscheinungsbildes, doch er lächelte nur matt und irgendwie traurig, also fragte ich ihn, was los war. Da vertraute er mir an, daß er sich Sorgen machte um seine Frau, die krank in Mangu lag. Es handelte sich um die junge Lady, um derentwillen er – nur zur Erinnerung – zurück nach Kamina gegangen war und die er nachgeholt hatte, während wir von dort nach Sokode unterwegs waren. Für ihre Krankheit oder zumindest für die Tatsache, daß sie sich so übermäßig lange hinzog, war zum großen Teil er selbst verantwortlich.

Sie war stets fröhlich und hübsch, bis wir nach Paratau kamen. Als wir dann unseren Marsch wieder aufnahmen, war sie völlig verändert, immer müde, und es schien mir, als wollte sie sich unseren Blicken entziehen. Auch Messa wurde traurig und verdrießlich, und so ging ich eines Tages, nachdem wir das Lager aufgeschlagen hatten, hinüber zu ihrem Quartier, um herauszufinden, was denn los war. Ich fand das Mädchen niedergeschlagen vor ihrer Hütte sitzend, weinend und mit einem furchtbar geschwollenen und vereiterten Bein. Ich informierte Schomburgk, der es untersuchte und sogleich einen schlimmen und schwer vernachlässigten Fall von Filariose, hervorgerufen durch den Fadenwurm, diagnostizierte. Diese gefährlichen Parasiten graben sich unter die menschliche Haut, im allgemeinen in die Füße oder Beine, wo die Weibchen dann ihre Eier ablegen, die Abszesse verursachen und auch schwere Funktionsstörungen hervorrufen. Man entfernt sie, indem man sie sehr langsam um einen Stock herumwickelt. Die Afrikaner behaupten, was in einem gewissen Maß vermutlich auch stimmt, daß die befallene Person sterben muß, wenn der Wurm dabei auseinandergerissen wird. Wie sich herausstellte, hatte Messa die ganze Zeit gewußt, woran seine Frau litt, doch aus Angst, daß sie zurückgeschickt würde, es vor uns verborgen. Schomburgk gab dem armen Mädchen eine quecksilberhaltige Salbe, und danach wurden mehrere Parasiten in der oben beschriebenen Art und Weise entfernt. Viele Afrikaner sind äußerst geschickt darin. Jetzt stellte sich heraus, daß Messa fürchtete, seine Frau könnte einen Rückfall gehabt haben. Aber wir fanden die Patientin bei unserer Rückkehr nach Mangu praktisch geheilt vor.

Zurück in Mangu

Im Lager von Sumbu erlebte ich ein weiteres Abenteuer mit einer Puffotter, die, wie ich bereits erklärt habe, eine der giftigsten Schlangen in ganz Afrika ist. Wir saßen nach dem Abendessen vor meinem Zelt und genossen wie gewöhnlich unseren Kaffee und unsere Zigaretten, als mein Boy aus irgendeinem Grund, ein Botengang oder so, das Zelt betrat. Ein oder zwei Augenblicke später war von drinnen ein lautes Spektakel zu hören. Der Boy drosch wild mit einem Stock auf den Boden und rief aufgeregt etwas uns Unverständliches. Wir sprangen auf, der Boy kam herausgerannt und ließ vom Ende seines Stockes vorsichtig das tote Reptil herabbaumeln. Er sei, erklärte er, im Dunkeln beinah draufgetreten, und zeigte uns, wo es sich eingeringelt hatte, nämlich direkt gegenüber meinem Toilettentisch, wohin ich beim Hineingehen getreten wäre. Der seltsame Instinkt, den Einheimische Schlangen gegenüber haben, hatte ihn vor der Gefahr gewarnt, doch wäre ich hineingegangen, so wäre ich mit an Sicherheit grenzender Wahrscheinlichkeit draufgetreten; und vermutlich wäre es dann ein für allemal mit mir vorbei gewesen.

Bald nach dem Zwischenfall erreichte uns eine sehr willkommene Nachricht. Ein einheimischer Läufer kam in unser Lager getrabt und brachte uns einen wie üblich in wasserdichtes Wachstuch gewickelten Brief, der in einem gespaltenen Stock befestigt war. Es war eine Kabeldepesche von der Moving Picture Sales Agency in London – der Firma, die unsere Filme bearbeitet –, in der uns mitgeteilt wurde, daß die erste Ladung Bilder angekommen und entwickelt worden sei und daß sie alle sehr gut geworden wären. Natürlich waren wir alle überaus froh und glücklich, denn da wir hier nicht die richtigen Gerätschaften für die Entwicklung unserer Negative hatten, konnten wir gar nicht beurteilen, ob sie etwas geworden waren, und Schomburgk, eingedenk des Mißerfolges seiner Bemühungen während seiner früheren Expedition, war die ganze Zeit deswegen in großer Sorge gewesen. Jetzt waren all unsere Ängste beschwichtigt, unsere Stimmung stieg, und wir öffneten zur Feier des Tages eine Flasche Champagner. Die Depesche hatte London nur sechsunddreißig Stunden zuvor verlassen. Von Lome hatte man sie über Telefon nach Mangu weitergeleitet, von wo sie über ein Netz von Läufern bis in unser Lager gelangte. Vom Datumsstempel ließ sich ablesen, daß sie Mangu um zehn Uhr morgens verlassen hatte, und wir erhielten sie um acht Uhr des gleichen Abends, wobei die Entfernung von Mangu nach Sumbu ungefähr fünfundfünfzig Meilen beträgt. Wenn man bedenkt, daß es zwischen den beiden Orten keine richtige Straße gibt und größtenteils nicht mal einen Pfad, daß die Hitze tagsüber so schrecklich ist, daß selbst Einheimische sich dann nicht gern bewegen, und daß der Brief bergauf und bergab getragen werden mußte, durch Bäche und Ströme, dann muß man zugeben, es war eine große Leistung. Die Nachricht hatte uns als sogenannte »Chefpost« erreicht, eine spezielle Einrichtung in Togo. Der Brief, die Nachricht, das Telegramm oder was auch immer wird von dem Angestellten im ausstellenden Büro in Wachstuch gewickelt, fest in den Spalt eines Stockes geklemmt und einem Läufer ausgehändigt, der damit sofort losstürzt in Richtung des nächsten Dorfes auf der Route, welche die Nachricht nehmen soll. Dort angekommen, ruft er, so laut er kann, »Chefpost!« und übergibt sie dem ersten Einheimischen, den er trifft, und der rennt damit auf der Stelle in Höchstgeschwindigkeit zum nächsten Dorf, wo sich der Vorgang wiederholt. Auf diese Weise können Nachrichten mit phantastischer Geschwindigkeit in praktisch jeden Winkel des Landes geschickt werden.

Der Hauptgrund für unser Verweilen in Sumbu war, daß wir Flußpferde fotografieren wollten, die in der Oti-Gegend in großer Zahl vorkommen sollten. Schomburgk lag sehr daran, gute Aufnahmen von einem gewöhnlichen Hippo zu machen, um den Unterschied zwischen diesen großen Exemplaren und dem Zwergflußpferd zu zeigen, das er in Liberia entdeckt hatte, und auch um zu beweisen, wie die einen praktisch immer in einem großen Tümpel zusammengepfercht bleiben, während die anderen, die kleinen, nach Belieben im ganzen Wald umherwandern; ansonsten machte er sich nicht viel aus Tieraufnahmen. Doch die Tage gingen vorüber, und wir sahen kein einziges Flußpferd. Schomburgk wurde unruhig. Schließlich sandte er Einheimische aus, die welche suchen sollten, und er setzte eine Belohnung aus für jeden, der Erfolg hätte. Am selben Abend kamen ein paar Tschokossi und berichteten, sie hätten fünf von den Tieren wenige Meilen flußaufwärts ausfindig gemacht, in der Nähe eines Dorfes namens Panscheli. Das waren willkommene Nachrichten, und am nächsten Morgen brachen wir in aller Frühe mit unserer Kamera auf nach Panscheli. Wir überquerten den Fluß, der ziemlich tief war und von Krokodilen wimmelte, ohne Zwischenfälle. Ich wurde, da ein wenig geschwächt, in einer Hängematte getragen, und ich gestehe, ich war etwas nervös, denn ich wurde von Boys getragen, die neu in dem Geschäft waren und nicht richtig mit der Hängematte umzugehen wußten. Außerdem machte die Verantwortung, zum ersten Mal eine weiße Frau zu tragen, sie übervorsichtig, und sie kamen nur langsam und beschwerlich voran. Richtige Hängematten-Boys, wie jene, die mich von Atakpame nach Sokode trugen, sind äußerst flink und bewegen sich stets gleichmäßig und ruhig. Sie »fallen aus dem Schritt«, wie es Krankenträger tun, und singen beim Marschieren einen seltsam monotonen Sprechgesang, der einen ganz leicht in den Schlaf wiegt.

Mit der Flußüberquerung und einem oder zwei erzwungenen Stops brauchten wir für die Reise nach Panscheli etwa zweieinhalb Stunden. Nicht weit hinter dem Dorf holten wir die Hippos ein – einen großen Bullen, eine große Kuh und noch drei kleinere. Das war das erste Mal, daß ich Flußpferde in freier Wildbahn sah, und Schomburgk freute sich schon darauf, mich bei ihrem Anblick schwer beeindruckt zu sehen. Tatsächlich war ich jedoch nicht ein bißchen beeindruckt. Die unansehnlichen Viecher hoben nur immer ihre Köpfe aus dem Wasser, um zu atmen, dann tauchten sie wieder unter. Jene, die ich in Gefangenschaft im Hamburger Zoo und im Regent's Park in London gesehen hatte, fand ich weit interessanter.

Die Flußpferde im Oti waren so scheu und wachsam, daß es unserem Kameramann selbst jetzt, da wir ihnen bis zu ihrem Aufenthaltsort gefolgt waren, nicht möglich war, sie zu fotografieren. So gaben wir es, erhitzt, müde und verdrossen, schließlich auf, und Schomburgk ließ seinen Ärger an den Krokodilen aus, von denen er sechs oder sieben schoß. Er lehnte es jedoch strikt ab, auf die Hippos zu schießen, da sie harmlose Geschöpfe seien, nicht wie die garstigen Krokos, und da es sowieso kein Sport wäre, sondern ein Gemetzel, weil die armen Tiere, obgleich sie sich in ihrem natürlichen Element aufhielten, nicht den ganzen Fluß zu ihrer Verfügung hatten, sondern in dem Tümpel zusammengepfercht waren und zum Atmen an die Oberfläche kommen mußten. Schließlich gab er jedoch so weit nach, daß er Hodgson die Erlaubnis erteilte, eines der zwei großen Hippos zu schießen, wozu er zurückbleiben sollte. »Vielleicht«, meinte er, »wirst du nie wieder so eine Chance bekommen, und außerdem kann man das Fleisch den Boys geben.«

Inzwischen sah ich auf einer Insel in der Mitte des Teiches das Außergewöhnlichste, das meine Augen je erblickt hatten, ein Phänomen, von dem ich schon oft hatte sprechen hören, das ich aber nie wirklich geglaubt hatte. Das niedrige, sandige kleine Eiland war dicht bedeckt von unzähligen Wasservögeln: Krickenten, Silberreiher, gewöhnliche Reiher und viele mehr. Und mitten zwischen ihnen lagen fünf riesige Krokodile und aalten sich in der Sonne, die Mäuler weit offen, und lauter kleine weiße Vögel rannten hinein und wieder heraus und pickten mit ihren kleinen Schnäbeln zwischen den großen, furchtbaren Zähnen herum. Wir machten uns sofort daran, die Szene zu filmen, und wieder wurden wir enttäuscht; das Glück hatte uns an dem Tag wirklich völlig verlassen. Das Rascheln des trockenen Grases alarmierte die Reptilien, die sogleich ihre weit aufgerissenen Mäuler schlossen und sich von der Insel in den Fluß gleiten ließen. Ob ein paar der armen kleinen Vögel versehentlich drinnen in der Falle saßen, unter diesen für die Krokos so außergewöhnlichen Umständen, weiß ich nicht, doch Schomburgk meinte nein, da diese Vögel, die Madenhacker, in ihren Bewegungen äußerst schnell und die Krokodile darauf bedacht seien, ihnen nicht weh zu tun. Die kleinen Geschöpfe sind im ganzen westlichen Afrika gemeinhin als *tick-birds* bekannt. Man findet sie nicht nur in der Gesellschaft von Krokodilen, sondern auch bei Elefanten, Nashörnern, Büffeln sowie bei zahmen Rindern und Schafen. Sie nähren sich vom Ungeziefer und besonders von den Zecken, die diese Geschöpfe plagen; daher ihr Name. Und daher kommt es auch, daß ihnen von ihren Gastgebern niemals mutwillig ein Leid getan wird. Sogar das dumme Krokodil besitzt genügend Verstand, um zu wissen, daß es ihm gut tut, wenn es das Ungeziefer los wird und die unermüdliche Müllabfuhr in seinen großen, häßlichen gelben Zähnen stochert und sie säubert.

Panscheli, wo wir auf unserem Rückweg nach Sumbu für eine kurze Weile haltmachten, ist ein wunderschön gelegenes kleines Dorf der gewöhnlichen schlampigen Tschokossi-Art. Es steht, flußaufwärts gesehen, am linken Ufer des Oti, während Sumbu am rechten Ufer liegt, und wird von einem breiten Palmengürtel umgeben. Merkwürdigerweise scheinen die Einheimischen hier keinerlei Nutzen aus den wertvollen Bäumen zu ziehen.

Sehr spät am Nachmittag, als wir uns in unserem Basislager in Sumbu ausruhten, kam Hodgson zurück und berichtete, er habe die zwei großen Hippos geschossen und die drei kleineren gelassen. Er erklärte, daß er damit nicht willentlich den Anordnungen Schomburgks zuwidergehandelt habe, die ja, wie Du Dich erinnerst, lieber Leser, lauteten, nur eines zu schießen und die anderen zu schonen. Er war einem Irrtum zum Opfer gefallen, den man, wie Schomburgk anmerkte, bei einem jungen und mit den Gewohnheiten dieser Tiere nicht vertrauten Jäger wahrhaftig entschuldigen mußte. Er hatte auf eines der großen Hippos geschossen, das tödlich verwundet niedersank. Unmittelbar danach tauchte der andere große Kerl auf, und in dem Glauben, es handle sich um das gleiche Hippo, schoß Hodgson erneut. Als er später zurückkam, um zu sehen, ob sie aufgetaucht waren, und nicht nur ein, sondern zwei tote Flußpferde an der Teichoberfläche schwimmen sah, war er sehr erstaunt und verdrossen.

Am nächsten Tag ritten wir hinüber nach Panscheli, um die beiden Flußpferde in Augenschein zu nehmen; unsere Boys nahmen wir mit, um sie herauszuhieven. Wir fanden die Kadaver auf der Wasseroberfläche schwimmend, umgeben von unzähligen Krokodilen, die an ihnen bissen und rissen. Dessen ungeachtet stürzten sich unsere Afrikaner furchtlos zwischen sie in den Teich, dann schlangen sie lange kräftige Rollen einheimischer Seile aus Kokosfasern um die Tierleichen und hatten sie bald aufs Trockene gezogen. Ein erschossenes Hippo sinkt sogleich auf den Grund, taucht aber nach etwa zwei Stunden wieder auf. Ein tödlich erwischtes Krokodil springt hochkant aus dem Wasser, um dann wieder herabzufallen und ebenfalls gleich zu sinken. Aber es braucht viel länger als ein Hippo, um wieder aufzutauchen; sechsunddreißig Stunden oder noch mehr, je nach Wetterlage. Folglich war keines der am Vortag von Schomburgk geschossenen Tiere sichtbar, doch auf der Insel lagen etwa zwanzig der abscheulichen Kreaturen, reichlich vollgefressen, mit weit aufgerissenen Rachen, und ihre lebenden Zahnstocher, die kleinen *tick-birds* nämlich, rannten hinein und wieder heraus und säuberten ihre Mäuler von den Rückständen ihres ekelhaften Mahls. Übrigens erzählte mir Schomburgk, daß die verbreitete Vorstellung über die Stärke und Zähigkeit der »schuppigen Verteidigungspanzer« der Krokodile vollkommener Unsinn ist. Der sogenannte »Panzer« ist gar keiner, sondern eine lederartige Deckhaut, und eine Kugel aus einer modernen Schußwaffe durchdringt sie fast so leicht wie Löschpapier.

Während wir auf der Insel weilten und über die Möglichkeiten, Filmaufnahmen zu machen, berieten, zerteilten unsere Boys die toten Hippos. Nie habe ich einen ekelerregenderen Anblick gesehen. Die Extremitäten waren in der Nacht von den Krokodilen abgenagt worden, doch die massigen Rümpfe und riesigen Köpfe waren noch ganz, und die Einheimischen schnitten das Fleisch ab, entnahmen die Innereien und zankten sich dabei um die Leckerbissen, während ihre Gesichter, Hände und Körper mit Blut bedeckt waren. Ich wollte fort von dem schrecklichen Anblick, und auf meine Bitte hin nahm mich Schomburgk auf einen kurzen Spaziergang flußaufwärts mit. Unerwartet trafen wir hier, auf einer schmalen, sandigen Landzunge in einer Flußbiegung, auf eine Anzahl großer Schildkröten. Als wir näherkamen, reckten sie, als wären es Schlangen, die Köpfe hoch, um sich dann ebenso schnell wieder zu dukken. Schomburgk gelang es jedoch, eine von ihnen abzuschießen, und ich freute mich in Gedanken schon über Schildkrötensuppe zum Abendessen. Doch sie sank auf den Grund und konnte nicht heraufgeholt werden. Am Abend schlugen sich die Boys mit Hippofleisch die Bäuche voll, und am nächsten Morgen stand das Krotonöl* hoch im Kurs.

Am 16. Januar brachen wir das Lager ab und machten uns in südlicher Richtung auf den Weg nach Mangu. Es ist die erste Etappe auf unserer Rückreise nach London, und auf meine An-

* Abführmittel, das aus einem Wolfsmilchgewächs gewonnen wird

regung hin nutzte Schomburgk die Gelegenheit, um »Reiseszenen« zu filmen – so nennt man Aufnahmen, die das Zusammenpacken und den Aufbruch der Karawane dokumentieren, den Abbau der Zelte, das Beladen der Träger und so weiter. Es wurde ein sehr interessanter Film; damit wir bei den Dreharbeiten aber genügend Licht hatten, mußten wir viel später als sonst aufstehen und den Aufbruch hinauszögern, so daß die Etappe des ersten Tages ungewöhnlich kurz war.

Wir marschieren nun zurück durch die Oti-Ebenen. Die Jahreszeit ist schon weit vorgerückt, und mit jedem Tag, der vorübergeht, steigt die Temperatur stark an. Die Luft selbst scheint durch die Hitze zu flimmern, und schon um acht Uhr morgens sind die Sonnenstrahlen so stark, daß es eine milde Form der Folter darstellt, wenn man ihnen im Sattel ausgesetzt ist. Wir lagerten diese Nacht im Busch, weit entfernt von menschlichen Ansiedlungen, unter einem großen Baum. Er stand in der Nähe des Ortes, wo ich auf dem Hinweg den Marabu gesehen hatte, aber jetzt waren diese wunderschönen Geschöpfe alle verschwunden. Die brennende Sonne hatte das meiste Wasser im *Vley* aufgesogen und es auf die Ausmaße einer größeren Pfütze reduziert. Die kleine Senke, die noch vor einer Woche so voller Vögel gewesen war, zeigte sich nun still und verlassen. Bald beginnt die Regenzeit, dann wird die ganze Gegend, in der wir uns jetzt befinden, unter Wasser stehen, und folglich wird für Mensch und Tier kaum noch eine Passage möglich sein. Die Antilopen, die das Flachland jetzt bevölkern, werden sich weit weg von den Fluten auf höher gelegenes Land zurückziehen, und nur die Flußpferde und Krokodile und natürlich die Vögel werden sich in und auf einer Fläche ergötzen, die dann nichts anderes als ein großes Binnensüßwassermeer ist.

Am nächsten Tag setzten wir unseren Marsch fort und stießen auf einen neuen Pfad, ein wenig näher am Fluß. Unterwegs kamen wir an zahllosen großen Haufen Austernschalen vorbei. Diese Flußaustern sind klein, aber süß und wohlschmeckend, und während der Austernzeit werden sie von enorm vielen Einheimischen verzehrt, die zuhauf extra zum Oti herunter kommen, um sich davon zu nähren, und die ein paar Wochen später mit fetten Bäuchen nach Hause zurückkehren. Der Afrikaner braucht kein Austernmesser zum Öffnen der von Journalisten der alten Schule gewöhnlich als *fleischige Bivalven* bezeichneten Muscheln. Er legt sie einfach neben ein großes Feuer und wartet, bis sie sich von selbst öffnen. Manche der misthaufenartigen Stapel alter Muscheln bedecken riesige Flächen und wurden wahrscheinlich im Laufe vieler Jahre, vielleicht Jahrhunderte angehäuft. Jetzt werden die Schalen von den Leuten in Mangu dazu verwendet, Kalk herzustellen, und Schomburgk merkte sich die Lage der Haufen, damit sie später kommen und sie sich holen konnten.

Ich war unangenehm überrascht, als ich, nachdem wir das Lager aufgeschlagen hatten, sah, wie mehrere Tschokossi-Wilde mit ihren Bogen und Bündeln vergifteter Pfeile in einiger Entfernung im Busch herumstrichen und uns ganz offensichtlich beobachteten und all unsere Bewegungen abschätzten. Wir versuchten, Kontakt mit ihnen aufzunehmen, um ihre Absichten herauszufinden, doch sobald wir uns in ihre Richtung bewegten, zogen sie sich prompt zurück, um gleich erneut aufzutauchen und ihr lautloses Bespitzeln wieder aufzunehmen, wenn wir abzogen. Es war irgendwie beunruhigend, doch Schomburgk maß der Sache keine große Bedeutung zu. Er meinte, sie seien höchstwahrscheinlich mißtrauisch, weil sie uns nicht kannten und sich fragten, was wir an einem so abgelegenen Ort zu suchen hatten; denn selbst in den entlegeneren Teilen Togos, wie der, in dem wir uns gerade befinden, gibt es bestimmte festgelegte Routen für Karawanen, und die Einheimischen, selber tückisch und verschlagen, sind stets argwöhnisch jedem weißen Fremden gegenüber, der die anerkannten Reisewege verläßt und sich in den Busch hinein wagt.

Trotzdem fühlte ich mich, als die Nacht hereinbrach und es

im Lager ruhig wurde, seltsam unbehaglich. Ich konnte nicht schlafen, und die Geschichte von dem ums Haar durch den vergifteten Pfeil der tückischen Wilden in seinem Zelt ermordeten Mann wollte mir nicht aus dem Sinn gehen. Ein Camp im typischen afrikanischen Busch ist erst seltsam still, doch nach ungefähr einer Stunde beginnt unweigerlich eine immer gleichförmige Geräuschfolge, die bis kurz vor Morgengrauen andauert. Ich hörte all die Geräusche und lauschte ihnen notgedrungen in dieser schlaflosen Nacht. Zuerst wieherte ein Pferd, dann heulte eine Hyäne; Affen fingen in den Bäumen an zu schnattern, ein Buschbock brüllte seiner Gefährtin etwas zu. Ein wenig später begann in der Nähe eine alte Eule mit ihrem »U-huu! U-huu!« und ein paar Kronenkraniche antworteten ihr mit ihrem krächzenden »Kraah! Kraah!« wie eine asthmatische Motorhupe. Mein Zelt stand unter ein paar kleinen Bäumen, von denen ständig das Knacken trockener Zweige zu hören war. Horch! Da tasten doch menschliche Finger verstohlen außen an meiner zerbrechlichen Wohnstatt herum. Ich krieche zur Eingangsklappe und schaue furchtsam nach draußen – um dann leise aufzulachen. Es ist nur eine Baumeidechse, die von oben heruntergefallen ist und jetzt auf der straff gespannten Zeltbahn hin und her trippelt. Das Land ist von Mondlicht durchflutet, und meilenweit um uns herum sieht die ganze Gegend aus wie eine ebene, ununterbrochene Fläche von Schnee oder von mattem Silber, und nur hier und da reckt ein riesiger, verwachsener Baobab seine verdrehte Gestalt in die Luft und wirft unheimliche schwarze Schatten über den weißen Glanz. Ich lege mich hin und schließe meine Augen, entschlossen zu schlafen, als ich erneut aufgeschreckt werde, diesmal von dem leise glucksenden Husten eines Leopards. Wieder wachsam geworden, gehe ich erneut an die Zeltöffnung und rufe leise nach den Pferden, die gerade unruhig zu wiehern anfangen. Wie ich da stehe, kreisen riesige, fledermausähnliche Motten mit schwirrenden Flügeln um mich herum und krachen blind gegen mein abgewandtes

Gesicht, während unten vom Fluß ein endloser, monotoner Chor aus den Kehlen tausender Ochsenfrösche ertönt – »quak! quak! quak!«, millionenmal wiederholt. Endlich spüre ich, wie ich langsam ins Land der Träume hinübergleite. Die müden Lider schließen sich friedlich über schmerzenden Augäpfeln. Das erschöpfte Gehirn hört auf, sich automatisch mit Vergangenem oder Gegenwärtigem zu beschäftigen. Habe ich geschlafen oder war ich die ganze Zeit wach und habe mir nur den Schlaf, der nicht kam, eingebildet? Ich bin mir nicht sicher. Aber ich weiß auf jeden Fall, daß ich jetzt hellwach bin und daß das Lager in Aufruhr ist. Eines der Pferde hat sich losgerissen, und da es ein Hengst ist, wie übrigens auch alle anderen, geht es auf seinen Nachbarn los. Die beiden kämpfen fürchterlich. Die anderen fangen an, auszuschlagen und laut zu schreien. Die Boys stürzen heraus, stolpern in ihrer Aufregung über die Zeltschnüre und fluchen dabei in einem halben Dutzend verschiedener Sprachen. Und über dem ganzen Getöse kann ich Schomburgks Stimme hören, der verärgert wissen will, welcher der Boys sich um das Pferd zu kümmern hatte, das sich losgerissen hat, und dem nachlässigen Übeltäter für später Strafe verspricht. Am Morgen kommt der Sünder in der Dämmerung zu meinem Zelt und fleht mich an, daß ich mich beim »Herrn« für ihn verwende. »Es muß ein Exempel statuiert werden«, sagt der. »Das ist schiere, ausgesprochene Nachlässigkeit. Kein Pferd kann sich so losreißen, wenn es ordentlich festgebunden ist. Irgendwann geht uns die ganze Herde in der Nacht durch, oder, noch schlimmer, ein Pferd wird tödlich verletzt.« Plötzlich kommt mir ein glücklicher Einfall. »Es war ein Leopard«, erkläre ich. Die Lüge geht mir glatt über die Lippen, denn der Vorfall mit dem Leopard ereignete sich ja Stunden, bevor sich das Pferd losgerissen hatte. »Ich habe das Biest selbst gehört.« »Oh, das ändert die Sache. Ein Pferd kann sich durchaus losreißen, wenn es von einem herumstreunenden Leoparden erschreckt wird. Ich will den Kerl mit einer Standpauke davonkommen lassen.« So endet die kleine Affäre für alle Betroffenen zufriedenstellend, und ich gratuliere mir dazu, daß ich, auch wenn ich gelogen habe, es zumindest für einen uneigennützigen Zweck getan habe, und zwar mit einigem Erfolg. Erst später erfuhr ich, daß Schomburgk wußte, daß ich die ganze Zeit flunkerte, denn er war sich darüber im klaren, daß sich ein Leopard niemals einfach so in die Nähe eines Pferdes schleichen würde; nur war er froh über eine Entschuldigung, die Bestrafung ohne eine Verletzung der Disziplin erlassen zu können.

Ich gehe auf den Tagesmarsch mit schmerzenden Augen und Kopfweh wegen des Schlafmangels, aber auch mit Besorgnis im Herzen, da ich ein seltsames Gefühl nicht loswerde, daß uns ein Unglück erwartet. Vergeblich versuche ich, es abzuschütteln, und als ich sehe, wie sich ein Läufer mit einem Brief, in den vertrauten Stock geklemmt, nähert, bin ich so sicher, wie man nur sein kann, daß er schlechte Neuigkeiten bringt. Als der Umschlag aus seinem wasserdichten Einband genommen und geöffnet wird, enthüllt er ein Telegramm aus Kamina, in dem steht, daß Baron Codelli von Fahnenfelds Haus bis auf den Grund abgebrannt und unser ganzes schweres Gepäck, das wir dort untergestellt hatten, in Rauch aufgegangen ist. Das waren in der Tat schreckliche Nachrichten. Ich weinte fast den ganzen Tag und den größten Teil der kommenden Nacht. Praktisch mein ganzes Hab und Gut, einschließlich Schmuck im Wert von etwa 200£, meine Bücher und Papiere, die kleinen Geschenke und Andenken, die ich in Madeira und anderswo von meinem hart verdienten Geld als Mitbringsel für meine Lieben daheim gekauft hatte, meine besten und feinsten Kleider und Unterkleider, gar nicht zu reden von weiterem geschätztem Krimskrams – alles, alles nichts als Rauch und Asche! Es war wirklich zu schrecklich. Schomburgks Verlust war sogar noch schwerwiegender als meiner, doch er nahm es gelassener. Seine Manuskripte waren verloren, seine privaten Briefe und Papiere, seine Offizierspatente, seine Medaillen und Auszeichnungen, Fotografien, die fünfzehn Jahre Kameraarbeit in der afrikanischen Wildnis dokumentierten, seine Tagebücher, seine Kleider und Uniformen und eine ganze Menge weiteren wertvollen Eigentums, vielfach unersetzbar. Wir hatten vorgehabt, die Nacht an einem Ort namens Magu zu verbringen, doch jetzt waren wir von unserem Unglück und den Dingen im allgemeinen so verdrossen, daß wir, um uns zu verausgaben und vom Grübeln abzuhalten, bis Najo weiterreisten. Hier schlugen wir unser Lager auf und verbrachten die meiste Zeit mit Klagen. Am nächsten Tag ritten wir, immer noch sehr deprimiert, nach Mangu.

Durch das Konkomba-Land

Ich stellte fest, daß die Temperaturen in Mangu deutlich verändert waren, seit wir es vor gar nicht so vielen Tagen verlassen hatten. Der Harmattan ging langsam zu Ende, und die Nächte hatten begonnen, ebenso wie die Tage sehr schwül zu werden, so daß es mir nicht länger schwerfiel, all die Geschichten zu glauben, die mir über die Heftigkeit der tropischen Hitze während der Regenzeit erzählt worden waren.

Der Harmattan ist im übrigen ein kleines meteorologisches Rätsel. In den Nachschlagewerken wird er gemeinhin als heißer, trockener Wind beschrieben, der von den im Inneren Afrikas gelegenen Wüsten her bläst und rötlichen Staub mit sich führt. Das mag richtig sein, was seine Herkunft anbelangt, doch den Harmattan, dem man in Togo begegnet, als »Wind« zu bezeichnen, hieße, einen völlig falschen Eindruck erwecken. Er ähnelt mehr einem trockenen Nebel und ist eher gelblich als rot, wodurch höchst ungünstige Lichteffekte für das Fotografieren entstehen, und ganz besonders für das Filmen. Seine Ankunft ist den Bewohnern der Kolonie jedoch sehr willkommen, da er die Hitze der Sonnenstrahlen auf eine höchst wirksame, um nicht zu sagen außergewöhnliche Art und Weise mildert. Sobald er sich verzieht, steigt die Temperatur sprunghaft an, und die Hitze, die während des Harmattan zumindest erträglich ist, läßt sich beinah nicht mehr aushalten.

Mein zweiter Aufenthalt in Mangu war nicht besonders ereignisreich. Die Männer waren täglich damit beschäftigt, Aufnahmen ethnografischer Natur zu machen. Dies taten sie selbstverständlich am Morgen, vor der schlimmsten Hitze. Ich brachte die Zeit damit zu, mit Hauptmann von Hirschfeld auszureiten, die Fortschritte beim Bau der neuen Station zu beobachten und die Soldaten bei der Parade zu inspizieren. Zum jetzigen Zeitpunkt halten sich sehr viele Soldaten in Mangu auf, da die Reservisten zu Übungen einberufen worden sind. Der Fortschritt, den man bei diesen Soldaten der Reserve im Lauf ihrer Ausbildung beobachten kann, ist bemerkenswert, von den neuen Rekruten ganz zu schweigen. Die Ausbildung ist auf zehn Tage beschränkt, doch diese kurze Zeitspanne ist mit einer Menge harter Arbeit ausgefüllt. Das übliche Pensum sind zehn Exerzierstunden täglich. Kein weißer Soldat könnte oder wollte das aushalten. Aber der schwarze Mann scheint es zu genießen.

Wir nutzten die Gelegenheit der Einberufung dieser Reservisten, um das Leben der einheimischen Soldaten zu filmen; wir nahmen sie nicht nur während des Exerzierens und bei der Arbeit auf, sondern auch in ihrer Freizeit und bei der Rast im Schoß – oder besser in den Schößen – ihrer Familie. Das Familienleben spielt im übrigen eine große Rolle bei der Existenz der schwarzen Truppen im Togo-Hinterland. Der togoische »Tommy« ist nicht »mit der Truppe verheiratet«. Praktisch alle haben Frauen, und zwar mit Erlaubnis »von oben«, und die meisten sind zudem »sehr viel« verheiratet. Wenn ein englischer Tommy Geld gespart hat und sich amüsieren will, nimmt er Urlaub und kauft sich ein Bier. Der Togo-Tommy geht nach Hause und kauft sich eine Frau. Er muß natürlich erst die Erlaubnis dazu einholen, doch die wird praktisch immer gewährt, vorausgesetzt, er verfügt über die ausreichenden Mittel. Eine Frau kostet in Mangu etwa sechzehn Shilling; an anderen Orten ist es teurer, an einigen wenigen billiger. Es kommt stets auf die Anzahl der zur Verfügung stehenden unverheirateten Mädchen an, mit anderen Worten, auf das Gesetz von Angebot und Nachfrage. Allerdings variiert der Preis sogar in Mangu. Ein junges, attraktives Mädchen von dreizehn oder vierzehn Jahren kann gut einen Sovereign wert sein. Mädchen heiraten früh in Westafrika. Andererseits hat auch eine starke, erfahrene Frau, die eine gute Köchin und Hausfrau ist, einen hohen Marktwert. Praktisch jeder Soldat in Togo kauft sich so viele Frauen, wie er sich leisten kann. Die deutsche Kolonialverwaltung versucht – was meiner Ansicht nach sehr weise ist – nicht, sich in die lokalen Gepflogenheiten einzumischen, wobei die Polygamie zu den ältesten und am tiefsten verwurzelten Bräuchen zählt. Die Frauen sind nicht im geringsten dagegen. Eigentlich ist es ihnen nur recht, da viele Hände die Arbeit erleichtern, und je mehr Frauen ein Mann hat, die sich um ihn kümmern, desto weniger mühsam sind die Aufgaben, die jede einzelne von ihnen erledigen muß. Außerdem waren in den Tagen, als Kämpfe zwischen den Völkern in Togo an der Tagesordnung waren, die Frauen gegenüber den Männern weit in der Überzahl; denn wenn auch in keinem einzigen dieser andauernden kleinen Kriege die Verluste besonders hoch waren, so häuften sich insgesamt doch die tödlich verletzten Opfer, und so waren die männlichen Erwachsenen immer in der Minderheit, verglichen mit den Frauen. Wäre Monogamie die Regel gewesen, dann wären in alten Zeiten viele Mädchen in Togo zur Ehelosigkeit verdammt gewesen, und bei den Wilden ist eine alleinstehende Frau unvorstellbar.

Doch ich merke, daß ich abschweife. Bald werde ich mich dabei ertappen, einen togoischen *Golden Bough** zu schreiben. Kommen wir wieder zur Sache – genauer gesagt, zu unseren Filmen. Die meisten, die wir in Mangu aufnahmen, ich erwähnte es bereits, hatten ethnografische Inhalte, und viele von ihnen riefen reges Interesse hervor, als sie später in London bei Sondersitzungen verschiedener wissenschaftlicher Gesellschaften gezeigt wurden, wie zum Beispiel des *Royal Anthropological Institute* und der *Royal Geographical Society*. Aber wir nutzten

* *The Golden Bough. A Study in Magic and Religion*: mehrbändiges Werk des schottischen Ethnologen James Georg Frazer (1854–1941)

diesen unseren zweiten Aufenthalt in Mangu auch für Aufnahmen, sagen wir, »semi-dramatischer« Art.

Einer dieser Filme war für jeden hier, Schwarze wie Weiße, von besonderem Interesse, denn wir wollten für das Kino ein Ereignis reproduzieren, das bald togoische Geschichte werden wird. Dabei handelte es sich um den Angriff der Tschokossi auf die alte Station in Mangu – wie in einem vorhergehenden Kapitel bereits erwähnt. Unter den Hunderten von Statisten, Soldaten sowohl als auch Einheimischen, die an der Filmproduktion teilnahmen, waren viele Männer, die damals mitgekämpft hatten. Wir hielten uns bei unserer mimischen Darstellung so nah wie möglich an den wahren Geschehnisablauf, wobei die Behörden uns zu dem Zweck praktisch die ganze Garnison von Mangu zur Verfügung stellten. In dem fertigen Film, so wie er am Ende vorgeführt wurde, sind zwei Patrouillen zu sehen, von denen die eine in Richtung Tamberma Fort geht. Sie wird angegriffen, überwältigt und völlig zerschlagen, und nur ein schwerverletzter Mann kann entkommen. Die andere Patrouille, die etwas weiter weg geht, kundschaftet eine große Stadt aus, sieht die Wilden dort ihre Kriegstänze tanzen und hört, wie sie »Tod den Europäern!« schreien und sich fast alle in eine wahre Raserei hineinsteigern. Die Patrouille kehrt zurück zum Fort, um Bericht zu erstatten, und liest unterwegs den verwundeten Überlebenden aus der anderen Gruppe auf, der ihnen vom Schicksal seiner Kameraden erzählt. Der verantwortliche Offizier des Forts sendet einen Brief zum Oberbefehlshaber im Hauptquartier und bittet um Unterstützung, doch bevor die Hilfe ankommt, erklettern die Angreifer das Fort. Die Garnison wird schwer bedrängt, und der verantwortliche Offizier, unsicher, ob sein erster Brief im Hauptquartier angelangt ist, ruft nach einem Freiwilligen, der einen zweiten Brief überbringen soll. Ein einheimischer Soldat meldet sich und verläßt das belagerte Fort, als Haussa verkleidet. Indem er sorgsam Dekkung nimmt, schafft er es, unbemerkt durch die Linien der Belagerer zu kommen, und übergibt den Brief dem Oberbefehlshaber, den er auf dem Weg trifft, und alles nimmt ein glückliches Ende, wobei die Schlußszene den Angriffssturm zeigt, gefolgt von der Ankunft der Verstärkung und der Zerstreuung der Angreifer. Merkwürdigerweise bereitete es uns erhebliche Probleme, die Einheimischen dazu zu bringen, in dem Film als Statisten mitzuwirken. Sie erinnerten sich an den wahren Kampf, und da sie aus eigener Erfahrung eine gesunde Angst vor den Soldaten hatten, wollten sie nur höchst ungern in ihre Nähe kommen.

Am 27. Januar wurde in Mangu Kaisers Geburtstag gefeiert, und man organisierte Spiel- und Sportveranstaltungen für die Afrikaner, die starkes Interesse daran zeigten. Ein Wasserlauf für Frauen rief große Begeisterung hervor. Sie mußten eine bestimmte Strecke laufen und dabei Kalebassen voll Wasser tragen, und Sieger waren jene, die am wenigsten verschütteten. Auch ein Topfschlagen mit verbundenen Augen machte allen viel Spaß. Am Nachmittag verteilte Hauptmann von Hirschfeld die Preise an die Gewinner, und auch ich gab zusätzlich ein paar Seidentücher, Stoffe und Perlen her.

Eines Morgens kam ein außerordentlich gutaussehender Haussa, aus dem Herzen des echten Sudan, mit einem wilden Strauß in die Station und bot ihn zum Verkauf an. Es war ein sehr schöner Vogel, der größte, sagte Schomburgk, den er je gesehen hatte, und prompt kaufte er ihn. Der Vogel war lange Zeit straff gefesselt gewesen, daher waren seine Beine ganz wund und aufgescheuert. Schomburgk band ihn los, und der Vogel zeigte seine Dankbarkeit, indem er augenblicklich Reißaus nahm. Das hatte zur Folge, daß wir einen ganzen Trupp aufstellen mußten, um ihn wieder einzufangen. Wir hatten nicht wenig Spaß dabei, und außerdem konnten wir so eine Straußenjagd im Grasland filmen. Fast jeder amüsierte sich köstlich, und ich glaube wahrlich, auch der Strauß hatte seinen Spaß. Eine Ausnahme machte unser Kameramann, der vor lauter Rennen bald völlig außer Atem und am Schluß schlapp war wie ein nasser Lappen. Vor dieser kleinen Episode hatte er für Tierbilder sehr viel übrig gehabt, doch von jetzt an merkte man, daß er das Thema sorgfältig mied. Wie auch immer, an diesem Tag drehte er einen wunderbaren Film, und wir freuten uns alle sehr darüber.

Am 1. Februar sollten wir Mangu für immer verlassen. Die letzten paar Tage wurden darauf verwandt, zusammenzupakken, unsere Vorräte für die Reise in den Süden zu sortieren und das auszusondern, was wir nicht länger brauchten. Wir gaben eine Menge Konservendosen her, und Schomburgk schenkte eines der Pferde, das krank war, dem weißen Unteroffizier in der Station. Die einhundert Lasten, mit denen wir gestartet waren, waren nun auf etwa vierzig geschrumpft.

Plötzlich gab Schomburgk eine ganz furchtbare und beunruhigende Entdeckung bekannt: Ihm waren die Zigaretten ausgegangen. In einem Paket, das vermeintlich einen Reservevorrat enthielt, fanden sich Tee-, Zucker- und andere Lebensmittelpäckchen. Er flog förmlich zum Telefon und sandte eine dringende Nachricht nach Sokode, daß ein extra dafür bestellter Läufer Nachschub bringen sollte. In der Zwischenzeit grummelte und grollte er vor sich hin wie ein richtiger Brummbär. Und auch, als die Zigaretten schließlich ankamen, besserten sich die Dinge nicht merklich. Den Leuten in Sokode war die ausgezeichnete ägyptische Sorte, die er gewöhnlich rauchte und die hier draußen für 6 Pence das Dutzend verkauft wird, ausgegangen, und so hatten sie ihm eine weitaus minderwertigere Sorte geschickt, die hier als »Marke Streitaxt« bekannt ist und von der fünfzig Zigaretten etwa 7 Pence kosten. Sie waren so getauft worden, erklärte Schomburgk, als er für einem Moment zu fluchen aufhörte, da zwei von ihnen genügen, um einen umzuhauen und zu töten. So tauft auch der Cowboy im amerikanischen Westen den scheußlichen Branntwein, der auf den Viehmärkten an der Grenze verkauft wird, »Vierzig-Ruten-Whisky«. Wer ein

Glas davon getrunken hat, geht noch vierzig Ruten* weit, dann fällt er tot um. Was den Whisky betrifft, so kann ich dazu nichts sagen, aber die Zigaretten verdienten ihren üblen Namen voll und ganz. Der starke Tabak der Bauarbeiter war nichts dagegen! Wenn Schomburgk eine zu rauchen anfing, rannte jeder gleich davon. Mir wurde gesagt, daß sie von England nach Togo exportiert werden für den Konsum der Einheimischen. Da kann ich nur sagen, die Einheimischen tun mir leid.

Schließlich kam der Tag unserer Abreise. Ich kann kaum Worte finden, um mein Bedauern auszudrücken angesichts unseres Abschieds von Mangu und dem kleinen Haus, das uns ans Herz gewachsen war. Hauptmann von Hirschfeld, der uns während unseres ganzen Aufenthalts hier eine solch überwältigende Gastfreundschaft gewährt hatte, ritt auf dem Heimweg noch drei Meilen mit uns. Wir reisen nicht auf demselben Weg zurück, den wir gekommen sind, sondern nehmen eine andere Route westlich davon, um sozusagen neues Gebiet zu erschließen. Unser erstes Lager sollte an einem Ort namens Unyogo* errichtet werden, und da die Entfernung relativ gering war, verließen Schomburgk und ich Mangu nicht vor drei Uhr nachmittags, nachdem wir unsere Träger schon vorgeschickt hatten, um die Zelte aufzuschlagen und alles fertig zu machen. Unserem Boy gaben wir ein Pferd und nahmen ihn mit uns, damit er unsere Wasserflaschen trug, doch er konnte unser Tempo nicht mithalten und brachte es irgendwie fertig, von seinem Pferd zu stürzen. Natürlich nahm das reiterlose Tier sogleich Reißaus zurück in Richtung des bequemen Stalls in Mangu, mit dem Boy, zu Fuß, auf seinen Fersen. In der Folge hatten wir kein Trinkwasser, und dabei war es eine sehr heiße Etappe, ohne eine Spur von Schatten und voller Staubwolken. Ich litt sehr unter Durst. Ebenso erging es Schomburgk, der sich jedoch

* Längenmaß; 1 Rute entspricht knapp 5 m.
* heute ebenso wie die weiter unten genannten Orte in Ghana

trösten konnte, indem er »Streitäxte« rauchte und immer wieder vor sich hin fluchte, beides Linderungsmittel, die mir versagt sind. Es war für uns beide ein glücklicher Moment, als endlich unsere grünen Zelte unter den Bäumen vor Unyogo in unser Blickfeld kamen.

Hodgson war bereits dort, er war mit seinem Fahrrad vorausgefahren. Er ließ uns kaum Zeit, ein wenig Wasser oder eine Tasse Tee zu trinken, bevor er sich völlig aufgeregt in die Schilderung dessen stürzte, was er ein wenig hochtrabend sein »Abenteuer« nannte. Es stellte sich heraus, daß er ruhig auf seinem Fahrrad in die Pedale getreten hatte, als eine Reihe Waldhühner fast direkt unter seinem Vorderrad aufflog und die Vögel in ihrer Angst und Aufregung mit solcher Wucht gegeneinander prallten, daß sechs zu Boden fielen. Er stieg ab und hob fünf der Vögel auf, die praktisch tot waren; der sechste war nur betäubt und flatterte, wieder zu sich gekommen, davon in den Busch. Der Vorfall war in der Tat bemerkenswert, ja beinah unglaublich, denn Waldhühner sind berüchtigt dafür, daß man sie nur schwer jagen kann. Doch da waren sie, alle fünf, und bezeugten stumm die Wahrheit der Geschichte. Keines wies Einschußlöcher oder sonstige Wunden auf, die ihren Tod hätten erklären können; und außerdem trug Hodgson keine Waffe bei sich. Wir kochten sie zum Abendessen, und sie waren wahrhaft köstlich. Hinterher saßen wir vor unserem Lager im Mondlicht und redeten und lachten und waren in Hochstimmung bei dem Gedanken, nach Hause zu kommen – alle außer Schomburgk, der meinte, dieser Trip sei viel zu kurz. »Eines Tages«, sagte er, »werden wir wiederkommen, noch ein paar Filme drehen und über die andere Route heimkehren.« »Andere Route?« fragte ich zweifelnd. »Ja«, erwiderte er lässig, »über Timbuktu und nördlich durch die Sahara. Das wird ein großer Spaß, und wir können ganz einzigartige Bilder machen.« »Ja ja ...«, antwortete ich matt. Mehr wurde nicht gesagt, aber mir gingen viele Gedanken im Kopf herum.

Nachts ging gerade vor meinem Zelt ein Frauenpalaver los. Ich wurde mitten in der Nacht durch das Weinen einer verzweifelten Frau geweckt – sie schrie, heulte und schluchzte. Ich sprang auf, warf mir einen Umhang über und eilte nach draußen, in der Erwartung, daß dort allermindestens ein Mord stattfand. Der Lärm kam von der Frau eines unserer Soldaten, die auf alle Fragen hin erklärte, ihr Mann habe versucht, sie zu töten. Schomburgk, den der Lärm ebenfalls geweckt hatte und der nun dazukam, ließ sogleich den Mann holen und nahm zuerst ihn, dann seine Frau ins Kreuzverhör. So kam die Wahrheit an den Tag. Es stellte sich heraus, daß die Frau nach einer wortreichen Auseinandersetzung mit ihrem Ehemann – Schläge hatte es nicht gegeben – verkündet hatte, sie werde unverzüglich zurück nach Mangu gehen. Ihr Mann hatte sie, ganz zu Recht, daran gehindert, ihre Absicht auszuführen. Woraufhin sie aus ihrer Hütte und herüber in unser Lager gestürzt war, wo sie zu heulen und zu schreien begonnen hatte, in der Hoffnung, daß ihr Mann eine Strafe erhielte. Wäre Schomburgk ein unerfahrener Afrikareisender gewesen und nicht vertraut mit den kleinen Schlichen einheimischer Frauen, dann hätte sie mit ihrem Plan vielleicht Erfolg gehabt. Doch er war ein zu alter Fuchs, um sich auf diese Weise hereinlegen zu lassen. Anstatt den Ehemann zu bestrafen, den in der Angelegenheit offensichtlich keine Schuld traf, wies er ihn an, seine Frau mit zurück in ihre Hütte zu nehmen, und sollte sie sich nicht zu benehmen wissen, so habe er seine (Schomburgks) Erlaubnis, ihr eine Tracht Prügel zu verabreichen. Ich habe niemals eine Frau so völlig perplex gesehen wie diese bei der Verhängung des Schiedsspruches. Ihre Kinnlade klappte herunter, ihr verstockter, trotziger Blick wich einem Ausdruck demütiger Furcht, und ohne ein Wort folgte sie ihrem Herrn und Meister zu ihrer gemeinsamen Wohnung, wo, jedenfalls für den Rest der Nacht, wieder eitel Friede herrschte.

Am nächsten Morgen waren wir um drei Uhr bereits auf den

Beinen und ritten die nächste – kurze – Etappe bis Djereponi. Hier gibt es ein Rasthaus, eine der alten viereckigen Sudan-Stationen, ein recht imposant aussehender Ort und wunderbar sauber. Zwei viereckige Häuschen zum Schlafen stehen an der einen Seite eines hohlen Karrees, während die restlichen drei Seiten von den Hütten gebildet werden, in denen die einheimischen Gefolgsleute der europäischen Reisenden Platz haben. In der Mitte steht eine Essenshütte für die Regenzeit. Während der Trockenzeit nimmt man seine Mahlzeiten, in Togo ebenso wie überall in Afrika, unweigerlich im Freien ein, gewöhnlich unter einer Veranda, wenn eine solche vorhanden ist, und wenn nicht, unter dem Vordach seines Zelts oder unter einem Baum. Hier hatte man eine sehr schöne, breite Veranda gebaut; das Dach ging sehr weit herunter und spendete genügend angenehmen Schatten und Schutz. Alle Gebäude, und sogar die hartgestampften Lehmböden, waren frisch mit einheimischer Tünche gestrichen. Dies verlieh dem Platz eine herrlich kühle und saubere Atmosphäre, allerdings fand ich den grellen Schein, wenn die Sonne darauf herabstach, recht anstrengend für die Augen. Während wir uns ausruhten, brachte ein Soldat fünf Chamäleons herbei, die er uns für je drei Halfpence verkaufte. Es war hochinteressant zuzusehen, wie sie ihre Farbe änderten, von grau zu grün und wieder zu grau. Sie haben große, starr blikkende Augen, die sie in der komischsten Art und Weise rollen, die man sich vorstellen kann; und wenn sie ihre schmale Zunge in voller Länge herausstrecken, ist sie beinah so lang wie ihr Körper.

Die nächste Etappe führte uns nach Nambiri, wo es ebenfalls ein sehr nettes Rasthaus gab. Die Straße war gut, und wir ritten beinah die ganze Strecke im Galopp. Folglich erreichten wir unser Ziel lange vor den Trägern, die nach Sonnenaufgang nicht besonders schnell vorankommen konnten. Da es ja nichts zu essen gab, rollte ich mich in meine Pferdedecke, legte den Kopf auf meinen Sattel und war bald eingeschlafen; als ich etwa zwei Stunden später aufwachte, war von den Trägern noch immer nichts zu sehen, und uns plagte alle drei der Hunger. Schomburgk schickte den Koch, der uns auf dem Fahrrad begleitet hatte, auf Eiersuche, und als der mit einem Taschentuch voll zurückkam, kochte er sechs davon hart und aß sie ohne Brot oder Salz. Hodgson und ich zogen es vor, zu warten und uns unseren Appetit aufzusparen für das Essen, das ja irgendwann kommen mußte. Drei Stunden nach unserer Ankunft im Lager traf der erste, sehr müde und erschöpft aussehende Träger ein. Wie das Glück es wollte, trug gerade diese Vorhut die Proviantkisten. Wir stürzten uns sogleich darauf, nahmen uns nicht einmal die Zeit, uns zu waschen oder auf unsere Stühle und Tische zu warten, sondern hockten uns so, wie wir waren, auf den Schlammboden und verzehrten unsere Konserven mit mehr Genuß als ein Essen im Savoy. Zuerst verschlangen wir drei ganze Dosen Sardinen, dann aßen wir eine ganze Gänseleberpastete, gefolgt von einer bunt gemischten Auswahl an Käse, Keksen und kandierten Früchten. Schomburgk betrachtete die extravaganten Leckerbissen mit Mißfallen, war er doch auf seinen vorherigen Reisen eine einfache Buschdiät gewohnt gewesen. Doch ich war der Meinung, daß wir es uns nun, da wir auf dem Heimweg waren, leisten konnten, unsere Luxusvorräte aufzubrauchen.

Da wir gerade von Luxus reden: An diesem Ort sollten auch unsere Boys zum Festmahl ihres Lebens kommen. Und das kam so: Unterwegs hatte ich immer wieder Hühner gekauft, hauptsächlich auf Grund der Beteuerungen der Verkäufer hinsichtlich ihrer unübertroffenen Qualitäten als Legehennen, und diese schleppten wir in einem großen Hühnerstall hiesiger Bauart mit und ließen sie am Ende jeder Etappe frei laufen, damit sie ihrer vermeintlichen Vorliebe fürs Eierlegen frönen könnten. Ich schreibe bewußt »vermeintlich«, denn mit Ausnahme eines einzigen kleinen Vogels, der seiner Pflicht nachkam und praktisch überall, wo wir uns aufhielten, ein Ei legte, brachten die anderen aus der Schar gemeinsam kaum auch nur ein einziges Ei hervor. Bis wir nach Nambiri kamen! Dort legten sie nicht weniger als fünf! Das wäre ja höchst erfreulich gewesen – hätten sie sich nicht mein Bett als Nest ausgesucht. Noch dazu entdeckte ich die Eier nicht, bis ich mich am Abend zu Bett legte, und auch dann erst, als ich ein improvisiertes Omelett daraus fabrizierte. Da sie frisch gelegt waren, stank es zwar glücklicherweise nicht, doch es gab eine fürchterliche Schweinerei. Ich hätte nicht geglaubt, daß fünf kleine Eier – und die Eier afrikanischer Hennen sind außerordentlich klein – ein Bett in einen solchen Zustand bringen können, ganz zu schweigen von meinem Nachtgewand. Am nächsten Morgen gab ich all meine Hühner – außer dem einen, das regelmäßig Eier legte – unseren Boys, die sie sich noch am selben Abend schmecken ließen. Ich erzählte auch Schomburgk von meinem Mißgeschick, in der Erwartung, er werde mir sein Mitgefühl aussprechen. Statt dessen platzte er beinah vor Lachen; und nachdem er sich ein wenig erholt hatte, erzählte er mir von einer Foxterrier-Hündin, die ihm einmal gehört und sechs frisch gelegte Welpen in sein Bett gelegt hatte. »Und als ich mich gerade zwischen die Laken legen wollte …«, sagte er; doch ich hielt mir die Ohren zu und lief davon, ich wollte nichts weiter hören. Männer sind wirklich gefühllos.

Wir befinden uns jetzt im Herzen des Konkomba-Landes, und Schomburgk beschloß, ein paar Tage hier zu bleiben und die höchst interessanten Wilden zu filmen. Überall rundherum ist das Land dicht besiedelt, und wo immer man hinschaut, lugen kleine Dörfer durch die Bäume, daher erwarteten wir, daß wir ohne Probleme genügend Leute dazu bewegen könnten, bei uns zu erscheinen. Am Anfang hatte die Sache allerdings einen Haken. Schomburgk hatte den Einheimischen Nachricht geben lassen, am Nachmittag im Camp einen Tanz aufzuführen, und sie tauchten auch auf, allerdings ohne ihren Schmuck. Das war natürlich ganz und gar nicht, was wir wollten, und Schomburgk fragte sie, warum sie ihren Kopfputz und ihre anderen Zierden weggelassen hätten. Sie gaben zur Antwort, daß sie Angst gehabt hätten, der weiße Mann würde sie ihnen wegnehmen; doch als ihnen Schomburgk persönlich garantierte, daß man ihnen nichts gewaltsam, sondern höchstens gegen gerechte Bezahlung nehmen würde, und auch das nur mit ihrem absoluten Einverständnis, willigten sie ein, am nächsten Tag in ihrem schönsten Putz wieder zu erscheinen.

Von Nambiri nach Tschopowa

Das Dorfoberhaupt von Nambiri erwies sich als reizendes altes Männlein, ein richtiger Naturgentleman. Er trug einen langen grauen Bart und sonst nicht viel, doch seine Manieren waren höflich und liebenswürdig; sein Verhalten hatte eine gewisse würdevolle Wildheit an sich, gemischt mit Respekt, der nicht die Spur kriecherisch oder unterwürfig war. Seit meinem Abschied von dem alten Uro in Bafilo habe ich keinen afrikanischen Potentaten mehr getroffen, der auf mich einen so positiven Eindruck machte. Im Gegensatz zu vielen anderen Dorfoberhäuptern war er nicht übermäßig aufdringlich. Er wartete, bis wir uns gewaschen und ein wenig geschlafen hatten, bevor er mit seinen mehr als üppigen Geschenken kam: Neben den üblichen Hühnern und Eiern war auch ein junges Kalb dabei. Schomburgk weigerte sich zunächst, es anzunehmen, wohl wissend, daß man dafür ein ziemlich wertvolles Gegengeschenk erwarten würde; doch die Bitten des alten Mannes waren so hartnäckig – die erste weiße Frau, die seine Stadt mit ihrem Besuch beehrte, müßte doch gebührend bewirtet werden –, daß er schließlich einwilligte. Im Gegenzug gaben wir ihm ein Seidentuch und eine Reihe Messing- und Kupferstäbe, worüber er sich sehr zu freuen schien, und während des ganzen restlichen Tages wieselte er um uns herum, bestrebt, alles in seiner Macht Stehende zu tun, damit es uns an nichts fehlte.

Am Abend töteten die Soldaten das Kalb; ich verteilte das Fleisch unter unseren Boys und behielt dabei die besten Stücke für uns. Ich ließ sie augenblicklich braten, eine nur allzu notwendige Vorsichtsmaßnahme in diesem Klima, da Fleisch sonst in erstaunlich kurzer Zeit schlecht wird. Die Boys freuen sich immer sehr, wenn das passiert, da die Afrikaner verdorbenes Fleisch bedenkenlos essen. Sie geben vor, es tue ihnen schrecklich leid, »Missy, eh ... – Fleisch da, riecht ziemlich schlecht«, doch an dem ungezügelten Glitzern in ihren Augen ist ihr geheimes Entzücken leicht zu erkennen. Daher waren sie auch recht geknickt, als ich Anweisung gab, unseren Anteil Fleisch auf der Stelle zu braten. Sie fanden, daß ihnen, von ihrem Standpunkt aus, gleichsam ein gutes Essen gestohlen worden war.

Die Konkomba-Dörfer hier in der Gegend sind die hübschesten und saubersten, die ich in ganz Togo gesehen habe. Sie sind eher klein, meist bestehen sie aus fünf bis zehn Häusern, und jede der kleinen Gemeinschaften scheint mehr oder weniger unabhängig zu sein. Das soziale System, in dem sie leben, ist mit gemeinschaftlich und patriarchalisch vielleicht am treffendsten beschrieben. Es ist sehr verwunderlich, daß diese prächtigen Wilden, die von ihrer Ausbildung und ihrem Instinkt her so kriegerisch sind und so schön und kräftig aussehen, seit Anbeginn ihrer Geschichte und ihrer Traditionen von dem benachbarten Volk der Dagomba beherrscht werden. Die einzige Erklärung, die mir dazu einfällt, ist, daß die Dagomba Gewehre haben, die vermutlich zu einem sehr frühen Zeitpunkt in ihren Besitz gelangten, und daß sie mit ihnen umzugehen lernten, während die Konkomba in der militärischen Entwicklung noch im Pfeil-und-Bogen-Stadium sind. Die Konkomba-Frauen sehen keineswegs schlecht aus; doch sie sind klein und gedrungen, und ihr Brauch, das Haar sehr kurzgeschnitten zu tragen, mindert ihr gutes Aussehen. Das abgeschnittene Haar wird übrigens, so wurde mir erzählt, von den jungen Kriegern für ihre eigenen raffinierten Frisuren verwendet. Was würde wohl eine junge Frau in Europa dazu sagen, wenn man von ihr verlangte, ihre Locken für ihre Brüder, ihren Verlobten oder ihren Gatten zu opfern? Ich denke doch, sie würde sich entrüstet weigern; doch die dunklen Schönheiten nehmen es als selbstverständlich. So will es der Brauch, und hier wie auch anderswo scheint man mehr oder weniger fest davon überzeugt zu sein, daß alles Bestehende richtig sein muß. Was ihr Benehmen angeht, so schneiden die Konkomba-Frauen im Vergleich mit anderen Frauen in Togo sehr gut ab. Nicht nur sind ihre Umgangsformen bescheiden und freundlich, sie sollen auch sehr keusch sein – eine seltene Tugend in Afrika –, und wie ich herausfand, tragen sie diesen Ruf zu Recht. Alle, ausgenommen die ganz jungen unverheirateten Mädchen, tragen Wickeltücher, im allgemeinen aus weißem Stoff, und sie legen ihren Stolz darein, diese äußerst sauber zu halten. All das, zusammen mit ihrer Gewohnheit, hübsche kleine weiße »Perlenketten« um die Fußknöchel und Gürtel aus ähnlichen, nur größeren Perlen um die Handgelenke, Nacken und Taille zu tragen, verleiht ihnen ein sehr malerisches und gefälliges Aussehen.

Mein anfänglich so günstiger Eindruck von diesen reizenden Menschen sollte jedoch im Lauf des Abends nachteilig beeinflußt werden, auch wenn es sich bei dem Ereignis, das den Anstoß dazu gab, wohl um einen sehr seltenen Einzelfall handelte; und man hat natürlich auf gar keinen Fall das Recht, einen speziellen Vorfall zu verallgemeinern – ein Fehler, der ja übrigens nur allzu häufig begangen wird. Wir saßen vor unserer Hütte in der Abendkühle und plauderten über daheim und unsere Zukunftsaussichten; Hodgson, der ziemlich gut Mandoline spielt, klimperte irgendeine alte Melodie vor sich hin; der Mond schien, wie er nur in den Tropen scheinen kann; und über der ganzen Natur schien Frieden zu herrschen. Da erhob sich plötzlich aus dem nahegelegenen Dorf ein fürchterlicher Lärm; man hörte Frauen kreischen, Männer schreien, Kinder weinen. Natürlich sprangen wir alle auf und rannten hinüber, um zu sehen, was los war. Es handelte sich um einen Ehekrach, und zwar um einen schlimmen. Ein riesiger, offenbar bis zum Wahnsinn betrunkener Mann schlug mit einem großen, schweren Stock, eigentlich einer Keule, auf seine Frau ein, während zwanzig oder mehr Leute um ihn herumstanden und ihn anbrüllten, er solle aufhören, ohne ihn jedoch sichtbar an seinem Tun zu hindern. Als wir auf dem Schauplatz erschienen, lag die arme Frau zusammengekauert auf dem Boden, blutüberströmt, leise stöhnend und offensichtlich zu schwach, auch nur zu versuchen, die Schläge abzuwehren, die ihre bessere Hälfte fortwährend auf ihren schutzlosen Kopf niedergehen ließ. Mit einer geraden Linken ins Gesicht streckte Schomburgk die Bestie zu Boden. Dann nahm er seinen Prügel und ließ ihn seine eigene Medizin schmecken – und zwar ziemlich gründlich –, bis er um Gnade winselte. In der Zwischenzeit war ich zu unserem Lager zurückgelaufen und hatte Verbandszeug geholt, mit dem ich jetzt die Wunden der verletzten Frau versorgte. Der Anblick, den diese arme Frau bot, war schlimmer als alles, was ich in meinem Leben gesehen hatte. Er hatte sie fast zu Brei geschlagen, so daß ihre Gesichtszüge beinahe nicht mehr zu erkennen waren, und auf dem Schädel hatte sie sechs oder sieben tiefe Wunden, die bis auf den Knochen gingen. Ihr Körper war buchstäblich in Blut getränkt – anders kann man es nicht beschreiben. Für meine unerfahrenen Augen schien es nahezu unmöglich, daß sie sich jemals wieder erholen würde; doch diese Menschen besitzen solche Genesungskräfte, daß mir, als ich mich nur kurze Zeit später nach ihr erkundigte, gesagt wurde, sie ginge ganz normal ihren Haushaltspflichten nach, mit einbandagiertem Kopf und geschwollenem Gesicht; davon abgesehen ging es ihr trotz der furchtbaren Bestrafung, die sie erhalten hatte, scheinbar kaum schlechter als zuvor. Bevor ich Nambiri verließ, versuchte ich sie dazu zu bringen, mir etwas über die Ursache der ganzen Angelegenheit zu erzählen, doch außer daß alles ihre Schuld war, konnte ich nichts aus ihr herausbekommen. Die anderen Frauen waren gesprächiger, und aus ihren Andeutungen reimte ich mir zusammen, daß ihr Mann sie beim Tändeln mit einem jungen Burschen aus dem Nachbardorf ertappt hatte. Da hatten wir es also! Eheliche Treue, beziehungsweise das Beharren darauf, ist unweigerlich von Eifersucht begleitet, ob im Land der Konkomba oder anderswo.

Am nächsten Tag erschienen die Tänzer, etwa zweihundert ausgewählte junge Krieger aus jedem Dorf in weitem Umkreis von Nambiri. Sie sahen wirklich sehr schick aus mit ihren unzähligen Messing- und Kupferreifen um Hand- und Fußgelenke, die ihre ebenholzfarbene Haut noch unterstrichen; mit ihren Köchern voller vergifteter Pfeile und mit ihren Kauri-Helmen und den langen Muschelketten, die daran vorne und hinten herabbaumelten, gekrönt von den kleinen, eleganten Puku-Hörnern oder manchmal auch von einem Paar der bis zu einem Yard langen Hörner der Pferdeantilope. Nie hatte ich einen großartigeren und gleichzeitig barbarischeren Anblick gesehen oder mir auch nur vorstellen können. Fast jeder Krieger hatte eine glockenähnliche Eisenrassel bei sich, und in endloser Wiederholung ließen sie unablässig ein »duotones« Zweiklanggeläute erklingen (mit genau zwei um eine Oktave versetzten Tönen).

Wir gaben uns große Mühe mit diesem Film, denn aus ethnografischer Sicht sind die Konkomba äußerst interessant; zuvor waren sie kaum je von einer privaten Reisegruppe besucht worden, und ganz bestimmt waren sie noch nie gefilmt worden. Auf unseren Aufnahmen sind die Männer, in vollem Staat, zunächst bei der Parade zu sehen, die ihren großen zeremoniellen Tänzen vorausgeht. Es folgen der Gruß und schließlich der eigentliche Tanz. Die jungen Krieger stürzen sich in den Kreis und vollführen verschiedene Figuren, die erfüllt sind von Leben und Bewegung. Die einzige Störung unserer Arrangements, allerdings ärgerlich genug, kam von den Konkomba-Frauen, die sich nicht davon abhalten ließen, sich mit ihren Kindern unter die Tänzer zu mischen, und die damit natürlich den Film verdarben, so daß wir noch einmal von vorn anfangen mußten. Als die Tänze vorüber waren, fotografierten wir einige Krieger extra, und zwar in Großaufnahme. Um ausdrucksvolle

Gesichtsstudien machen zu können, sagten wir ihnen, sie sollten in die Kamera sprechen; der Apparat würde all ihre Botschaften aufnehmen, und diese könnten dann in Europa angehört werden. Das Ergebnis des kleinen Schachzugs wurde unseren Erwartungen voll gerecht, da jeder Krieger, während er auf die Kamera zuging, seine Botschaft sehr energisch vorbrachte und mit vielen Gesten unterstrich. Hinterher fragte ich unseren Dolmetscher, was sie eigentlich gesagt hätten. Er gab mir zur Antwort, daß die meisten Aussagen gar nicht wiederholt werden könnten!

Nachdem alles vorbei war, verteilten wir Tabak und Kolanüsse an die Tänzer; beides ist sehr beliebt, besonders die Nüsse, die unter den Afrikanern als große Delikatesse gelten und außerdem hoch geschätzt werden aufgrund ihrer stimulierenden Wirkung und ihrer seltsamen Eigenschaft, es einem Menschen zu ermöglichen, während einer ziemlich langen Zeit ohne Essen oder eine andere Stärkung auszukommen. Die Kolanüsse werden von den Haussa-Händlern von der Küste ins Landesinnere gebracht. Sie müssen sehr vorsichtig transportiert und ständig feucht gehalten werden. Ihr Preis geht von einem Halfpenny pro Stück aufwärts, und der Wert steigt, je weiter man nach Norden kommt. Ein Einheimischer, der auf die Jagd geht oder eine andere körperliche Anstrengung vollbringen muß, nimmt gewöhnlich zwei oder drei Nüsse mit – vorausgesetzt, er kann sie sich leisten –, und mit einer Nuß ist er ohne Probleme in der Lage, mindestens einen Tag ohne Essen oder Wasser auszukommen. Manche der älteren und wohlhabenden Leute sowie die Chiefs und *Mallam*, die muslimischen Gelehrten, haben eine besondere Vorliebe für die Nüsse und kauen sie den ganzen Tag lang, gerade so wie amerikanische Mädchen Kaugummi kauen. Das Ergebnis davon ist, daß Zähne, Mund und Lippen innen fleckig werden und eine schmutzige, rotbraune Färbung annehmen, was sehr abstoßend aussieht. Ich habe einmal eine Kolanuß probiert, fand sie aber äußerst bitter und ungenießbar.

Am Morgen nach dem Tanz bauten wir in aller Frühe das Lager ab und machten uns auf den Weg zu unserem nächsten Ziel, einem Ort namens Tschopowa. Wir brauchten nur fünfzig Träger, doch es erschienen über zweihundert. Schomburgk wollte sie abweisen, doch der alte Chief erklärte uns, daß wir nur den Preis für die zu transportierenden Lasten zahlen müßten, die übrigen Träger gingen auf eigene Faust und um des Spaßes willen mit. Sie betrachteten es als eine Art Vergnügungsausflug, und da sie alle mit anpackten und sich die ganze Zeit freiwillig beim Tragen der Lasten abwechselten, legten wir die Strecke sehr angenehm und in großer Geschwindigkeit zurück. In beinah jedem Dorf, an dem wir unterwegs vorbeikamen, gesellten sich noch weitere Bewohner zu uns, singend, rufend und Luftsprünge machend, so daß unsere Karawane am Ende einen höchst beeindruckenden, wenn auch barbarischen Anblick bot. Da ich mich nicht ganz wohl fühlte, reiste ich den ganzen Weg in der Hängematte, und meine Boys schaukelten mich bestgelaunt dahin und schritten mit fünf Meilen die Stunde voran.

Die Neugier, die meine Ankunft in den Dörfern entlang dieser gewöhnlich wenig begangenen Route hervorrief, war riesig, ja sie war größer als an irgendeinem anderen Ort in Togo. Überall säumten Mengen Einheimischer die Straßen, um mich vorüberziehen zu sehen, wobei die Frauen wilde Willkommensrufe heulten und die Männer herumtollten und sangen. In den größeren Orten wurden richtige Begrüßungsveranstaltungen organisiert, wie für ein Mitglied einer königlichen Familie. So erwartete uns vor Tschopowa, gute drei Meilen vor dem Dorf, eine große Menge Leute, alle in ihrem besten Staat. Schomburgk war ein wenig vorausgeritten, und als er auftauchte, fragten sie enttäuscht nach dem Verbleib der »weißen Königin«, von der sie schon so viel gehört hatten. Er deutete beim Vorbeireiten über seine Schulter zurück und zeigte ihnen an, daß »Ihre Majestät« gleich käme, und der Empfang, der mir bereitet wurde, als ich dann schließlich kam, war überwältigend. Und in den meisten anderen größeren Dörfern war es so ziemlich dasselbe. Die Straße wurde gewöhnlich von Hunderten und Aberhunderten Konkomba gesäumt, Männer, Frauen und Kinder, die sich in drei bis vier Reihen entlang des Wegs aufstellten, alle in Festtagskleidung, und ich mußte die Boys anweisen, die Vorhänge meiner Hängematte hochzuheben, so daß ich mich aufsetzen und huldvoll nach rechts und links lächeln konnte, genau wie es an einem Feiertag in den Straßen Londons oder Berlins ein Mitglied der Königsfamilie tut. Ich wurde direkt rot – und dabei bin ich von Natur aus nicht übermäßig schüchtern –, wenn ich daran dachte, was für eine unbedeutende Person ich in Wirklichkeit war. Unser Kameramann hatte allerdings keine solchen Skrupel; er stellte seine Kamera ein und konnte von den seltsamen, ungewöhnlichen Szenen viele gute Aufnahmen machen. In Tschopowa gipfelte das Ganze in einem großen Tanzfest, das zu meinen Ehren gegeben wurde.

Bei dem Tanz machte ich eine interessante und fruchtbare Entdeckung. Auf dem Kopfputz eines der männlichen Tänzer entdeckte ich ein schwarzes, schmutzig aussehendes Büschel, das sich bei näherem Hinsehen als ein Strauß Federn entpuppte. Sie sahen aber anders aus als alle Federn, die ich sonst bei den Einheimischen gesehen hatte, und plötzlich schoß mir ein freudiger Verdacht in den Sinn. Ich flitzte zu dem Betreffenden hin und schnappte mir – sehr zu seinem Erstaunen – die Feder aus seinem Kopfschmuck. Ein Blick genügte. »Marabu!« schrie ich Schomburgk zu. »Endlich Marabu-Federn!« Ob der Mann sie wohl verkaufen wollte? Natürlich wollte er, und zwar sehr gern. Ein Messingstab wechselte den Besitzer und ebenso die Federn.

In wenigen Minuten hatte ich ein wenig Wasser erhitzt. Dann spülte ich die verschmutzen Dinger in Seifenschaum, trocknete sie, indem ich sie ein bißchen hin und her wedelte, und kurz darauf stellten sie sich als die schönsten Federn heraus, die man sich nur vorstellen kann, weich und flauschig, von schneeweißer Farbe und höchster Reinheit. Es gab wirklich keinen Zweifel: Es handelte sich um große Marabu-Federn erster Qualität. Ich trage sie jetzt gelegentlich in London und anderswo auf meinem Hut, und sie sind Gegenstand der Bewunderung und des Neides meiner Freundinnen – zumindest jener, die nicht Mitglied der Gesellschaft zum Schutz wilder Vögel sind …

Die Federn hatten in der verrauchten Luft im Haus des Mannes gehangen, weshalb sie so schwarz und schmutzig aussahen. Aber sie hatten keinen dauerhaften Schaden genommen, und nachdem ich sie gereinigt hatte, waren sie so schön wie zuvor. Am Nachmittag ließ ich – ohne Schomburgk, der zum Jagen gegangen war, etwas davon zu sagen – den Mann holen, dem ich meine Schätze abgekauft hatte, und sagte ihm, er möge im Dorf herumerzählen, daß ich im Tausch für jede solche Feder einen Messingstab geben würde. Bald wimmelte es im Lager von Konkomba, die Marabu-Federn zum Verkauf anboten. Sobald ich sie in meinen Besitz gebracht hatte, spülte ich sie in einem großen Becken mit Seifenschaum und ließ sie von den Boys trocknen. Als Schomburgk bald darauf zurückkehrte, war er sehr überrascht, als er lange Reihen ebenholzschwarzer Männer sah, mit ernster Miene damit beschäftigt, lauter schneeweiße Federn hin und her zu schwenken. Sogar sein Boy war zu diesem Dienst herangezogen worden, und er wollte deswegen schon schimpfen. Doch sein Grimm ließ schnell nach, als er sich bewußt wurde, was für ein Geschäft ich da gemacht hatte. Wir hatten zu der Zeit eine ziemlich große Menge Messingstäbe übrig, die wir loswerden wollten. Sie waren für uns etwa sechs Pence pro Stück wert, während Marabu-Federn in Europa für Geld kaum zu haben sind.

Das Rasthaus in Tschopowa ist im alten viereckigen Sudanstil erbaut, ähnlich dem ostafrikanischen *tembe*. Es ist wunderschön auf einer kleinen Anhöhe gelegen, von der man meilenweit eine herrliche Sicht in die Runde hat. Das ist jedenfalls während der Trockenzeit der Fall, nach der Getreideernte. In der Regenzeit jedoch, wenn die Hirse 15 oder 20 Fuß hoch ist und das Land größtenteils unter Wasser steht, kann es kein angenehmer Aufenthaltsort sein. In der Nähe des Rasthauses stand einer der größten und schönsten Baobabs, den ich in Togo gesehen habe. Der Stamm hatte nach meiner Schätzung einen Umfang von nicht weniger als 60 Fuß, und der Baum war mit Sicherheit viele hundert, wenn nicht tausend Jahre alt. Das Holz des Baobab hat keinen wirtschaftlichen Nutzen, da es so schwammig ist, daß eine 303er Kugel auch den dicksten Stamm geradewegs durchschlägt. Die faserige Rinde wird aber manchmal von den Einheimischen abgezogen und zur Anfertigung von Seilen und grobem Stoff benutzt. Die Blätter werden getrocknet und zu einem Pulver verarbeitet, das *lalo* genannt und in Westafrika als Würzmittel verwendet wird. Nur der weibliche Baobab trägt Früchte, so groß wie ein kleiner Fußball. In ihrem Innern haben sie Kerne, die in saures Fruchtfleisch gebettet sind. Dieses soll gut gegen Schwarzwasserfieber sein, und wenn man Zucker hinzufügt, kann man auch ein sehr erfrischendes Getränk daraus zubereiten, das fast wie Limonade schmeckt.

Wir wohnten hier einem Pfeil-und-Bogen-Wettbewerb bei, in dem die Männer auf bestimmte Ziele schossen und dafür Preise gewinnen konnten; es war sehr interessant und aufregend. Wir amüsierten uns über einen Krieger, der mit einer Art George-Robey-Hut* erschien, auf dem lauter Federn steckten. Höchstwahrscheinlich glaubte er, das sei der letzte Schrei in der Hutmode. Wir blieben zwei Tage in Tschopowa, in denen Schomburgk und Hodgson zum Oti aufbrachen und einige Aufnahmen von Flußpferden machten. Wir fotografierten auch

* George Robey, ein Lustspielautor des 19. Jahrhunderts, war bekannt für seinen Hut, eine winzig kleine Melone.

ein paar ganz eigenartig gebaute Getreidespeicher: sie sind rund, von der Größe eines mittelgroßen Hauses, stehen auf drei Beinen und haben eine überdachte Spitze. Wenn sie voll sind, fassen manche mehrere Tonnen Getreidekörner. Die Speicher dieser Bauart sind typisch für das Volk der Konkomba.

Am Abend entdeckten wir, daß der erwähnte Baobab voller Fledermäuse war: Tausende und Abertausende. Unsere Pferdeboys aus Sokode töteten einige Dutzend mit Stöcken, spießten sie auf und brieten sie; augenscheinlich betrachteten sie sie als große Delikatesse. Sie brachten mir ein paar auf einem Spieß und lachten, als ich mich schaudernd abwandte. Ich bin übrigens der große Liebling unserer Boys. Wenn sie einen Fehler begehen und Schomburgk über sie Gericht sitzt und sie zu einer Geldstrafe oder etwas anderem verurteilt, kommen sie immer zu mir und flehen mich an, daß ich mich bei ihm für sie verwende. Das tue ich dann auch unweigerlich – außer es handelt sich um ein himmelschreiendes Unrecht –, und Schomburgk, froh über eine Entschuldigung, sie gehen zu lassen, erläßt dann die Bestrafung, wobei er nachlässig sagt: »Oh, na gut, wenn Puss es so will ...«, oder: »Also paß von jetzt an auf, sieh zu, daß es nicht noch mal passiert, und denk dran, daß du dich bei Puss dafür bedanken kannst.«

Hier sah ich auch einen der schönsten weißen Hähne, den meine Augen je erblickt haben; er ritt auf einem mit Lasten beladenen Esel, der einem Haussa-Händler gehörte. Ich hatte schon vorher, in Mangu und auch anderswo, ähnliche Hähne gesehen, aber noch nie einen so schönen. Diese Vögel werden von den umherreisenden Händlern in ganz Togo überallhin mitgenommen, damit sie ihre Besitzer durch ihr Krähen morgens frühzeitig aufwecken. Sie sind sozusagen lebende Wecker, und ein kräftiges Tier, das laut kräht, ist eine Menge wert.

Die Grubenarbeiterinnen von Banjeli

Von Nambiri bis nach Kugnau, unserem nächsten Etappenziel, gibt es keine Straße und praktisch auch keinen Weg, nur eine Vielzahl Pfade, die überall und nirgends hinführen. Die Region ist so dicht besiedelt, daß es sehr schwierig und ohne Führer nahezu unmöglich ist, den richtigen Weg zu finden. Ich ging von Tschopowa mit dem Führer voraus, und Schomburgk, der nachfolgen sollte, wies ihn an, »die Straßen zu sperren«. Das bedeutet, wann immer ein Führer zu einer Kreuzung oder Weggabelung kommt, soll er einen Stock über den falschen Weg legen und ihn so für den nächsten Reisenden, der in der gleichen Richtung unterwegs ist, »sperren«. Doch dies unterließ unser Führer mehrere Male, mit dem Ergebnis, daß Schomburgk vom rechten Weg abkam und sich verirrte.

Auf dieser Wegstrecke kreuzten wir den Oti zweimal. Die erste Durchquerung war alles andere als einfach. Nicht nur, daß die Böschung dicht bewachsen war, sondern es fiel auch der Pfad in sehr steilem Winkel etwa fünfzig Fuß tief jäh nach unten ab. Ich schlitterte, unterstützt von meinen Hängemattenträgern, abwärts, und wir mußten größte Vorsicht walten lassen, um die Pferde sicher nach unten und durch die Fluten zu bekommen. Mir bot sich ein herrlicher Blick auf den Fluß, der hier von einem Ufer zum anderen etwa hundert Yards breit ist; da wir jetzt fast am Ende der Trockenzeit sind, ist der eigentliche Strom allerdings sehr schmal geworden und enthüllt so flußauf- wie flußabwärts eine Vielzahl von Inseln. Die Inseln waren mit dichter tropischer Vegetation bedeckt, dem Lebensraum unzähliger Vögel. In der Regenzeit werden alle – bis auf die höheren und größeren Inseln – unter den steigenden

Fluten begraben, die dann das ganze Flußbett bis an den Rand füllen.

Die zweite Durchquerung des Oti war noch malerischer als die erste. Der Fluß ist hier viel breiter, die Ufer sind niedriger, und aus den vielen hier verstreut liegenden Dörfern kamen Abordnungen der Bewohner zum Empfang der ersten weißen Frau. Am Ende müssen gut tausend Menschen um meine Hängematte versammelt gewesen sein, vor und hinter mir, rufend, tanzend und singend. Der Lärm war entsetzlich, ebenso die Hitze und der Staub. Ich glaube, ich hätte fast alles darum gegeben, daß sie nur endlich fortgingen und mich in Frieden ließen; es war aber unmöglich, Verärgerung zu zeigen oder auch nur unhöflich zu sein, waren ihre guten Absichten doch so offensichtlich. Einige Zeit nach unserer Ankunft erschien Schomburgk, erhitzt, müde und wütend. Er schalt den Führer heftig aus, weil er die Straßen nicht »gesperrt« hatte. Er war völlig vom Weg abgekommen und überall herumgeirrt.

Es gab kein Rasthaus in Kugnau, also mußten wir unsere Zelte hernehmen. Schatten war auch nicht vorhanden, weil die Bäume hier nur zwergenhaft klein waren, so daß sich der Gedanke an Schlaf in der Tageshitze verbot. In der Nacht kamen Schwärme wilder Moskitos, und einige stahlen sich unter mein Moskitonetz – ich bekam es nur allzu deutlich zu spüren. Asmani, Schomburgks Boy, hatte die Aufgabe, mein Bett zu machen. Der war fast noch ein richtiges Kind, ein langer, schlaksiger Kerl, mit Armen wie ein Schimpanse; doch er war so willig und gutgelaunt, daß wir ihn alle sehr gern mochten. Man konnte ihm allerdings nicht begreiflich machen, wie wichtig es war, daß er mein Moskitonetz rundherum unter der Matratze festklemmte, um die blutgierigen kleinen Biester am Eindringen zu hindern. Ich hatte es bald satt, mit ihm darüber zu reden, war aber die schlaflosen Nächte so leid, daß ich ihn schließlich regelmäßig bei Schomburgk Meldung machen ließ, wann immer ich von Moskitos gestochen wurde. Es war direkt komisch, ihn morgens zu dieser Berichterstattung losziehen zu sehen, sein gewöhnlich fröhliches, rundes Gesicht nun lang und jammervoll. »Herr«, pflegte er zu sagen, »letzte Nacht zwei (oder drei oder vier usw., je nachdem) Moskitos im Bett von ›kleiner Mutter‹.« »So so!« antwortete ihm Schomburgk mit geziemendem Ernst. »Dann mußt du bestraft werden.« Und er gab ihm zwei, drei oder vier leichte Ohrfeigen, eine für jeden Moskito – eigentlich nur Klapse, wie man sie im Spiel einem Kind gibt, die ihm physisch nicht im geringsten weh taten. Doch sie verletzten seine Würde, denn Asmani, in seiner Eigenschaft als Schomburgks Diener, war der »Chefboy« der Karawane, und den anderen Boys, die er mehr oder weniger als seine Untergebenen betrachtete, bereitete es gewöhnlich eine große Freude, ihn zu umringen und zustimmend zu kichern, wenn er sich seine »Moskitoklapse« abholte.

Ich sagte vorhin, Asmani sei ein williger Boy; eigentlich war er sogar zu willig. Wenn man ihm eine Anweisung erteilte, ließ ihn sein Eifer zu gehorchen in Höchstgeschwindigkeit davonstieben, bevor er auch nur zur Hälfte begriffen hatte, was man von ihm wollte. Die Ergebnisse waren häufig grotesk und gelegentlich auch ziemlich ärgerlich. Asmani war wegen seiner schnellen, ruckartigen Bewegungen schon gleich zu Anfang der Reise bekannt als »die Kakerlake«; und gegen Ende brauchte man ihm, wenn er wieder einmal übereifrig losstürzen wollte, bevor er die Bedeutung unserer Worte verstanden hatte, nur mit warnend erhobenem Zeigefinger zuzurufen, »Heda, Asmani; sei kein Kakerlak!«, um ihn aufzuhalten. Er war einer jener Bediensteten – in unserem kraftlos gewordenen Europa gibt es sie nurmehr selten, fürchte ich –, die die Wünsche ihres Herrn als ihre eigenen ansehen. Infolgedessen war er bei den anderen Boys, die größtenteils ganz andere Vorstellungen hatten, nicht sehr beliebt. Ganz besonders für Messa, unseren Koch, war er alles andere als eine *persona grata*, denn wenn Messa mir sagte, daß es beispielsweise keinen Tee mehr gab oder daß er Zucker aus dem Vorrat brauchte, dann stieß Asmani, wenn er zufällig in der Nähe war, unweigerlich ein ungläubiges, langgezogenes »Oooh-h-h!« aus, worauf Messa ihn anstarrte und bald darauf hinter der Küche ein heftiges Spektakel zu hören war, wo Asmani und Messa »sich aussprachen«.

Während unseres Aufenthalts in Kugnau ereignete sich auch ein Zwischenfall, der deutlich machte, wie leicht ein unerfahrener Europäer im Umgang mit den Afrikanern irregeführt werden und so Ärger verursachen kann, ohne sich dessen im geringsten bewußt zu sein. Es ging um die bereits erwähnten Kauri-Helme der Konkomba. Diese schönen, unvergleichlichen Objekte ziehen stets die Aufmerksamkeit und Bewunderung europäischer Reisender auf sich, die natürlich versuchen, eines oder mehrere zu erwerben und mitzunehmen. Doch den Konkomba sind diese Helme sehr kostbar, und die meisten sind in der Regel nicht bereit, sie zu verkaufen, auch wenn sie durch außerordentlich gute Preise in Versuchung geführt werden, sei es Münzgeld oder – was sie bei weitem bevorzugen – Messing- und Kupferstäbe.

Ich habe sagen hören, daß die Europäer beim Erwerb solcher Kuriositäten früher die Rechte der Afrikaner kaum achteten. Jetzt hingegen wurde vom Herzog zu Mecklenburg strikte Anweisung gegeben, die Konkomba nicht unangemessen zu drängen, sich von ihren Helmen oder anderem Schmuck zu trennen. Man darf sie kaufen, aber es muß sich um ein echtes Geschäft handeln, gegen Zahlung eines fairen Preises, und vor allem müssen sich die Europäer vor dem Kauf vergewissern, daß die Konkomba wirklich verkaufen wollen und nicht heimlich von den Dolmetschern, Soldaten oder anderen Mitgliedern der Karawane eingeschüchtert und zu dem Handel gezwungen worden sind.

Nun hatte Schomburgk bereits in Gerin-Kuka einen solchen Helm erstanden, doch er wollte gern noch weitere haben und schickte einen Soldaten aus unserer Eskorte in das Dorf, um das dort ausrichten zu lassen. Der Mann war eindringlich ermahnt worden, keinen Zwang auszuüben. Wenn die Konkomba Geschäfte machen wollten, gut und schön, sonst eben nicht. Kurz, seine Aufgabe bestand lediglich darin, als Mittelsmann einen willigen Verkäufer mit einem willigen Käufer zusammenzubringen. Nun, der Soldat ging auf seinen Botengang und kehrte bald darauf zurück, gefolgt von mehreren Männern, die Helme, Köcher und anderes trugen, insgesamt etwa ein Dutzend Objekte. »Sind die zu verkaufen?« fragte Schomburgk. »Ja, alles«, erwiderte der Soldat. Schomburgk kam das verdächtig vor, da er wußte, wie ungern die Konkomba sich von diesen Dingen trennten; daher schickte er den Soldaten fort, außer Seh- und Hörweite, und befragte die Leute. Dabei kam heraus, daß nur ein Mann einen Helm verkaufen wollte und zwei andere Bogen und Köcher sowie eine Reitgerte aus Pferdehaaren. Den anderen war bedeutet worden, daß sie ihre Sachen zum Verkauf in unser Lager bringen müßten, andernfalls würden sie bestraft werden. Natürlich wurden jene, die nicht verkaufen wollten, sofort mit ihren Helmen in ihr Dorf zurückgeschickt, während dem Soldaten eine ernste Strafpredigt gehalten wurde. In dem Zusammenhang erzählte Schomburgk mir folgenden amüsanten Vorfall: Seine letzte Reise in das Gebiet der Konkomba hatte er in Gesellschaft des Herzogs zu Mecklenburg unternommen. Ein Mann aus der Gruppe, der zum ersten Mal in dieser Region war, kaufte zwei Helme und zeigte sie sichtlich stolz seinen Kameraden. Da meinte der Herzog, wie er das in solchen Fällen immer tat: »Ich kann es wohl als selbstverständlich ansehen, daß niemand eingeschüchtert wurde.« »Oh, aber nein«, war die Antwort, »ich habe nur einen Soldat in das Dorf geschickt, um den Konkomba zu sagen, daß ich zwei von ihren Helmen haben wollte, und er brachte sie mir mit zurück.« Das naive Eingeständnis erntete dröhnendes Gelächter, und selbst Seine Hoheit konnte ein Lächeln nicht unterdrücken.

Um halb sechs am nächsten Morgen, dem 8. Februar, setzten

wir unsere Reise fort, und schon bald überquerten wir wieder einmal den Oti, und zwar zum letzten Mal. Schomburgk ergriff die Gelegenheit und zog mit Hodgson und seiner Kamera los, um zu versuchen, Flußpferde aufzunehmen, doch es zeigten sich nur zwei Exemplare, daher machte er sich nicht die Mühe. Danach schloß er zu mir auf, genau in dem Augenblick, als meine Hängematte zusammenbrach und mich mit einem Plumps zu Boden fallen ließ. Während sie repariert wurde, nahmen wir im Freien am Straßenrand ein schnelles Frühstück zu uns; sehr angenehm. Etwa eine Stunde später kamen wir in Ibubu an, dem Ziel unserer Etappe.

Hier befindet sich ein geräumiges altes Rasthaus, doch zu unserer Überraschung war es sehr verfallen, eigentlich schon fast eine Ruine. Das ist sehr ungewöhnlich für ein Rasthaus in Togo, und ich kann es mir nur so erklären, daß die Route nur sehr selten von Weißen begangen wird. In Ibubu ist ein altes Fort, das die Europäer in Togo »römisches Fort« nennen. Ich hatte schon so oft davon sprechen hören, daß ich ein recht eindrucksvolles Gebäude erwartete und nun sehr enttäuscht war, nichts Aufregenderes oder Romantischeres zu sehen als eine große Lehmmauer um eine große Ansammlung Hütten herum, die näher beieinander standen, als ich es irgendwo vorher gesehen hatte. Zweifellos war es jedoch einmal ein stark befestigter Ort. Mir wurde gesagt, daß er von Dr. Kersting errichtet worden war, um die Konkomba auf Distanz zu halten, in den alten Zeiten, als diese Wilden ihre Kräfte noch nicht genügend mit jenen der weißen Männer gemessen hatten und oftmals aggressiv und streitsüchtig waren. Die Konkomba auf dieser Seite des Oti sind viel wilder und aufsässiger als jene am anderen Ufer und machen der Kolonialverwaltung von Zeit zu Zeit noch immer Ärger, auch wenn es in den letzten Jahren zu keinen richtigen Kämpfen mehr gekommen ist.

Wir befinden uns jetzt im Bezirk von Sokode, und die Vorräte an Nahrung sind hier lächerlich gering im Vergleich zum Bezirk Mangu. Wir breiteten unsere Zeltplane unter einem großen Baum aus, dessen obere Äste voll besetzt waren mit etwas, das ich zunächst für Früchte hielt, das sich dann jedoch als lauter Exemplare einer großen Fledermausart herausstellte, ähnlich wie Flughunde. Wir kauften hier noch einen zweiten Strauß. Er bot einen sehr komischen Anblick, denn man hatte ihn gerupft, bevor er uns zum Kauf angeboten wurde. Ich lachte Tränen, als ich ihn sah. Er sah aus wie die gigantische Nachbildung eines dieser in manchen Läden verkauften hölzernen, eiförmigen Spielzeugvögel mit zwei Stöckchen als Beinen. Er erwies sich jedoch als ein sehr schöner und ungewöhnlich großer Vogel, genau wie der andere, den wir in Mangu gekauft hatten. Beide Strauße sind jetzt im Hamburger Zoo, und der Direktor teilte uns nach unserer Ankunft in London mit, daß jeder über ihre enorme Größe erstaunt sei und man sich gut vorstellen könne – obwohl das noch nicht wissenschaftlich bewiesen ist –, daß es sich um eine neue Art Riesenstrauß handle. »Auf jeden Fall«, schrieb er, »sind sie recht ungewöhnlich.«

Die Leute von Ibubu sind ziemlich mürrisch; ganz im Gegensatz zu jenen auf der anderen Seite des Oti. Die Frauen, ebenso wie die Männer, betrachteten uns mißtrauisch. Die Kinder wichen uns aus und blieben stumm, wenn sie angesprochen wurden. Das nahm ich als schlechtes Zeichen, denn diese Menschen sind keine eigentlich »Wilden«, so wie die Völker hoch im Norden, und daß sie es ablehnten, mit uns Freundschaft zu schließen, lag daher klar am Einfluß ihrer Ältesten. Sowohl Schomburgk wie auch ich – und ich kann mich rühmen, die Eigenheiten der Einheimischen mittlerweile recht gut einschätzen zu können – hatten so ein Gefühl, eine Vorahnung, wenn man so will, daß nicht alles zum besten stand; und so war es dann auch.

Am morgen erschienen nur zwölf Träger, wir aber brauchten mindestens fünfzig; der Dolmetscher berichtete, daß der Chief uns nicht mehr Männer zuteilen konnte oder wollte. Das war ja eine schöne Bescherung! Für einen Außenseiter ist es schwierig nachzuvollziehen, in welchem Maße eine Karawane im afrikanischen Hinterland von menschlichem Transport abhängig ist. Wenn wir nicht genügend Träger bekommen konnten, hatten wir genau zwei Möglichkeiten: den Großteil unserer Sachen zurückzulassen – was undenkbar war – oder die Träger zwischen Ibubu und Banjeli, unserem nächsten Ziel, hin und her laufen zu lassen, ein mühseliges und beschwerliches Unterfangen, wie man sich gut vorstellen kann. Und dann gab es noch einen weiteren Anlaß zur Sorge; ein Beamter, der den Bezirksamtmann von Sokode – der gerade in Urlaub war – vertrat, hatte Probleme mit den Bewohnern genau dieses Dorfes gehabt, und ernsthafter Ärger war nur knapp vermieden worden.

Schomburgk handelte sofort, und zwar in einer Art, die mir – ich hoffe, er wird mir diese Worte verzeihen – damals ziemlich überheblich vorkam, obgleich ich nach dem, was von da an passierte, keinen Zweifel mehr habe, daß es der einzige Weg war. Er sandte eine herrische Aufforderung an den Chief, augenblicklich vor ihm zu erscheinen. Das tat der auch bald, eskortiert von unseren beiden Soldaten. Er war sehr schnippisch, um nicht zu sagen anmaßend, und sagte, daß die zwölf Männer, die er uns geschickt hatte, die einzigen gerade verfügbaren Träger seien und daß er »schließlich keine Träger aus Maiskolben zaubern könne.« Nachdem Schomburgk jedoch ein paar Minuten alles andere als höflich mit ihm gesprochen hatte, gab er ihm das Versprechen, daß wir zehn weitere Träger bekämen.

Der Chief war ein großer, starker Mann, und Schomburgk ist eher mittelgroß; daher mußte er den Kopf in den Nacken legen und zu dem riesigen, wie ein Fels vor ihm aufragenden Konkomba aufschauen, wenn er zu ihm sprach. Ich glaube, das machte ihn noch wütender, als er ohnehin schon war. Ein kleiner Mann, der eine Auseinandersetzung mit einem hochgewachsenen Mann austrägt, ist immer im Hintertreffen, mag der größere nun schwarz sein oder weiß. Schomburgk belegte ihn mit allen Namen außer dem eines Gentleman, und »elender langer Lulatsch« war noch die mildeste Form der Beschimpfung, die er ihm an den Kopf warf. Als der Dolmetscher übersetzte, sah der Chief zunächst verblüfft aus, verneigte sich aber dann und schien recht zufrieden zu sein. Schomburgk konnte das gar nicht begreifen. Er dachte, der Mann wolle ihn reizen und, salopp ausgedrückt, »zum Narren halten«, und das machte ihn noch wilder als zuvor. Es dauerte nachher nicht lange, bis sich herausstellte, daß der Dolmetscher, der um seine eigene Haut bangte, alle seine Beschimpfungen in Komplimente umgewandelt hatte, wobei aus dem »langen Lulatsch« ein »großer und starker Chief« wurde und so weiter.

Nun, die versprochenen zehn Träger tauchten schließlich auf, so daß wir insgesamt zweiundzwanzig hatten, und Schomburgk schickte mich mit ihnen und einem der Soldaten voraus, während er mit dem Dolmetscher und einem anderen Soldaten zurückblieb. Hinter Kugnau ändert sich die Landschaft. Wir verlassen jetzt den Togoer Sudan und gelangen wieder in den dichter bewaldeten Teil des Landes. Die Landschaft ist herrlich. Im blauen Morgendunst kann man die violetten Berge um Banjeli sehen, unser nächstes Ziel, und dahinter, bis Bassari, eine Hügelkette nach der anderen. Bald überholte mich Hodgson auf seinem Fahrrad, und ich war erstaunt, ihn zu sehen, da ich meinte, er bliebe weiter hinten, um Schomburgk zu helfen. Letzterer erzählte mir später, daß Hodgson einfach davon gefahren sei und ihn mit dem ganzen Ärger allein gelassen habe, weshalb er auch ziemlich böse auf ihn war. In der Tat sprach er den ganzen Tag kaum ein Wort mit ihm.

Bald darauf machten wir uns daran, einen gewundenen, felsigen Pfad zu erklimmen, und nach einer Weile kam das Dorf Banjeli in Sicht, wunderschön am Höhepunkt eines langen Anstiegs gelegen und an eine beeindruckende Reihe hoher, bewaldeter Berge geschmiegt. Ich hatte viel von diesem Ort gehört; zum Teil deshalb, da es der nördlichste Punkt war, an den

Schomburgk bei seiner letzten Reise gekommen war, aber auch, weil es das Zentrum der berühmten Eisenindustrie ist, die so vielen Menschen im ganzen Bezirk Beschäftigung gibt. Schon bei unserem Anstieg waren wir an einigen der seltsam geformten Öfen vorbeigekommen, über die ich später noch mehr sagen werde. Das Rasthaus besteht hier aus hübschen Rundhütten, im Karree angeordnet, aus deren Fenstern man zu dieser Jahreszeit eine wunderbare Sicht auf die Berge hat; die Hänge sind nur leicht vom Dunst des Harmattan verhüllt, in den Tälern dazwischen liegt er jedoch dick wie eine Wolldecke.

Ich hatte mich gerade im Rasthaus eingerichtet, als Schomburgk mit einigen Trägern und Lasten erschien, allerdings nicht allen. Er sagte mir, er habe noch viele Probleme mit den Leuten in Kugnau gehabt. Zuerst war er ins Dorf gegangen und hatte ein paar Frauen versammelt, wobei er dem Chief mitteilte, da seine Männer nicht tragen wollten, müßten es eben die Frauen tun. Die schienen nicht allzuviel dagegen zu haben, und er versprach ihnen eine gute Bezahlung und teilte jeder eine Last zu, in dem Glauben, er hätte nun alles wunderbar organisiert. Dann wandte er sich für einen Moment ab, um mit dem Dolmetscher zu sprechen, und als er sich wieder umsah, war etwa die Hälfte der Frauen verschwunden. »Ich konnte nicht glauben, was ich sah«, sagte er, »und mußte mir die Augen reiben, um sicher zu gehen, daß ich nicht träumte. In meinem ganzen Leben habe ich kein so schnelles und lautloses Manöver gesehen. Gerade eben waren sie noch da, im nächsten Augenblick waren sie weg. Als hätten sie sich in Luft aufgelöst! Diese Frauen könnten sich mit Maskelyne und Devant* messen.«

Schließlich war es ihm dann gelungen, noch ein paar Träger zu organisieren, allerdings immer noch nicht genug für alle Lasten. Mit ihnen war er jetzt gekommen und hatte den Dolmet-

* John Nevil Maskelyne und David Devant, zwei berühmte englische Zauberkünstler

scher und den Soldaten zurückgelassen, damit sie nach Kräften versuchen sollten, weitere Träger zu finden und dann den Rest des Gepäcks zu bringen. Er hatte auch den Chief unter Arrest gesetzt und einen Soldaten angewiesen, ihn mitzunehmen, da er ihn den Behörden in Bassari übergeben wollte; das ist die für diesen Teil des Konkomba-Landes zuständige Station.

Der letzte Trägertrupp mit den restlichen Lasten tauchte, geführt vom Dolmetscher, früher auf, als wir zu hoffen gewagt hatten. Bei ihnen war auch der für den Chief verantwortliche Soldat. Der Chief sah sehr geknickt aus; seine schnippische, anmaßende Art war wie weggeblasen, und er wünschte sich jetzt wohl, er hätte sich anfangs ordentlich benommen. Unter den zuletzt eingetroffenen Trägern befanden sich zu unserer Überraschung zehn Frauen. Dies schien ein Zeichen dafür zu sein, daß der Chief die Männer seines Dorfes tatsächlich nicht dazu bringen konnte, sich als Träger zur Verfügung zu stellen, und es bekräftigte Schomburgk in seinem Entschluß, ihn nach Bassari mitzunehmen und die ganze Angelegenheit dort zu regeln, denn ein Chief, der seine Autorität beim Volk nicht geltend machen kann, wenn er dazu aufgefordert wird, ist aus Sicht der Kolonialverwaltung weniger als nutzlos. Schomburgk kündigte auch an, daß nur die Träger, die am Morgen freiwillig erschienen waren, für ihre Arbeit bezahlt würden, alle anderen bekämen nichts. Er hatte erwartet, sie nun enttäuscht und niedergeschlagen zu sehen, aber sehr zu seinem Mißvergnügen machten sie sich nicht das Geringste daraus; sie lachten und rissen Witze darüber, Frauen wie Männer, als sei es der größte Spaß, den man sich vorstellen kann, wenn einem der Lohn gestrichen wird. Ob es ihnen wirklich egal war oder ob sie nur so taten, um ihre Unabhängigkeit zu demonstrieren, kann ich beim besten Willen nicht sagen. Es ist bei einem Fall wie diesem praktisch unmöglich zu ermessen, wie das Hirn eines Afrikaners arbeitet.

Als wir eine kurze Weile hier waren, kam ein kleiner Junge in unser Lager und brachte mir einen sehr hübschen, kleinen, grüngoldenen Käfer als Geschenk. Wir gaben ihm einen Pfennig dafür (acht Pfennige sind ein Penny), und als Schomburgk sah, daß ich mich über den Käfer freute, sagte er dem Jungen, daß er für den gleichen Preis so viele ähnliche Käfer kaufen würde, wie er oder die anderen Kinder auftreiben könnten. Das sollte sich als voreiliges Versprechen herausstellen. Die wunderbare Neuigkeit muß sich wie ein Lauffeuer bei den Dorfkindern herumgesprochen haben, die sich wohl sofort fieberhaft an die Arbeit machten, denn bald wimmelte das Lager von schmuddeligen kleinen Jungen und Mädchen, von denen manche nicht mehr als einen, zwei oder drei Käfer trugen, andere hingegen ihre beiden schmutzigen kleinen Pfoten voller hübscher, zarter Insekten hatten. Es war so ziemlich der komischste Anblick, den ich je gesehen habe. Schomburgk teilte Pfennige aus im Tausch gegen Käfer, und je mehr Pfennige er verteilte, desto mehr Kinder tanzten mit ihren Käfern an. Sie drängten sich um ihn und kreischten (genau wie englische Kinder, die einen Straßenhändler mit Spielzeug-Windrädchen umringen), so daß er sich schließlich auf einen Stuhl flüchten mußte, um nicht von ihnen überrannt zu werden, während ich mich nach Kräften bemühte, sie in einer Schlange antreten zu lassen. Sie erinnerte mich, sowohl von ihrer Länge her als auch wegen des fröhlichen Eifers derer, die da anstanden, an die Schlange, die sich am ersten Abend einer neuen Musicalproduktion vor der *Gaiety* in London bildet.

Während wir uns am Nachmittag ein wenig ausruhten, kam unsere Post aus Bassari. Dorthin war sie per Kurier gelangt und dann durch Sonderboten bis Banjeli weitergeleitet worden. Augenblicklich stand jeder bereit, seine Briefe in Empfang zu nehmen, um sich dann für die Lektüre in eine ruhige Ecke zurückzuziehen. Wir bekamen bei der Gelegenheit gleich zwei Postsendungen – die Briefe und Zeitschriften eines Monats –, so daß wir eine Menge Lesestoff hatten, mit dem wir uns beschäftigen konnten. Später fanden wir uns wieder zusammen, verglichen, welche Mitteilungen wir erhalten hatten, lasen einander die schönsten Passagen vor und redeten und plauderten bis zum Abendessen und danach noch bis spät in die Nacht hinein. Unter den Zeitschriften, die mir meine Schwester geschickt hatte, war auch ein Exemplar der *Eleganten Welt*, Deutschlands führendem Modejournal, und als Frau interessierte es mich natürlich brennend, hier draußen in der Wildnis zu sehen, was zu Hause gerade von der »Schickeria« in Berlin, London und den anderen europäischen Hauptstädten getragen wurde.

Nach dem langen Aufenthalt im Busch hatte ich die Nase so gestrichen voll von Huhn, daß ich in Banjeli beschloß, einmal Schweinebraten zu Abend zu essen, und ich schickte Messa ins Dorf mit der strikten Anordnung, ein Schwein mitzubringen, koste es, was es wolle. Er führte seinen Auftrag fast zu erfolgreich aus, denn nach etwa einer halben Stunde kehrte er zurück, an der Spitze einer ganzen Prozession Einheimischer, die Schweine jeder Art und Größe mit sich zogen, schoben und trugen. Nur in einer Hinsicht glichen sie sich alle: Es waren die häßlichsten Schweine, die ich je gesehen habe. Sie waren alle schwarz und hatten lange Borsten, ganz und gar nicht zu vergleichen mit den rosigen kleinen Ferkeln, die man in deutschen Dörfern sieht. Doch ich sagte mir, daß ich ja schließlich kein Schwein zum Anschauen kaufen wollte, sondern um es zu essen, und so wählte ich das aus, welches ich für das beste und fetteste von dem ganzen Haufen hielt, und bezahlte dafür die mir lächerlich erscheinende Summe von vier Shilling. Angespornt von meinem Erfolg, als in Mangu das Schwein geschlachtet wurde, überwachte ich hier die gleichen notwendigen Operationen, nur um jedoch – nachdem meine Anschaffung zerteilt und angerichtet worden war – zu entdecken, daß es sich wohl um das sehnigste, dürrste, magerste und ganz allgemein unergiebigste Exemplar seiner Art handelte, das man sich nur vorstellen kann. Der Himmel allein weiß, womit es gefüttert worden war. Nach dem Geschmack zu urteilen, möchte ich sagen,

Sägemehl und Holzspäne. Und ich sage gleich dazu, daß es nicht am Kochen lag, denn fast seit Beginn der Reise habe ich mich höchstpersönlich um die Küche und ihre Führung gekümmert.

Dank der anfänglichen Lektionen des alten Togo-Veteranen Hauptmann von Hirschfeld gelang es mir auch, ein hervorragendes System zur Kühlung unserer Getränke zu entwickeln und unseren Käse und die Butter am Zerlaufen zu hindern. Und das funktioniert so: Es gibt in Togo sogenannte »Haussa-Lasten«; dabei handelt es sich nicht um eine »Last«, wie man sie sich vielleicht vorstellt, sondern um einen langen, schmalen Korb aus gespaltenen Bambusstäben, die der Länge nach nebeneinander gelegt und quer mit Korkbändern verbunden werden. In diese lange Korbwanne legte ich die Sachen, die ich kühl halten wollte, eingewickelt in und bedeckt mit ständig feucht gehaltenen Säcken. Es war phantastisch, wie herrlich man die Lebensmittel mit solch einem einfachen Hilfsmittel konservieren konnte. Indem ich einen Boy dazu abkommandierte, die Säcke fortwährend mit Wasser zu besprenkeln, brachte ich es sogar unterwegs fertig, daß die Butter relativ fest und der Inhalt der Flaschen angenehm kühl blieb und daß sogar verderbliche Vorräte, wie zum Beispiel gekochtes Fleisch, frisch blieben.

Anton, unser zahmer Affe, war übrigens der angebliche Grund – wenngleich ganz unschuldig in dieser Angelegenheit – für ein schwerwiegendes Pflichtversäumnis von sieben unserer Boys. Es passierte auf dem Weg nach Ibubu, wo die ganze Gruppe sehr spät ankam, und zwar erst lange nach den Trägern, die normalerweise mit ihren schweren Lasten viel langsamer vorankommen als unsere Diener, die kein Gepäck tragen. Es stellte sich heraus, daß sie unterwegs ein paar Freunde getroffen hatten, die sie zu Palmwein und einheimischem Bier einluden; doch als Entschuldigung gaben sie vor, daß Anton in den Busch davongehuscht sei und sich einige Zeit lang nicht wieder habe einfangen lassen, wodurch sie aufgehalten worden seien. Nun hätte dies zwar eine wasserdichte Entschuldigung sein können, da wir wußten – und die Boys wußten, daß wir wußten –, daß Anton sehr gern solche Streiche spielte. Jetzt aber überführten sie ihr etwas unsicherer Gang und der starke Alkoholgeruch, der sie umgab, und einer nach dem anderen brach beim Kreuzverhör zusammen und beichtete die Wahrheit. Dann stellte sich die Frage nach ihrer Bestrafung.

Ganz zu Anfang unserer Reise hatte Schomburgk mir erzählt, die beste Art, einen faulen Träger zu bestrafen, sei weder persönliche Züchtigung (denn das kümmert ihn nicht weiter, außer wenn die Züchtigung bis zur Unmenschlichkeit getrieben wird, was natürlich nicht in Frage kommt), noch eine Geldstrafe; sondern wenn ein Träger wirklich richtig faul ist und immer erst viel später kommt als die anderen, sei es das beste, ihm eine Last zu geben und ihn mit dieser Last auf dem Kopf in der Mitte des Lagers stehen zu lassen, und zwar genau so lange, wie er später gekommen war als die anderen Träger. »Dann«, sagte Schomburgk, »machen sich alle anderen über ihn lustig, und er hat eine Lektion gelernt, die er nicht so leicht wieder vergißt.«

Nun, die Methode war mehrmals bei unseren Trägern angewendet worden, und wir fanden, daß sie hervorragend funktionierte. So beschloß Schomburgk, ihre Wirkung auch an unseren Boys auszuprobieren, und an dem Nachmittag mußten sich die sieben Prachtexemplare mitten im Lager aufstellen, jeder mit einer 60 Pfund schweren Last auf dem Kopf. Außerdem wurde der arme unschuldige Affe, den sie beschuldigt hatten, mit einer Kette am rechten Bein unseres Wäschers (dem Mann mit den bierflaschengroßen Fäusten) festgebunden, der die Lüge am längsten aufrechterhalten hatte. Zunächst betrachteten die Übeltäter das Ganze als einen riesigen Spaß und lachten und plauderten miteinander. Doch im Laufe des Nachmittags wurden ihre Gesichter nach und nach immer länger; das Lachen und Plaudern ebbte ab und erstarb schließlich ganz; sie fingen an, ihre Lasten vom Kopf herunter zuerst auf die eine Schulter, dann auf die andere zu heben, bis schließlich, nachdem Schomburgk mit der Filmkamera ausgegangen war, ein kläglicher Ruf nach Gnade meine Ohren erreichte. Ich saß in meinem Zelt, und eine Zeitlang tat ich so, als hörte ich nichts. Doch die Rufe »Kleine Mutter! Kleine Mutter! Hab Mitleid mit deinen armen Kindern!« wurden immer nachdrücklicher, so daß ich ihnen, da Schomburgk mir vor seinem Weggang aus dem Lager aufgetragen hatte, sie gehen zu lassen, wenn ich es für richtig hielt, ihren »Entlassungsschein« ausstellte.

Vor unserer Ankunft in Banjeli hatte Schomburgk mit dem dortigen Oberhaupt ausgemacht, daß wir das Eisenhandwerk filmten, von dem ich in diesem Kapitel bereits gesprochen habe. Er war ein netter alter Mann, und da er Schomburgk auf seiner letzten Reise begegnet war, hatte er jetzt schon im voraus zugesagt, alles für uns bereit zu halten. Dieses Versprechen hielt er ohne Einschränkung und ganz wie vereinbart, was bei einem Afrikaner selten ist. Am nächsten Morgen machten wir die Aufnahmen. Zunächst gingen wir um sechs Uhr morgens zu dem Berg, wo das Eisenerz abgebaut wird. Den ersten Teil des Weges legten wir auf unseren Pferden zurück, begleitet von unseren beiden Straußen, die zu glauben schienen, daß wir uns wieder auf die Reise machen und ihnen heimlich entwischen wollten. Sie zu beobachten, war sehr komisch, besonders als wir vor dem letzten Teil des Weges abstiegen und mit dem Aufstieg zum Gipfel des Berges begannen, wo sich in einer Höhe von etwa 1600 Fuß die Mine befindet. Schließlich mußten wir sie jedoch zurückschicken aus Angst, sie würden sich verletzen.

Das Eisenerz wird von Frauen gefördert, die sehr stark sind, aber schmutzig aussehen und mehr Maskulines als Feminines an sich haben. Wie sie – einige hatten Babys an der Brust – mit einem seltsamen, hackenförmigen Werkzeug das Erz abbauten, erregte mein Mitleid. Die Arbeit ist nicht nur sehr hart, sondern auch gefährlich. Nur ein oder zwei Tage vor unserem Besuch war eine der Minenarbeiterinnen umgekommen, als sie in einen Schacht fiel. Auf meine Fragen erfuhr ich, daß die Frauen Sklavinnen waren. Mir wurde versichert, es sei nur eine milde Form der Sklaverei, eine Art Vertragsarbeit, und daß sie, auch wenn sie befreit würden, nicht fortgehen wollten. Trotzdem gefiel mir das Prinzip nicht, und von allem, was ich in Togo gesehen hatte, machte dieser Anblick den negativsten Eindruck auf mich.

Die anderen Arbeitsgänge, die sich um das Eisenhandwerk drehten, interessierten mich jedoch sehr. Da wird ein Handwerk, das gewöhnlich mit einem mehr oder minder fortgeschrittenen Zivilisationsgrad verbunden ist – überall bei den primitiven Völkern ging die Bronzezeit der Eisenzeit voraus –, von nackten oder beinah nackten Wilden ausgeführt, mit einer Methode, die, auch wenn sie vieles mit unseren eigenen Förder- und Schmelzmethoden gemeinsam hat, doch unverkennbar rein lokalen Ursprungs ist.

Insgesamt gesehen, neige ich dazu, diesen Film, den wir als einen der letzten aufnahmen, zwar nicht für den allerbesten, so doch für einen der besten zu halten, und als ich ihn später in London auf der Leinwand sah, war ich erstaunt über seine Wirklichkeitsnähe. Zuerst sieht man die Frauen das Erz aus den Minen abbauen, wie oben erzählt. Die nächste Szene, die wir filmten, zeigt eine lange Reihe Frauen, die das Erz in Körben auf ihren Köpfen den Berg hinab zu den primitiven Öfen transportieren, die von den Männern mit Holz, Holzkohle und Erz beladen werden. Wir zeigten auch, wie die Belüftung der Öfen durch Löcher rund um den Boden reguliert wird, wobei diese Löcher durch genial konstruierte Lehmpfropfen verstöpselt werden, die mittels eines hölzernen, in die Mitte des Pfropfens gebohrten Stockes nach Belieben hineingesteckt und herausgezogen werden können. Wenn die Öfen angezündet werden, brennen sie drei Tage lang, und dann wird das Roheisen herausgenommen und zum Markt von Bassari getragen, wo es von den einheimischen Schmieden gekauft wird. Diese benutzen einen runden Felsblock als Vorschlaghammer und eigenartige, handgefertigte Blasebälge, die vom Aussehen her irgendwie Dudelsäcken ähneln; sie schmieden das Eisen zu Äxten, Messern, Speeren, Pfeilspitzen, Hacken und so weiter, nicht zu vergessen die seltsamen Eisenrasseln, von denen in einem der vorigen Kapitel die Rede war und die einen wertvollen und unerläßlichen Bestandteil der Ausrüstung eines jeden Konkomba-Kriegers bilden.

In bezug auf solche Dokumentarfilme sagte ein herausragender Wissenschaftler, der kürzlich bei einer Sitzung der *Royal Geographical Society* den Vorsitz führte, er glaube nicht, daß das Erreichen des Nord- oder Südpols zum jetzigen Zeitpunkt ein besonders großes Verdienst darstelle, da diese beiden höchst interessanten Orte auch in fünftausend Jahren noch da seien; die Männer hingegen, die in die wilden Gegenden der Erde auszögen und versuchten, die aussterbenden Bräuche der Bewohner abgelegener Regionen aufzuzeichnen, verdienten höchstes Lob. Selbst ein gewöhnlicher, schriftlich verfaßter Bericht, fuhr er fort, sei von unbestreitbarem Wert. Wie kostbar müssen dann erst lebendige Bilder sein wie jene, die Schritt für Schritt einen Prozeß primitiver, einheimischer Industrie zeigen, die – das liegt in der Natur der Dinge – in nicht allzu ferner Zukunft überholt und somit für immer für uns verloren sein wird. Ähnliche Ansichten, darf ich hinzufügen, wurden auch von Mr. Atho Joyce vom *British Museum* und von dem berühmten Forscher Sir Harry Johnston in ihren Briefen an Major Schomburgk zum Ausdruck gebracht, nachdem sie die Filme gesehen hatten.

Im Bergland

Ich vergaß zu erwähnen, daß wir dank der Voraussicht des Chiefs von Banjeli, der im voraus alles Nötige für unsere Filmarbeit über das Eisenhandwerk veranlaßt hatte, dort einen Tag früher als gedacht abreisen konnten. Nach unserem Reiseprogramm hätten wir den Ort am 12. Februar verlassen sollen, brachen aber bereits früh am Morgen des 11. auf.

Bisher war meine Reise, hier im Norden auf jeden Fall seit Nambiri, ein einziger langer Triumphzug gewesen, etwas anders als alles, was ich zuvor erlebt hatte. Im gesamten, dicht bevölkerten Konkomba-Land sind die Straßen – einfache Pfade – auf ihrer ganzen Länge gesäumt von kleinen Dörfern, wie Perlen auf einer Kette aneinandergereiht, mit kleinen Abständen dazwischen, und ab dem ersten Dorf nach der Station strömten mir gewöhnlich ganze Horden Frauen und Kinder entgegen, um mich willkommen zu heißen. Wenn sie mich erreichten, machten sie eine Gasse für mich frei, zu beiden Seiten jauchzend und winkend, um sich hinter mir dann wieder zusammenzuschließen und mir durch ihr eigenes Dorf hindurch zu folgen und noch weiter bis etwa eine Meile vor das nächste, wo ich wiederum von den in diesem Dorf lebenden Frauen und Kindern empfangen wurde, während die anderen nach Hause zurückkehrten. So ging es immer weiter, mit dem Ergebnis, daß ich den ganzen Weg von einer Station bis zur nächsten von einer ständigen, fortwährend wechselnden Leibwache umgeben war.

Jetzt war es damit vorbei. Wir gelangten nun in ein wilderes und bergigeres Gebiet, wo die Dörfer dünn gesät sind und die Bevölkerungsdichte daher recht gering ist. Von Banjeli bis nach

Bassari zum Beispiel, auf einer Entfernung von zweiundzwanzig Meilen, kamen wir an keiner einzigen Siedlung vorbei, die man als Dorf hätte bezeichnen können. Die Straße ist ein schmaler, gewundener Pfad, gerade breit genug, daß zwei Menschen nebeneinander reiten können. Man kann sich nichts Angenehmeres und Erfrischenderes vorstellen, als in der afrikanischen Morgenkühle einen Weg entlang zu reiten, der nach jeder Biegung neue Schönheiten enthüllt. Es war nirgends eben, sondern ging ständig bergauf und bergab, und manche Anstiege waren so steil, daß wir Hodgson bedauerten, der wie gewöhnlich auf seinem geliebten Drahtesel vorausgefahren war. Bald erreichten wir den Katscha-Fluß, der hier am Grund einer tiefen Schlucht fließt, von reißenden Wildbächen zerfurcht, die während der Regenzeit aus den anliegenden Bergen herabstürzen. Über die Schlucht hatten die Leute eine Holzbrücke gebaut, doch sie sah so brüchig und instabil aus, daß wir es vorzogen, durch den jetzt fast ausgetrockneten Fluß zu waten.

Der Abstieg zum Flußbett ging beinahe senkrecht hinab – steiler kann ein jäh abfallendes Ufer gar nicht sein; doch unsere Pferde schlitterten ohne Zwischenfall nach unten, wie es nur afrikanische Ponys können. Als ich nach Togo kam, dachte ich übrigens, ich sei eine furchtlose und fähige Reiterin. Ich entdeckte aber bald, daß ein kleiner Morgengalopp auf der *Row* oder auch eine harte Querfeldeinjagd mit der Hundemeute nur eine armselige Vorbereitung auf das Reiten im afrikanischen Busch waren. Ich mußte die Reitkunst praktisch ganz von Anfang neu erlernen. Doch ich erwies mich als begabte Schülerin – das wurde mir jedenfalls gesagt –, und jetzt jagt mir auch eine tiefe, steile Schlucht wie diese keinen Schrecken mehr ein, wie sehr ich mich zu Beginn unserer Reise auch davor gefürchtet hätte.

Die übliche Ufervegetation, ein charakteristischer Pflanzengürtel, der alle Ströme in Togo säumt, hatte sich am Katscha-Fluß zu einem herrlich schattigen Wald ausgeweitet. Wir wollten hier halten und ein Frühstück unter freiem Himmel zu uns nehmen, doch brachten wir den ersten Teil unserer Etappe so schnell hinter uns, daß wir uns entschlossen, noch ein paar Meilen weiter zu reiten. Kurz vor Bassari kamen wir durch eine Stadt namens Beapabe, die mich aufgrund ihrer Größe und wegen der vielen schönen Baobabs, die überall standen, an Bafilo erinnerte. Hier erreichten wir das nördliche Ende einer schönen, von der Kolonialverwaltung erbauten Straße, die von Bassari herführt und in nördlicher Richtung einmal bis nach Mangu weitergebaut werden soll, dabei ungefähr dem Weg folgend, auf dem wir gekommen sind. Wir benutzten diese Straße aber nicht, sondern ließen sie zu unserer Linken, ritten über den Marktplatz und bogen dann in eine wunderschöne, schnurgerade Mangobaum-Allee ein. Die Bäume standen so dicht beieinander, daß ihr dichtes grünes Laub über unseren Köpfen ein gewölbtes Dach bildete, durch das die sengenden Strahlen der Sonne nicht hindurchdringen konnten; der einzige Nachteil war, daß die Früchte manchmal so tief herunter hingen, daß man aufpassen mußte, um sie auf seinem Pferd nicht mitten ins Gesicht zu kriegen, was alles andere als angenehm war. Nachdem wir der Allee etwa eine halbe Meile gefolgt waren, erreichten wir Bassari.

Die Station erinnert von ihrer Bauweise her stark an ein altes normannisches Schloß, mit einem zinnenbewehrten Turm und einer breiten, erhöhten Veranda, die auf einen ebenen, schön angelegten und von schattenspendenden Bäumen umsäumten Exerzierplatz hinausgeht. Im Hintergrund sieht man die waldreichen Berge. Hier wurden wir vom stellvertretenden Stationsleiter Herrn Mucke empfangen, einem der ältesten Beamten in Togo und fähigsten Assistenten von Dr. Kersting. Er war seit 1898 Kolonialbeamter und hatte in den Jahren seitdem alle wichtigen Momente togoischer Geschichte miterlebt.

Schomburgk kannte ihn von seiner letzten Reise, und der ehrbare Gentleman bedauerte nur immer wieder, daß wir während der Weihnachtsfeierlichkeiten, von denen er uns mit glühender Begeisterung erzählte, nicht hatten bei ihm sein können. Wir überzeugten ihn jedoch bald, daß es uns absolut unmöglich gewesen war; dann führte er uns, unter fortwährendem Reden, zu einem kräftigen und appetitanregenden Frühstück, das er für uns vorbereitet hatte und das wir entsprechend würdigten. Er war auch so freundlich gewesen, das »Massow-Haus« für uns vorzubereiten; es war benannt nach einem Leutnant Massow, einem Pionier des Kaiserreichs, der sich in der Anfangszeit der Öffnung Nordtogos gewidmet hatte und dort gestorben war. Das Haus ist viereckig, neunzig Fuß über der Station gelegen und von Baobabs und anderen Bäumen umgeben, die willkommenen Schatten spenden. Der Ausblick von dort oben auf die malerisch bewaldeten Berge ringsum ist mit der schönste, den ich bisher in Togo gesehen habe. Wir blieben fünf Tage hier und fühlten uns sehr wohl; daß wir uns vielleicht mehr als sonst zu Hause fühlten, lag möglicherweise daran, daß das Haus Fenster hatte. Das mag sich für einen wenig gereisten Europäer nicht besonders großartig anhören, doch es war das erste Haus mit Fenstern, in dem ich schlief, seit ich vor sechs Monaten Lome verlassen hatte, denn in Mangu hatte zwar Hauptmann von Hirschfelds Haus Fenster, unseres aber nicht.

Unser Aufenthalt hier hatte aber auch ein paar weniger positive Seiten. So waren keine Ställe für unsere Pferde vorhanden (die gab es nur unten bei der Station). Wir mußten sie daher unter ein paar großen Bäumen anbinden, denn wir fürchteten, unsere Pferdeboys würden nicht richtig für sie sorgen oder zumindest nicht so, wie wir es wünschten, wenn sie einmal nicht unter unserer ständigen Aufsicht ständen. Ein weiterer Nachteil war die Wasserknappheit. Wir mußten jeden einzelnen Tropfen, den wir brauchten, von den Einheimischen kaufen und ihnen dafür einen Halfpenny pro Kalebasse zahlen; sie trugen das Wasser auf ihren Köpfen den ganzen Weg vom Kamaa-Fluß herbei, eine Strecke von etwa zwei Stunden. Es war noch nicht einmal gutes Wasser, sondern sah braun und schmutzig aus; doch wir mußten es für alles verwenden, bis Herr Mucke einige Gefangene abkommandierte, die uns von einer Quelle ziemlich hoch in den Bergen hinter unserem Haus Wasser für unseren persönlichen Bedarf holten. Für unsere Pferde, zum Waschen und so weiter mußten wir aber nach wie vor Wasser kaufen. Das kam uns bei einem Halfpenny für eine kleine Kalebasse ziemlich teuer, denn wir hatten sieben Pferde, die zweimal täglich getränkt werden mußten. Da konnte man allerdings nichts machen, und Herr Mucke tat sein Bestes, uns für den Wassermangel zu entschädigen, indem er uns jeden Tag reichliche Vorräte an äußerst wohlschmeckenden, durstlöschenden Früchten – Limonen, Orangen, Papayas, Bananen – sowie wunderschöne Blumen aus seinem Garten schickte.

Während unseres Aufenthalts in Bassari ritten wir häufig aus. Rund um die Station liegen herrliche Baumplantagen – ein weiteres Erbe aus den Tagen Dr. Kerstings –, ganz ähnlich jenen in Mangu und von Herrn Mucke picobello in Ordnung gehalten. Er ist auf Bassari beinah so stolz wie Bassari auf ihn. Abends, nach dem Essen, fesselte er uns stundenlang mit Geschichten aus den alten Zeiten, als das ganze Gebiet hier noch unsicher und fast völlig unbekannt war, und Kämpfe mit den Wilden beinah auf der Tagesordnung standen. Mucke und Bassari, Bassari und Mucke! Zwei identische, austauschbare Namen. Man hatte ihn »König von Bassari« getauft, und mit gutem Grund, denn er herrscht über sein Reich mit eiserner Faust, hat dabei aber einen ausgeprägten Gerechtigkeitssinn, weshalb ihn die Einheimischen gleichzeitig achten und fürchten. Schomburgk, der hohen Respekt vor ihm empfand und ihn sehr gut leiden konnte, meinte eines Tages, er sei vom Schlag jener Männer, die Kolonialreiche mit aufbauen helfen, ohne darüber zu sprechen, und ich denke, das beschreibt ihn sehr treffend. Wenn er einen Fehler hat, dann höchstens den, daß er vielleicht Bassari allzu gern mag. Man erzählt sich eine Geschichte über ihn, die wahr sein mag oder nicht, in jedem Fall aber sehr gut auf ihn paßt. Während einer seiner seltenen Heimaturlaube stattete er der deutschen Hauptstadt einen Besuch ab und wurde gefragt, was er von der Stadt halte. »Ah, Berlin!« soll er gesagt haben, die Worte dabei in seiner langsamen, nachdenklichen und methodischen Art in die Länge ziehend. »Nun ja! Berlin ist sehr schön, keine Frage. Aber« – mit einem plötzlichen Funkeln in den Augen und einer beschleunigten Sprechweise –, »es geht doch nichts über Bassari.« Die Geschichte ist natürlich nicht neu, sondern nur eine weitere Variante des alten Scherzes aus dem *Punch* über den Schotten aus Peeblesshire, der nach seiner ersten Reise nach Frankreich erklärt, Paris sei »zwar eine große Stadt, aber wenn man Spaß haben will, geht doch nichts über Peebles.« Was exakt auf Mucke zutrifft und auf sein Verhältnis zu der kleinen, unbeachteten Ecke afrikanischen Bodens, über die er herrscht wie ein Monarch ohne Krone. Wenngleich die Gastfreundschaft in Person, bringt ihn seine Schwäche für lustige Streiche zuweilen soweit, daß er einen weißen Fremden ohne ein Wort an seinem Heim vorbeiziehen läßt. In einem Land, wo reisende Weiße so selten sind wie Schmetterlinge auf einem Eisberg – oder, vielleicht passender, wie Eis im Hades – ist das ein hinreichend seltsamer Wesenszug, um hier Erwähnung zu finden, um so mehr, als er der Grund dafür war, daß Hodgson zehn Minuten länger auf sein Frühstück warten mußte, als das sonst der Fall gewesen wäre. Und Hodgson schätzte eine auch nur fünfminütige Verzögerung seines Frühstücks ganz und gar nicht. Mehr brauche ich nicht zu sagen.

Also, Hodgson war, wie ich bereits erwähnt habe, von Banjeli aus mit seinem Fahrrad vorausgefahren, und als er auf der Höhe von Muckes Haus anlangte, blickte er nur kurz aus den Augenwinkeln darauf und fuhr weiter, da er sich nicht vorstellen konnte, daß ein weißer Zeitgenosse, wenn es sich denn um sein Wohnhaus handelte, nicht heraustreten und ihm einen

Gruß zurufen würde. Mucke jedoch tat nichts dergleichen, er blieb vielmehr unbeweglich sitzen, und als sein Boy hereinstürzte und rief »Herr! Herr! Gerade ist ein weißer Mann vorbeigefahren!«, antwortete er nur, »So, wirklich? Kein Grund zur Aufregung; er wird wiederkommen.« Und das tat er auch, nachdem er eine kurze Strecke an seinem Ziel vorbeigeschossen war; worauf Mucke bemerkte: »Sie fahren sicher sehr gern Fahrrad, aber jetzt kommen Sie doch herein und frühstücken.«

Noch zwei Worte zu Herrn Mucke: Er besitzt das schönste und edelste Pferd, das ich auf all meinen Wanderungen durch Togo gesehen habe. Es war ein ganz schwarzer Araberhengst, und er stammte aus dem weit entfernten Innern Französisch-Sudans, von wo ihn ein Haussa-Händler auf einer mehrmonatigen Reise mitgebracht hatte. Solche Pferde sind schwer zu bekommen, und Schomburgk wollte es auf seiner ersten Reise unbedingt kaufen, doch Mucke wollte es nicht hergeben. Ein weiteres geliebtes Haustier von Mucke – der sein Pferd abgöttisch verehrt – ist ein zahmer Antilopenbock, den er in einem drahtumzäunten Gehege in der Nähe seines Hauses hält.

Bassari ist der wichtigste Umschlagplatz für das in Banjeli geförderte und geschmolzene Roheisen. Wie ich bereits sagte, gelangt es für die Weiterverarbeitung hierher, und wir blieben deshalb so lange in Bassari, weil wir den Fertigungsprozeß der Endprodukte filmen wollten, die einheimischen Schmiede bei der Arbeit und so weiter. Wenn wir gerade nicht filmten, nutzten wir unsere Zeit zu Erkundungsausflügen ins umliegende Land, das außerordentlich schön und malerisch ist und sehr dicht bevölkert. Auch das Klima ist hier gesünder und zehrt nicht so an den Kräften wie in den anderen Teilen Togos; der große Nachteil sind allerdings die schrecklichen Gewitter und die drückende, feuchte Hitze in der Regenzeit.

Wir besuchten auch einige bedeutende Männer der Gegend, deren Anführer der *Mallam* Mohammed ist. In Bassari und in meilenweitem Umkreis kennt jeder den *Mallam,* der eine Art lokaler *Pooh-Bah** darstellt. Zum einen ist er der reichste Afrikaner hier, zum anderen liegen seine Interessen praktisch überall, so daß er bei allen lokalen Angelegenheiten seine Hand im Spiel hat. Zum Beispiel ist er ein bedeutender Pferdehändler, der nach Norden hin bis nach Französisch-Sudan, außerdem in Dahomey und der Goldküste Geschäfte macht. Er hat auch den bedeutenden und – jedenfalls an einem großen Ort wie Bassari – verantwortungsvollen Posten des *sery-chi-songu* inne, des Verantwortlichen für die Raststätte für Afrikaner und die dort stehenden Hütten – das *songu*; mit dem Posten geht die noch viel verantwortungsvollere – und lukrative – Aufgabe des Steuereintreibers für die Kolonialverwaltung einher. Neben all dem ist er der Leiter einer Schule unter freiem Himmel, die von ihm ins Leben gerufen wurde und in der die kleinen Kinder, im Schneidersitz unter einem schattenspendenden Baum sitzend, in der islamischen Religion, im Lesen und Schreiben unterwiesen werden. Er ist sehr stolz auf seine einzigartige Schule, und mit Recht, denn die Schüler schienen mir eine Gruppe ungemein intelligenter Bürschchen zu sein. Besonders angetan war ich davon, wie peinlich genau sie die schönen, eleganten arabischen Schriftzeichen malten, die sie mit einem zugespitzten Stöckchen und einheimischer Tinte auf weiche Holztafeln schrieben. Es war wirklich erstaunlich, was für ein phantastisches Ergebnis sie mit diesen primitiven Schreibutensilien erzielten.

Selbstverständlich lud uns der *Mallam* in sein Haus ein, wo ich seinen acht Frauen vorgestellt wurde, allen zusammen sowie jeder einzeln. Diese Damen besitzen ein gewisses Maß an Kultiviertheit, und die meisten von ihnen sehen ziemlich gut aus; eine von ihnen, ein Fulbe-Mädchen mit hellem, fast weißem Teint, ist eine echte Schönheit. Die Hauptfrau zeigte mir mit sichtlichem Stolz all ihre Haushaltsschätze, ihr europäisches Geschirr, ihre Messingschalen, die Küchenutensilien und so weiter.

* sprichwörtlich für jemanden, der Ämter häuft

Ich war sehr erstaunt angesichts des Kontrasts dieser Gerätschaften zu den vielen lokalen Einrichtungsgegenständen. Ihr Bett beispielsweise war aus hartgebackenem Lehm gefertigt und bestand aus einer erhöhten Plattform, ähnlich jenen, auf denen die Sumbu-Frauen ihr Korn mahlen. Darauf lagen eine Matratze und eine einheimische Decke, unter einem europäischen Moskitonetz, auf das sie äußerst stolz war. Zahlreiche, zum Teil hübsche Kinder liefen überall herum, und von tintenschwarz bis hell schokoladenfarben waren alle Hautschattierungen vertreten.

Später statteten mir alle acht Frauen einen Gegenbesuch in unserem Haus ab. Ich hatte sie zum Nachmittagstee eingeladen, entdeckte bei ihrer Ankunft jedoch, daß sie keinen Tee, sondern lieber Kakao tranken, den ich, um ihren Geschmack zu treffen, ungewöhnlich stark zuckerte. Sie erschienen in ihren elegantesten Gewändern und trugen alle sehr viel Schmuck, hatten Rouge aufgelegt und sich das Gesicht gepudert sowie Augen, Wimpern und Augenbrauen geschwärzt, so etwa in der Art, wie sich eine Bühnenschauspielerin schminkt. Sie kauten unablässig Kolanüsse, und ihre Nägel waren mit Henna rot gefärbt. Doch was mir bei meinen Besucherinnen am stärksten auffiel, war die ungewöhnliche Menge Parfüm, die sie benutzten. Was für ein Parfüm es genau war, weiß ich nicht. Ich habe weder davor noch danach je etwas gerochen, das seinem Duft gleichkäme. Doch ich weiß, der Geruch war so schwer und aufdringlich, daß mir das Atmen in dieser Luft nicht leicht fiel. Bei der leichtesten Bewegung ihrer Schleier wehten unsichtbare Wolken durch das Zimmer, und als sich einmal fünf von ihnen zur gleichen Zeit jäh und schnell bewegten, verbreiteten sie ein wahres Aroma-Gewitter, das mich keuchen, husten und fast ersticken ließ. Die wilden Bienen allerdings, von denen ganze Schwärme in den großen Baobabs neben unserem Haus lebten, mochten es offensichtlich, denn sie summten in ganzen Wolken um meine Besucherinnen herum und belästigten sie so sehr, daß sie nach zwei oder drei vergeblichen Versuchen, sie zu vertreiben, für den Rest ihres Besuchs Kopf und Schultern mit ihren Tüchern verhüllen mußten.

Als sie schon eine ganze Zeitlang bei mir waren, fing plötzlich ein Baby aus vollem Hals zu schreien an, sehr zu meinem Erstaunen, denn ich hatte bisher weder ein Baby gesehen, noch war von einem die Rede gewesen. Man sah mir meine Überraschung wohl an, denn alle begannen zu lachen, und die Hauptfrau erhob sich, band ihr äußerstes Tuch auf und holte, nachdem sie noch mehrere Stoffbahnen abgewickelt hatte, ein schönes, gesundes Baby hervor, etwa sechs Wochen alt, das sie in einer Art Trageschlinge auf dem Rücken zwischen ihren Schultern sitzen gehabt hatte. Sie übergab es dann einer der anderen Frauen, die es stillte und folglich wohl die Mutter war. Nachdem es sich satt getrunken hatte, wurde es einer dritten Frau gereicht – also nicht der Hauptfrau –, die es wie zuvor einwickelte und sich unter ihre Schleier auf den Rücken band.

Um sie ein wenig zu unterhalten und ihnen die Zeit zu vertreiben, zeigte ich ihnen meine europäischen Kleider und Schmuckstücke. Für die Gewänder interessierten sie sich sehr, doch meine Ringe und Armbänder schienen sie nicht sonderlich zu beeindrucken. Anscheinend fanden sie sie zu klein und unbedeutend, als daß sie von besonderem Wert hätten sein können. Sie selbst trugen unzählige sehr breite und schwere Silberreifen und -ringe an Fingern und Daumen, sowie massive Goldbroschen einheimischer Fertigung und Mode. Am Abend, nach ihrer Heimkehr, schickten sie mir Essen aus ihrer Küche. Es war allerdings so scharf gewürzt, daß ein einziger Löffel davon mir die Tränen in die Augen trieb und mich fast erstikken ließ, weshalb ich es meinen Boys gab, die es gierig verschlangen und sich unter beifälligem, verzücktem Grunzen und Glucksen die Lippen leckten.

Während unseres Aufenthalts in Bassari kam Herr von Parpart, der Bezirksamtmann von Sokode, mit seiner Eskorte. Sie waren die ganze Strecke von Sokode nach Bassari, etwa vierzig

Meilen, in einem Tag geritten, eine wirklich großartige Leistung, wenn man bedenkt, welche Straßen sie benutzen mußten. Darauf werde ich später noch zu sprechen kommen. Wegen der Reise war von Parpart recht müde, so daß ich ihn am Abend nicht mehr sah, und am nächsten Morgen war er sehr früh auf und bereits auf dem Weg nach Banjeli, als ich aufstand. Ich war enttäuscht, daß es mir nicht möglich gewesen war, seine Bekanntschaft zu machen, doch wie sich herausstellte, war diese Freude nur auf später verschoben, da wir ihn während unseres Aufenthalts in Sokode noch häufig sehen sollten.

In Bassari konnte ich auch eines Abends, bei der Rückkehr von einem Ausritt, zum ersten Mal ganz aus der Nähe die seltsame Totenklage und die anderen feierlichen Zeremonien, die einem Begräbnis vorausgehen, hören und auch beobachten – darüber werde ich bald noch mehr erzählen. Bei meinen Ausflügen hatte ich häufig aus der Ferne diese unheimlichen Klänge vernommen, doch nun kam ich direkt damit in Berührung, und das Ergebnis war ein beinahe schmerzhafter Schock für mein Nervensystem. Das Klagen und Jammern kam von dem Gelände der zur Station gehörenden Soldaten, und auf meine Fragen erhielt ich die Antwort, daß sie um ein kleines Kind trauerten, ein etwa zwei Wochen altes Baby, das an diesem Tag gestorben war.

»Frauenpalaver«

Ich habe dem Kapitel die Überschrift »Frauenpalaver« gegeben, und genau darum handelt es sich auch – nichts weiter. Männer mögen es überspringen, wenn sie wollen. Frauen werden es interessant finden, wage ich zu behaupten. Die folgenden Seiten werden aus ethnografischer oder anthropologischer Sicht wohl kaum etwas wirklich Wertvolles aufdecken. Doch die Informationen stammen aus erster Hand und sind das Ergebnis vieler ausführlicher und vertraulicher Gespräche mit Frauen aus den verschiedensten Regionen, sowie meiner eigenen, an Ort und Stelle vorgenommenen und aufgezeichneten Beobachtungen und Schlußfolgerungen. Im letzten Teil des Kapitels geht es um das alltägliche Leben und das Kochen in einer Karawane aus der Sicht einer weißen Frau. Dies füge ich hinzu in der – wie ich glaube, berechtigten – Hoffnung, daß ich dadurch anderen Frauen, die vielleicht einmal unter ähnlichen Umständen wie ich in das westafrikanische Hinterland reisen, einen nützlichen Dienst erweisen kann.

Die Heirat sowie ihre natürliche Begleiterscheinung, nämlich das Gebären und Aufziehen von Kindern, sind die Grundpfeiler im Leben einer Afrikanerin; die Heirat ist in der Tat der zentrale Punkt, um den sich alles dreht. Ganz allgemein gesprochen handelt es sich dabei, wie das bei den meisten primitiven Völkern eben so ist, um einen Handel, um Tausch und Verkauf. Mädchen sind marktfähige Waren, genau wie Vieh, Ziegen oder Hühner, und im Grunde sind sie austauschbar: Eine Frau wird gekauft, und zwar für eine soundso große Menge von dem oder jenem oder für ein bestimmtes Quantum Salz oder Münzgeld.

Häufig ist es auch so, daß ein zukünftiger Ehemann für eine Frau arbeitet, anstatt sogleich den ganzen Preis für sie zu bezahlen; sein zukünftiger Schwiegervater erhält also seine Arbeitskraft im Tausch für den Wert, den die Frau darstellt. So kann sich ein Mann ohne Kapitalaufwand eine oder mehrere Frauen verschaffen, und daher wird diese Strategie von den eher jüngeren und mittellosen Männern bevorzugt. Die älteren und wohlhabenderen zahlen natürlich lieber sofort in Bargeld oder Naturalien.

Afrikaner mit Weitblick kaufen ein Mädchen oft gleich bei seiner Geburt, und von dem Moment an wird es als Verlobte betrachtet. In diesem Fall ist der Preis natürlich viel geringer als bei einer erwachsenen Frau oder einer Jugendlichen, da das Kind ja sterben kann, bevor es ins heiratsfähige Alter kommt. Von einem so verlobten Mädchen wird erwartet, daß es keusch bleibt; einem ungebundenen Mädchen steht es einheimischem Gesetz zufolge jedoch frei, seinem sexuellen Appetit nach Belieben nachzugeben. Wird allerdings ein uneheliches Kind geboren, gehört es nicht unbedingt der Mutter. Im Gegenteil, der vermutliche Vater kann es nach traditionellem Recht zuerst für sich beanspruchen; aber er muß die Forderung gleich nach der Geburt erheben, und wenn das Mädchen seinen Anspruch anficht, muß er ihn durch einen Beweis rechtfertigen, der den Chief oder die Dorfältesten, je nachdem, zufriedenstellt. Wenn er damit keinen Erfolg hat, bleibt das Kind bei der Mutter und folgt ihr zu dem Mann, der sie heiratet und dann der Vater wird. Daß eine Frau bereits ein oder mehrere Kinder zur Welt gebracht hat, ist in der Regel kein Hindernis für eine Eheschließung. In Wahrheit scheint das dem Ehemann sogar nur recht zu sein, aus Gründen, auf die ich nicht näher einzugehen brauche.

Die Heiratsbräuche sind bei den verschiedenen Völkern sehr unterschiedlich. Die halbwilden Tschokossi aus dem hohen Norden zum Beispiel haben, so weit ich herausfinden konnte, gar keine deutlich festgelegte Hochzeitszeremonie, auch wenn sie bei jeder Gelegenheit feiern und jubeln. Bei den Tschaudjo hingegen, die sich zum Islam bekennen und vergleichsweise zivilisiert sind, gibt es eine Reihe sehr ausgefeilter Hochzeitsriten, die strikt eingehalten werden. Jene Bräuche allerdings, die der eigentlichen Zeremonie vorangehen, sind geheim, und Fremde werden sorgsam von jeder Teilnahme daran ausgeschlossen und dürfen auch nicht als Zuschauer anwesend sein.

Während ich in Paratau war, fand eine solche Hochzeit statt, aber obwohl ich mich um die Erlaubnis bemühte, von Anfang bis Ende dabei sein zu dürfen, gelang es mir nicht. Ich fand jedoch heraus, daß ein Hauptelement der Eingangsprozeduren, jedenfalls was die Braut betraf, darin bestand, daß ihr ganzer Körper sehr gründlich gewaschen und massiert wurde, was die ganze Nacht unmittelbar vor dem eigentlichen Hochzeitstag in Anspruch nahm. Der Vorgang fand in einem für diesen Zweck vorgesehenen, etwas abseits liegenden Haus statt, wo die arme Braut kräftig abgerieben und geschrubbt wurde, und zwar von den Frauen aus dem Dorf, die sich gegenseitig abwechselten und mit porösen Steinen hantierten, ähnlich Bimssteinen, sowie mit groben hölzernen Bürsten oder Schabern (geformt wie Haarbürsten, jedoch ohne die Borsten). Die Tortur, die praktisch von der Abenddämmerung bis zum Morgengrauen dauerte, muß ziemlich unangenehm gewesen sein, jedenfalls nach dem Schreien und Kreischen zu schließen, das aus dem Hausinnern drang. Zur gleichen Zeit waren andere Frauen damit beschäftigt, den Bräutigam zu plagen und zu quälen; allerdings wurde mir gesagt, daß die Behandlung, die ihm zuteil wurde, lange nicht so heftig und schmerzhaft war wie jene, die seine zukünftige Frau ertragen mußte.

Als aber die Braut am nächsten Tag, von Kopf bis Fuß weiß gekleidet, ihren Platz neben ihrem zukünftigen Ehemann bei der Hochzeitsprozession einnahm, machte sie nicht den Eindruck, als habe ihr die nächtliche Prozedur geschadet. Beide saßen auf prächtigen Pferden – ich sagte ja bereits, daß die

Tschaudjo hervorragende Reiter sind – und wurden von einer lärmenden, mit Gewehren in die Luft schießenden Menschenmenge zur Moschee eskortiert, wo die eigentliche Zeremonie nach islamischem Gesetz stattfand. Alles gipfelte in einem großen Festgelage, und danach wurden die Eheleute zu ihrem Haus geleitet, und zwar von praktisch allen verheirateten Frauen aus der Nachbarschaft, die dann die ganze Nacht draußen blieben und nach Kräften schrien und sangen, Freudensprünge machten und Trommel spielten.

Es sei hier auch erwähnt, daß jede Frau nach traditionellem Recht Anspruch auf ein eigenes Haus hat, egal wie viele Frauen ihr Mann noch besitzt, und sie kann auch Anspruch erheben auf den ihr zustehenden Anteil an seiner Gesellschaft und seinen Aufmerksamkeiten, wobei die Regel besagt, daß er reihum mit jeder seiner Frauen fünf aufeinanderfolgende Tage und Nächte verbringt. So braucht beispielsweise ein wohlhabender Mann mit acht Frauen (eine beliebte Anzahl bei jenen, die es sich leisten können) genau vierzig Tage, um sozusagen einmal »die Runde zu machen«. Wie ich bereits andeutete, haben die Frauen nichts gegen die Polygamie; und im großen und ganzen scheinen sie glücklich und zufrieden zu sein. Sie legen auch großen Wert auf ihre persönliche Erscheinung und sind im allgemeinen weit sauberer als die Männer. Das liegt sicher zum großen Teil daran, daß sie zwei- oder sogar dreimal am Tag baden, wenn sie zum Wasserholen an den Fluß gehen. Die Männer baden gewöhnlich einmal täglich, nämlich am Abend, und dann nehmen sie unweigerlich ein heißes Bad; das Wasser dazu wird ihnen von den Frauen gebracht und erhitzt. Das trifft allerdings nicht auf einige der abgelegeneren, heidnischen Völker zu, die sehr schmutzige Gewohnheiten haben. Praktisch alle Frauen, denen ich begegnet bin, verwenden viel Zeit und Mühe auf ihre Frisur, mit Ausnahme der Konkomba, die – wie bereits erwähnt – ihr Haar sehr kurz schneiden. Außerdem putzen sie sich sehr gern die Zähne, wozu sie kleine, zugespitzte Stöckchen aus weichem Holz verwenden, die sie unaufhörlich mit ihren Fingern im Mund herumdrehen, wenn sie morgens und abends Wasser holen gehen. Seife fabrizieren sie selbst und formen sie zu kleinen, etwa golfballgroßen schwarzen Kugeln; die Seife ist wirklich sehr gut und ergibt einen üppigen weichen Schaum.

Die wilde Frau erwartet die Mühen der Geburt ohne all die Ängste und Befürchtungen, die ihre zivilisierte Schwester so häufig befallen. Allerdings ist es für sie in der Regel auch kaum eine große Anstrengung; sie ist wie ein absolut gesundes weibliches Tier, und ihr starker, geschmeidiger Körper wurde nie in ein Korsett gezwängt oder durch eng anliegende Röcke, schwere »maßgeschneiderte« Kostüme oder ähnliche Abscheulichkeiten unserer Schneider in seinem natürlichen Wachstum und seiner Entwicklung behindert. Außerdem hat jede Frau in ihrer frühen Jugend ganz selbstverständlich eine Ausbildung in Geburtshilfe erhalten; doch dazu werde ich bald noch mehr sagen.

Vorausgesetzt, die Geburt findet zu Hause und in ihrem eigenen Dorf statt – was allerdings keinesfalls immer so ist –, kümmern sich ihre Freundinnen und Bekannten um sie, wenn der kritische Augenblick herankommt, und in der Regel ist nach etwa zwei Stunden alles vorüber und die Mutter oft schon eine Stunde später wieder auf den Beinen. Im allgemeinen sind sie als Hebammen geschickt und umsichtig, außer in zwei Dingen: Die Nabelschnur wird fast immer in einer primitiven, um nicht zu sagen stümperhaften Art und Weise durchtrennt, und zurück bleibt eine entstellende Geschwulst, die später bei den meist ganz oder fast nackten Menschen sehr unschön anzusehen ist. Zum anderen geht es um die Einhaltung eines gewissen Grades an Sauberkeit von seiten der Mutter und ihrer Helferinnen, woran es weitgehend fehlt. Ansonsten kümmert man sich stets sehr sorgfältig um das Neugeborene, das nach seinem Eintritt in die Welt gleich warm gebadet und auch weiterhin liebevoll gepflegt wird.

Wenn – was nicht selten vorkommt – die Geburt stattfindet, während die Frau auf Reisen oder bei der Feldarbeit ist, macht sich die Mutter wegen dieses Ereignisses keine ungebührlichen Sorgen. Sie ist ganz gut in der Lage, sich bei ihrem »Problem« selbst zu helfen, und sie macht es ganz so wie die wilden Buschtiere, unter denen sie lebt und von welchen sie viele Praktiken gelernt und übernommen hat. In einem solchen Fall ruht sie sich einfach ein oder zwei oder vielleicht allerhöchstens drei Stunden aus, wickelt dann das Baby in ihre Schürze und bindet es sich zwischen die Schultern auf den Rücken; anschließend macht sie mit der Arbeit weiter oder setzt ihre Reise fort, als sei gar nichts Ungewöhnliches geschehen. Sie leidet nachher scheinbar auch nicht unter irgendwelchen unangenehmen Nachwirkungen, was jedoch nicht heißen soll, das es die nicht gibt. Und genau hier könnten weiße Frauen in Afrika viel Gutes tun, nach dem Beispiel der Zenana-Missionen in Indien: nämlich den Müttern die Bedeutung von einem sauberen Geburtsumfeld und persönlicher Hygiene in diesen kritischen Momenten beizubringen und – ein lebenswichtiger Punkt – die Ehemänner von der Notwendigkeit zu überzeugen, den Müttern mit Neugeborenen eine Zeitlang ihre harten häuslichen Pflichten zu erlassen.

Die Mutter stillt ihr Baby drei bis vier Jahre lang und sondert sich in der Zeit völlig von ihrem Mann ab, der somit fast gezwungen ist, sich noch eine weitere Frau zu nehmen, jedenfalls gesetzt den Fall, daß er bisher monogam gelebt hat. Ein Grund für die lange Stillzeit liegt zweifelsohne darin, daß das normale afrikanische Essen für ein ganz kleines Kind nicht nahrhaft genug ist, beziehungsweise, daß es nicht genügend davon zu sich nehmen kann, weil sein kleiner Magen nicht groß genug ist, um eine ausreichende Menge aufzunehmen. Das arme kleine Wurm tut sein Bestes und wird dabei von seiner Mutter unterstützt, die es regelmäßig einer so drastischen und unangenehmen Zwangsfütterung unterzieht, daß angesichts dessen die

Entschlossenheit auch der starrsinnigsten Suffragetten schnell zusammenbrechen würde, stelle ich mir vor.

Zur Essenszeit wird *Fufu*, ein dicker Hirsebrei – die Hauptnahrung der Togoer, eine Art dünnes Porridge –, einfach die kleine Kehle hinuntergegossen und gestopft, wodurch der allen Kindern eigentümliche Blähbauch entsteht. Ein Ergebnis der langen Stillzeit, gepaart mit dem Mangel an irgendwelchen anderen nahrhaften Speisen, ist eine sehr hohe Kindersterblichkeit. Mit der Zeit wird die Mutter nachlässig, hält ihre Brustwarzen nicht mehr ordentlich sauber und ernährt sich selbst sehr unausgewogen, mit dem Ergebnis, daß ihr Kleines krank wird und stirbt.

Das Baby ist bei der Geburt nicht schwarz. Es ist entweder weiß oder hat eine sehr helle gelbliche Farbe; doch es wird immer dunkler, und wenn es einen Monat alt ist, hat es eine Schokoladenfärbung angenommen, die sich später rasch zu dem gewöhnlichen Tintenschwarz der Afrikaner vertieft. Die langen, geraden Haare sind eine weitere Besonderheit bei den Neugeborenen, habe ich bemerkt. Sie fallen allerdings schnell aus und werden im Laufe der Zeit ersetzt durch die wohlbekannte dicke wollige Mähne auf dem Schädel des erwachsenen Schwarzen.

Afrikanische Kinder lernen später laufen als europäische. Das liegt vermutlich daran, daß sie vergleichsweise wenig Praxis haben. Sobald das Kind geboren ist, wird es zum örtlichen Heiler gebracht, der ihm gegen Bezahlung bestimmte Amulette oder Fetischgegenstände gibt – zum Beispiel ein Stück Knochen, Holz oder Glas. Diese plaziert man sorgsam in der Mitte verschieden langer Perlenketten, aus denen man Armbänder für seine Handgelenke, Fußkettchen für seine Beine und einen Gürtel für die Taille fertigt. So lange das Kind die Ketten trägt, was es ständig tut, ist es angeblich vor dem Einfluß des bösen Blickes geschützt. Doch um doppelt sicher zu gehen, läßt die Mutter das Kleine kaum je aus den Augen. Sie trägt es ständig auf ihrem Rücken mit sich herum, eingewickelt in ihr Tuch, aus dem bei einem sehr kleinen Kind nicht einmal der Kopf herausschaut. Diese Art, das Kind zu tragen, wird dadurch vereinfacht, daß alle Frauen um ihre Taille große, straff gezogene Perlengürtel tragen, damit ihre Hüften größer und ausladender aussehen, denn das ist ein hochgeschätztes Merkmal. In den Gürteln steckt das untere Tuchende und bietet dem Baby eine bequeme Stütze.

Sobald das Kind jedoch zu laufen anfängt, wird ihm, wenn es ein Mädchen ist, eine kleine Kalebasse gegeben und beigebracht, diese mit Wasser gefüllt auf dem Kopf zu balancieren. Von dem Moment an ist das Mädchen ein nützliches Mitglied der Gemeinschaft. Es begleitet seine Mutter regelmäßig zum Fluß, wenn sie mit den anderen Frauen Wasser holen geht; es lernt, das Haus mit einem kleinen Besen auszufegen und *Fufu* zuzubereiten; man nimmt es in den Wald mit und zeigt ihm, welche Kräuter und wilden Gemüsesorten gut zum Kochen sind und welche nicht. Kurz, dem Kind werden die normalen häuslichen und sonstigen Pflichten beigebracht, die eine durchschnittliche Frau in Afrika leisten muß.

Vorausgesetzt, die Eltern können sich die Ausgabe leisten, wird das Mädchen im Alter von zehn oder zwölf Jahren einer außergewöhnlichen Prüfung unterzogen, die man meist beschönigend mit »in den Busch schicken« umschreibt. Das heißt, es verläßt sein Zuhause und seine Eltern und wird der Obhut einer Fetischfrau unterstellt, die es in den Wald zu einer Hütte, oder vielmehr einer Ansammlung von Hütten, weit weg von menschlichen Wohnstätten führt. Hier lebt eine sehr wichtige Persönlichkeit, eine »Mammy«, gewöhnlich »Königin der Frauen« genannt, und unter ihrer Obhut und der Aufsicht ihrer Assistentinnen verbringt das kleine Mädchen zwei bis fünf oder sechs Monate, manchmal auch längere Zeit.

Während dieser Periode erhält sie Unterricht in der Kunst und Praxis der Geburtshilfe und muß die schmerzhafte und in unseren Augen abscheuliche Operation der Beschneidung über sich ergehen lassen, ebenso wie sich auch ihre Brüder (wenn sie welche hat) in etwa dem gleichen Alter dem entsprechenden Eingriff unterziehen müssen. Soviel ist bekannt; doch was außerdem in den Fetischhainen vor sich geht, kann man nicht sagen. Kein Mann darf sich, bei Androhung sofortiger Todesstrafe, einem solchen Ort auch nur nähern, und die Lippen der Frauen sind diesbezüglich versiegelt. Man sagt, daß sie nicht einmal mit ihren Ehemännern darüber zu sprechen wagen, ebensowenig wie mit nicht initiierten Frauen. Ich habe mehrmals versucht, sie dazu zu bringen, mir persönlich etwas darüber zu erzählen, doch ohne Erfolg. In Atakpame machte ich die Bekanntschaft einer der »Königinnen der Frauen«, einer charmanten alten Heidin, die den sehr christlichen Namen Maria trug. Sie besaß die Würde einer Klosteräbtissin – die sie in gewissem Sinne ja auch war –, und ihre Hände und Gelenke waren zarter und schöner geformt als ich es je bei einer Schwarzen gesehen hatte. Sie war höchst umgänglich und zuvorkommend, und ich tat alles, damit sie mir etwas über sich selbst und ihre Arbeit erzählte. Aber außer, daß ihr hohes Amt erblich war und ihre Mutter, Großmutter und Urgroßmutter es vor ihr innegehabt hatten und daß sie »die Mädchen nur zu ihrem Besten unterrichtete«, wollte sie mir keinerlei Information preisgeben.

Eines ist jedoch sicher; eine Frau, die aufgrund der Armut ihrer Eltern oder aus irgendeinem anderen Grund nicht als Mädchen »in den Busch geschickt« worden ist, wird von allen anderen Frauen als minderwertig betrachtet. Und man sieht so sehr auf sie herab, daß noch zwanzig- oder sogar dreißigjährige Frauen, die seit langem verheiratet sind und vielleicht schon zwei oder drei Kinder zur Welt gebracht haben, nicht selten von ihren Ehemännern, die dann selbst die Initiationsgebühren zahlen, den Fetischfrauen übergeben werden, damit das Stigma von ihnen entfernt werde.

Der Status verheirateter Frauen ist bei den Völkern Westafrikas sehr unterschiedlich. Bei den heidnischen Tschokossi ganz im Norden ist die Frau ein Stück bewegliches Eigentum, ein Lasttier, und ihre Lebensbedingungen sind kaum besser, wenn überhaupt, als die eines Haussklaven. Die Tschaudjo-Frau hingegen ist Königin ihres Haushalts und kommandiert dort jeden herum, einschließlich ihres Ehemanns, der jeder ihrer Launen unbedingt gehorchen muß. Irgendwo zwischen den beiden Extremen bewegt sich die große Masse der Afrikanerinnen, die zwar sicherlich Arbeitstiere sind, jedoch willige Arbeitstiere, und deren Rechte und Privilegien durch althergebrachtes Gesetz und Sitte gut definiert und sorgfältig überwacht werden. Wahrscheinlich sind sie, entsprechend ihren Fähigkeiten, weder besser noch schlechter dran als die Mehrzahl der arbeitenden Frauen anderswo auf der Welt. Auf jeden Fall machen sie einen glücklichen und zufriedenen Eindruck; Ehestreitigkeiten sind verhältnismäßig selten; und Armut, wie wir sie in Europa verstehen, ist praktisch unbekannt. Am schlimmsten dran sind Witwen, auf die man gewöhnlich herabsieht, obgleich es eine Menge Ausnahmen dieser allgemeinen Regel gibt. In den alten Zeiten wurden die Frauen eines Chiefs oder eines anderen bedeutenden Mannes zusammen mit ihm begraben; dabei brach man ihnen zunächst mit einem schweren Knüppel Arme und Beine und warf sie dann, noch immer atmend, ins offene Grab. Doch diese barbarischen Praktiken sind heute fast alle abgeschafft; jetzt schert sich eine Witwe schlicht den Kopf kahl und trägt eine weiße Binde um ihre Stirn, als Zeichen der Trauer. Auf das Grab des Mannes werden zerbrochene Gewehre, Bogen, Pfeile und so weiter gelegt; auf das der Frau Kalebassen und Kochtöpfe, ebenfalls zerbrochen, und in beiden Fällen gibt man Essensvorräte dazu, damit der oder die Tote sich während der langen Reise ins vermutlich weit entfernte Land der Schatten davon ernähren kann.

Der Anbau, die Ernte und die Zubereitung von Nahrung nehmen den wichtigsten Platz unter den weiblichen Pflichten ein, wie das, nehme ich an, bei allen primitiven Völkern der Fall ist. Die einheimische Küche läßt sich fast mit einem Wort beschreiben: Brei. Dieser wird jedoch nicht nur aus Schrot und Mehl zubereitet, sondern mit Kräutern und wilden Gemüsen gemischt und ist unweigerlich so stark mit einheimischem, aus der wilden Pfefferpflanze gewonnenem Pfeffer gewürzt, daß er für Europäer ungenießbar ist.

Schon allein aus dem Grund ist man gezwungen, die Zubereitung seiner Speisen unterwegs sehr sorgfältig zu überwachen. Der normale Koch wird unweigerlich alle Gerichte pfeffern, wenn man nicht genau aufpaßt, und dabei ist er nicht knauserig. Für die Überwachung und Beaufsichtigung der kulinarischen Abteilung war während unserer ganzen Reise ich zuständig. All unsere Vorräte wurden ab Atakpame in alten Kerosindosen transportiert, die von einem einheimischen Handwerker vorab mit Scharnierdeckeln, Schlössern und Schlüsseln versehen worden waren. Diese Dosen, sorgfältig von dem Geruch und allen Spuren des Öls gesäubert, sind die bestmöglichen Behälter zur Beförderung verderblicher Waren, da sie termitensicher und wasserdicht sind.

Jede Kiste enthielt, wie ich bereits einmal erklärte, ein wenig von allem, und den jeweiligen Inhalt trug ich vor dem Aufbruch in mein Vorratsbüchlein ein. So war es einfach, zu jeder Zeit an jeden einzelnen Artikel zu gelangen, und ich konnte jegliche Tendenz zur Verschwendung von seiten unseres Kochs kontrollieren; eine äußerst notwendige Vorsichtsmaßnahme, wenn man es mit Afrikanern zu tun hat.

Das Kochen im Busch, ich brauche es kaum zu erwähnen, ist etwas ganz anderes als das Kochen zu Hause. Zu einem großen Teil findet es im Freien statt oder bestenfalls in einer kleinen, niedrigen Hütte, mit geringer oder gar keiner Lüftung und natürlich ohne Kamin. In dem letzteren Fall ist es der Hausherrin – in diesem Falle also mir – unmöglich, sich länger als eine Minute in ihrer »Küche« aufzuhalten, aus der natürlich der Rauch nicht entweichen kann. Die Überwachung der Speisenzubereitung sieht daher so aus, daß man andauernd hinein- und wieder hinausstürzt – meistens hinaus – und sich ständig die brennenden Augen reibt und wischt.

Eine Aufgabe wagte ich dem Koch nie anzuvertrauen: nämlich das Wasser abzukochen, und zwar nicht nur unser Trinkwasser, sondern auch das, was wir für den Abwasch und für uns selbst verwendeten. Es mußte, nach der Uhr, volle zehn Minuten kochen, und zwar stets unter meiner persönlichen Aufsicht. Dies geschah draußen auf einem speziellen Ofen, aber die Operation wurde nur dann systematisch und regelmäßig ausgeführt, wenn ich mit Ausdauer und Beharrlichkeit ständig darauf achtgab, und Messa, unser Koch, pflegte mir in der Hinsicht die ganze Zeit über soviel passiven Widerstand entgegenzusetzen, wie er sich eben traute. Das einzige Problem bei abgekochtem Wasser, um mit den Worten Artemus Wards in bezug auf »gekochte Krähe« zu sprechen: *It »ain't nice«.* Es schmeckt so fad, wie man sich nur vorstellen kann, und über längere Zeit hinweg ist es als Getränk undenkbar. Daher tranken wir unterwegs fast ausschließlich Tee, heiß oder kalt und mit Zitrone.

Abgesehen von seiner tief verwurzelten Abneigung gegen abgekochtes Wasser und seiner ungebührlichen Vorliebe für den Pfeffertopf – Wesenszüge, die er, wie ich mir habe sagen lassen, mit allen einheimischen Dienern teilte –, war Messa ein guter Koch. Er konnte ein Huhn so anrichten, daß es nach allem aussah und schmeckte, nur nicht nach Huhn; eine unschätzbare Eigenschaft bei einem Koch in einem Land, wo ein Zuviel an Hühnern in kürzester Zeit unweigerlich einen Überdruß an ihnen hervorruft. Für einen Penny konnte er von den Dorfbewohnern einen Knochen von der Größe eines kleinen Baumstammes kaufen, ihn zerspalten und uns leckeres Mark auf Weißbrot servieren. Seine Suppen, die er aus ganz und gar nicht vielversprechenden Zutaten herstellte, waren schlicht köstlich – besonders eine, die er mit gerösteten Erdnüssen zubereitete und die ein gastronomischer Traum war.

Sein großer Fehler war, daß er Konserven verwendete, wann immer es ihm möglich war, auch wenn vergleichbare Zutaten frisch zu bekommen waren. Wir hatten zum Beispiel, neben anderem Dosengemüse, einige Büchsen mit Spinat, den wir alle sehr gern mochten. Erst als diese Vorräte zu Ende waren, fand ich heraus, daß eine Spinatsorte von ganz ausgezeichneter Qualität – viel besser als der aus der Dose – entlang unseres Weges wild im Busch wuchs.

Der größte Luxus im Busch, was Gemüse angeht, sind ganz gewöhnliche Kartoffeln, die nirgendwo in Togo angebaut werden können. Wir hatten eine Ladung davon, 60 Pfund, mitgenommen, und wenn wir jemandem eine Vorzugsbehandlung gönnen wollten, kochten wir ihm ein paar Kartoffeln. Ich erinnere mich an eine Gelegenheit, als wir auf unserem Weg nach Norden unseren guten Freund Herrn Küpper, den Schuldirektor in Sokode, zum Frühstück zu uns nach Paratau einluden, wo wir uns gerade aufhielten, etwa drei Meilen von ihm entfernt. Er hatte ein paar Bedenken und suchte sich zu entschuldigen, da er dazu früh aufstehen und losreiten mußte. Doch als ich ihm sagte, daß wir Eier mit Speck und frische europäische Kartoffeln hatten, willigte er umgehend ein. Unser großer Ehrgeiz war es, ein paar Kartoffeln bis Mangu aufzuheben, und mit beträchtlicher Selbstbeherrschung gelang es uns auch, ungefähr 15 Pfund übrigzulassen. Zu unserer großen Trauer und Bestürzung wurden sie dann plötzlich schlecht. Jeden Morgen sortierte Messa sie sorgfältig aus und legte sie zum Trocknen in die Sonne, und wenn er mir jene, die schwarz geworden waren, brachte, sagte er mit sorgenvollem Gesicht: »Kleine Mutter, wieder vier (oder fünf oder sechs, je nachdem) Kartoffeln schlecht geworden.« Indem wir den übriggebliebenen soviel hingebungsvolle Pflege und Aufmerksamkeit zuteil werden ließen wie eine zärtliche Mutter ihrem Neugeborenen oder ein

Hundeliebhaber einem Wurf reinrassiger Welpen, gelang es uns schließlich, genügend gute Kartoffeln nach Mangu zu bringen, daß wir jedem Europäer dort drei Stück für das Weihnachtsessen geben konnten. Jamswurzeln, das einheimische Pendant zu unseren Kartoffeln, mochte ich zunächst überhaupt nicht; doch am Schluß fand ich sie, zerstampft und mit Butter zubereitet, zumindest eßbar. Unsere Butter in Dosen nahm übrigens, aufgrund des ständigen Rüttelns auf den Köpfen der Träger, nach einiger Zeit die Konsistenz von Öl an und konnte nur noch zum Kochen verwendet werden. Von all unseren Vorräten in Dosen war der Frühstücksspeck die beste Konserve und behielt seine Qualität und seinen Geschmack bis zum Schluß. Er war allerdings sehr teuer: Eine Dose von einem Pfund kostete 4 Shilling 8 Pence. Die einheimischen Eier gab es überall reichlich und preiswert: Hundert Stück kosteten etwa einen Shilling. Sie sind klein, schmecken aber gut. Auch Früchte gab es im Übermaß, vor allem Bananen, aus denen Messa alle möglichen wohlschmeckenden Gerichte zubereitete. Doch wenn ich den Männern eine besondere Freude machen wollte, servierte ich ihnen ein Hamburger Gericht, zubereitet aus getrockneten Äpfeln und Pflaumen, die mit Speck und Schmalzklößchen gekocht werden.

Zurück in Sokode

Die erste Etappe unserer Reise nach Malfakasa, das auf halbem Weg zwischen Bassari und Sokode liegt, führte uns über eine wunderbare, von Mangobäumen gesäumte Straße hinunter an den Kamaa-Fluß. In der Trockenzeit führt der Kamaa, wie die meisten westafrikanischen Flüsse, praktisch kein Wasser; doch während der Regenzeit kann man ihn häufig fast nicht durchwaten, und so mancher arme Einheimische, wurde mir gesagt, hat in den tückischen Strudeln sein Leben verloren bei dem Versuch, eine vielleicht harmlos aussehende, in Wirklichkeit aber äußerst gefährliche Furt zu passieren.

Für uns war die Durchquerung kein Problem. Auch die Straße jenseits des Flusses ist, wenngleich steinig, ziemlich gut; sie schlängelt sich bergauf und bergab und windet sich durch offenes Buschland, bis sie den Fuß des Malfakasa-Berges erreicht. Dann beginnt ein fürchterlicher, etwa zwei Stunden langer Aufstieg. Den größten Teil des Weges kam es überhaupt nicht in Frage zu reiten. Wir mußten unsere Pferde am Zügel führen und mit ihnen mühsam rutschige Hänge hinaufklettern; dabei zogen wir sie hinter uns her und schlängelten uns oft zwischen riesigen Felsblöcken hindurch, die kaum genug Platz für sie ließen. Als wir oben angekommen waren, mußten wir etwa eine halbe Stunde lang den Grat des Berges entlanggehen, bevor wir uns an den unendlich steilen, beinahe senkrechten Abstieg machten, etwa 200 Fuß in die Tiefe bis zu dem fast trockenen Bett eines kleinen Flusses, in dem lauter Felsbrocken verstreut lagen; daraus führte ein ähnlicher, wenn auch nicht ganz so steiler Pfad hinauf zu einem kleinen Plateau, auf dem das Rasthaus liegt.

Von dort hat man über das ganze umliegende Land eine herrliche Aussicht, die mich ein wenig an den Blick von unserem alten Haus in Aledjo erinnerte. Auch die runden Hütten waren sehr sauber und gemütlich; doch da das winzige Plateau nicht viel Platz bietet, liegen sie zu nah am Gelände der Afrikaner und an ihrem *songu,* von wo der Essensgeruch und andere, ausgeprägtere Düfte in zu starker Konzentration herüberwehten, um noch angenehm zu sein. Dies fiel mir um so stärker auf, als ich unter rasenden Kopfschmerzen litt, die ich zweifellos der Hitze und dem anstrengenden Aufstieg zu verdanken hatte. Außerdem war ich wahnsinnig müde; daher wickelte ich mich also zum letzten Mal in meine Pferdedecke, nahm den Sattel als Kopfkissen und fiel trotz der Schmerzen in meinen pochenden Schläfen bald in wohltuende Bewußtlosigkeit.

Als ich erwachte, war ich beinah wieder ganz die Alte und in der Lage, die herrliche Landschaft zu bewundern, die uns zu allen Seiten umgab. Man muß, wie ich es getan hatte, zwei oder drei Monate über die braunen, sonnenverbrannten Ebenen des nördlichen Togoer Sudans geritten sein, um den Anblick der mit sattem Grün bedeckten Berge so richtig genießen zu können. Hier schien man mit der Natur und ihrem Schöpfer allein zu sein. Es war kein Dorf in der Nähe, nur ein paar Schwarze wohnten hier, die sich um das Rasthaus für die europäischen Reisenden kümmerten sowie um das einheimische Pendant dazu, das *songu.* Zur Rechten und zur Linken, vorne und hinten, soweit das Auge reichte, sah man nur die Wildnis des rauhen Berglands, Gipfel an Gipfel in chaotischem und doch erhabenem Durcheinander. Im Norden hob sich das überragende Massiv des Tabalo-Berges ab, wo ein seltsames Dorf liegt, von den Einheimischen *Uro-Ganede-Bo* genannt, was so viel heißt wie »Der Ort, an dem der Kronprinz erzogen wird«. Hier lebte in den alten Zeiten der älteste Sohn des herrschenden Uro – oder Königs – von Paratau, allein mit seinen Lehrern, die ihn in den Künsten des Krieges und des Friedens unterwiesen sowie in den Pflichten, die einem einheimischen Herrscher auferlegt waren. Der Ort, so wurde mir gesagt, ist praktisch uneinnehmbar beim Angriff einer einheimischen Armee, ganz gleich wie groß sie auch sei, und auch für eine europäische Streitmacht wäre die Nuß hart zu knacken. In der Bergfestung lebte der junge Prinz völlig abgeschieden, solange, bis er mündig wurde, und auch dann waren ihm nur gelegentliche, kurze Blitzbesuche in Paratau gestattet; er durfte seinen felsigen Zufluchtsort erst dann dauerhaft verlassen, wenn sein Vater, der alte Uro, starb und er mit großem Pomp und Trommelgetöse herbeigerufen wurde, um an seiner Stelle zu herrschen.

Wir freuen uns nun begierig auf eine Rückkehr in die Zivilisation. In Sokode, dem Ziel unserer nächsten Etappe, sind wir wieder in Verbindung mit dem Telegraphen, und es gibt Gerüchte, daß nach unserer Abreise dort ein großes Automobil zum Einsatz gebracht wurde, das für die Fahrt zur Eisenbahnendstation in Atakpame zur Verfügung steht. Es wird jetzt Zeit, daß wir die Wildnis verlassen, denn unsere Vorräte beginnen sich zu erschöpfen. Hier in Malfakasa öffneten wir unsere letzte Dose Kondensmilch. Unseren letzten Kaffee, die letzte Butter verbrauchten wir, noch bevor wir Bassari erreichten. Unser Tafelsalz war lange vorher zu Ende gegangen, und wir hatten uns mit dem groben einheimischen Salz, sorgfältig gesiebt, behelfen müssen.

In dieser Gegend ist ein seltsames Buschgeflügel beheimatet, das aussieht wie ein englisches Bantamhuhn. Wir sahen dauernd welche neben der Straße herlaufen, und als ich zum ersten Mal eines sah, rief ich Schomburgk zu: »Na so was! Hier muß ein Dorf in der Nähe sein. Da streunt ein Küken auf dem Weg herum.« Später erfuhr ich, daß es sich um wilde Vögel handelte, die in den Bergregionen Westafrikas heimisch waren.

Malfakasa bedeutet »Langes Gewehr« – *malfa* heißt Gewehr, *kasa* lang –, und man erzählt, daß der Name von einem berühmten geächteten Banditen kommt, der vor vielen Jahren immer mit einem Gewehr hier saß und Karawanen ausraubte sowie Geld von einsamen Reisenden erpreßte, die des Wegs kamen. Für die Echtheit der Geschichte, die in der einheimischen Erzähltradition liegt, will ich mich nicht verbürgen, doch ich kann mir sehr gut vorstellen, daß sie wahr ist. Jedenfalls kann man sich kaum einen besseren Platz als Stützpunkt für einen Räuber vorstellen als diesen felsigen, isolierten Gipfel mit seinen steilen, gewundenen, von Felsbrocken übersäten Zugangswegen.

Nachdem wir uns wie gewöhnlich einen Tag und eine Nacht in Malfakasa ausgeruht hatten, brachen wir sehr früh am nächsten Morgen nach Sokode auf. Die Gespräche während des ersten Teils unserer Tagesreise drehten sich fast ausschließlich darum, ob es uns wohl möglich sein würde, das Automobil, von dem wir gehört hatten, für die Fahrt nach Atakpame zu bekommen. Sollte es verfügbar sein – und je näher wir Sokode kommen, desto deutlicher lassen die Aussagen der Bewohner auf seine Existenz schließen –, dann könnten wir in einem Tag den Weg zurücklegen, für den wir sonst sieben brauchten. Noch dazu beginnt gerade südlich von Sokode das Gebiet der Tsetsefliege, das sich bis etwa fünfundzwanzig Meilen nördlich von Lome erstreckt; wenn wir das Auto nicht haben können, müßten wir daher entweder mit Hängematte und Fahrrad reisen oder nach Einbruch der Dunkelheit auf die Pferde steigen, da man die Tiere tagsüber nicht durch fliegenverseuchtes Gebiet reiten kann.

Der Blick von der Straße, die von Malfakasa heruntergeht, ist genau so schön und malerisch wie die Aussicht auf der Straße, die von Norden auf die Stadt zu führt. Wenn man das Plateau verläßt, sieht man weit entfernt im Nordosten die Sudu-Berge und dazwischen die große, flache Tim-Ebene. Diese Ebene oder Steppe bekam ihren Namen auf recht eigenartige Weise. Meistens werden verschiedenen Regionen und Gegenden in Westafrika die Namen der Völker gegeben, die dort leben. So spricht man vom Konkomba-Land, vom Gurma-

Land und so weiter. Nun wird die Tim-Ebene von unseren alten Bekannten, den Tschaudjo, bewohnt, die, wie ich bereits erklärte, auf ihren Pferden vom Norden herabgekommen waren und die Ureinwohner der Region besiegt oder vertrieben und das Land mit Feuer und Schwert ausgeplündert hatten. Die Eindringlinge wurden von den ursprünglich dort ansässigen Menschen *Kotokoli* genannt, was »Krieger« oder »Räuber« bedeutet – die beiden Bezeichnungen sind austauschbar und bei primitiven Völkern häufig synonym. Die seltsame, barbarische Sprache – das heißt, seltsam und barbarisch klang sie in den Ohren der friedlichen Ureinwohner – tauften sie auf den Namen *tim*. Als die Tschaudjo von der Ebene Besitz ergriffen und sich darauf niederließen, mochten die Nachbarvölker sie nicht länger bei dem verächtlichen Namen *Kotokoli* nennen – oder vielleicht trauten sie sich auch nicht –, und daher bezeichneten sie sie als das Volk, das *tim* sprach. Mit der Zeit wurde das der Name des Landes, das sie bewohnten. Das ist vielleicht das einzige Beispiel für eine Region in Westafrika, die nach einer Sprache und nicht nach einem Volk benannt ist.

Nach einem nicht unangenehmen und interessanten Zwanzig-Meilen-Ritt erreichten wir schließlich Sokode, wo wir, da der Bezirksamtmann Herr von Parpart noch immer abwesend war, geradewegs zum Postamt gingen. Hier erwarteten uns unzählige Briefe und Telegramme. Bald ließen wir die Drähte summen, um unsere Antworten zu übermitteln; wir gaben uns in der Tat einer richtigen Telegraphie-Orgie hin. Danach gingen wir zum Haus unseres alten Freundes Herrn Küpper, dem Direktor der Stationsschule, der uns einen sehr herzlichen und gastfreundlichen Empfang bereitete. Von ihm erfuhren wir auch nähere Einzelheiten über das Automobil, an dessen Existenz wir ja bis jetzt noch mehr oder weniger große Zweifel gehabt hatten. Es handelte sich, wie er uns sagte, um ein großes und leistungsfähiges Fahrzeug, das nicht nur unsere ganze Gruppe, sondern auch unser persönliches Gepäck transportieren konnte, so daß nur die schweren Lasten von Trägern weiterbefördert werden mußten. Es war von der Togo-Gesellschaft in Dienst gestellt worden und befand sich jetzt gerade in Atakpame, von wo es über den Telegraphen herbeigerufen werden konnte. Wenn man es für einen Tag mietete, kostete das neun Pence pro Meile.

Das waren natürlich hervorragende Neuigkeiten, die uns alle in beste Stimmung versetzten. Unsere gute Laune wurde noch verstärkt durch eine zweite Mitteilung der Moving Picture Sales Agency in London, in der es hieß, auch alle restlichen Filme, die sie vorliegen hatten, seien sehr gut geworden und von höchster Qualität. Am Abend blieben wir im Rasthaus in der Nähe der Station und plauderten lange von zu Hause und von unseren Freunden. Der einzige Wermutstropfen in unserem überströmenden Glücksbecher war das Bewußtsein, daß wir uns jetzt von unseren Pferden trennen mußten, die wir sehr liebgewonnen hatten. Am nächsten Tag erreichte uns jedoch ein Kabel des Honorable W. H. Grey, den wir bei der Herfahrt auf dem Dampfer kennengelernt hatten; er bot uns an, all unsere Tiere zu übernehmen und sie nach Accra zu bringen, wo gut für sie gesorgt würde. Das waren abermals sehr erfreuliche Nachrichten, da es uns sehr geschmerzt hätte, die treuen Tiere, die uns so viele hundert Meilen zuverlässig getragen hatten, wieder zurück an die Einheimischen verkaufen zu müssen, die sie mißhandeln, wie nur ein Afrikaner ein Pferd mißhandeln kann, und die sie mit den fürchterlichen Gebißstangen quälen, die sie gewöhnlich benutzen. Als sie uns abends in Richtung Küste verließen, nachdem wir sie ein letztes Mal liebkost und ihnen Zuckerstückchen gegeben hatten, waren wir nichtsdestoweniger alle eine bißchen niedergeschlagen. Für mich war es wie ein Abschied von alten Freunden. Schomburgk hatte einen Soldaten abkommandiert, sie auf ihrer Reise zu begleiten, und ihm strikte, minutiöse Anweisungen gegeben, welche Strecke sie täglich zurücklegen sollten. Er war auch darauf hingewiesen worden, sie unter keinen Umständen vor Einbruch der Nacht weiterziehen zu lassen, wenn die gefürchtete Tsetsefliege schläft. Dieses Insekt löst ja die tödliche Schlafkrankheit beim Menschen aus. Wir sahen allerdings keinen Fall der schrecklichen Krankheit während unseres Aufenthalts in Togo, wenngleich man weiß, daß sie hier existiert und sich manchen Informationen zufolge sogar verbreitet. Was Haustiere anbelangt – Pferde, Ochsen und so weiter –, so können sie sicher durch die schlimmsten fliegenverseuchten Regionen gebracht werden, wenn man richtig aufpaßt. Sie müssen tagsüber in einer Hütte eingeschlossen werden, vorzugsweise in einem Dorf oder in der Nähe davon, da die Tsetsefliege menschliche Behausungen stets meidet und lieber an niedrig gelegenen, ungesunden Orten lebt, wo sie am häufigsten anzutreffen ist, in der Nähe von stehendem Wasser und in dichtem tropischen Unterholz, wo sie brütet und vor ihren zahlreichen Feinden Zuflucht findet.

Wir blieben fünf Tage in Sokode, besuchten Freunde, ruhten uns von den Strapazen unserer langen Reise aus und machten uns im großen und ganzen eine schöne Zeit. Neben anderen hochgestellten Persönlichkeiten, denen wir unsere Aufwartung machten, besuchten wir auch den *Mallam* von Dedaure. *Mallam*, das sollte ich vielleicht erklären, bedeutete ursprünglich Priester oder Lehrer, doch jetzt wird die Bezeichnung in Westafrika so ungefähr für jeden Einheimischen gebraucht, der sich durch seinen Reichtum oder seine Bildung hoch über die Allgemeinheit erhoben hat. Dieser *Mallam* machte auf mich insofern großen Eindruck, als er mit Abstand der bestaussehende Afrikaner war, den ich auf unserer ganzen Reise gesehen hatte. Groß gewachsen, gut gebaut, mit klaren Gesichtszügen, Adlernase und einem gepflegten Bärtchen, stets exquisit gekleidet – er wäre überall eine auffallende Erscheinung gewesen und war es um so mehr hier mitten im afrikanischen Busch. Schomburgk sagte, er sei das vollkommenste Exemplar eines Schwarzen, dem er in ganz Afrika begegnet war, und ich will es ihm gern glauben. Ich denke mir allerdings, daß er auf keinen Fall ein reinrassiger Togoer ist, sondern arabisches Blut in seinen Adern fließen hat, und zwar vermutlich einen recht großen Anteil. Er war ein gebildeter Mann, und vor unserer Abreise schrieb er mit wunderschönen arabischen Zeichen eine – wie er mir versicherte – lobpreisende Darstellung meiner Person auf ein kleines Täfelchen.

Was mich jedoch während meines Aufenthalts in Sokode am meisten beeindruckte, war die hervorragend ausgestattete Schule, deren Direktor Herr Küpper war. Er wird von mehreren einheimischen Lehrern unterstützt, und es ist wirklich wundervoll zu sehen, wie die Schüler – alles Jungen – aus den Dörfern der Umgebung das Wissen aufnehmen, das ihnen vorgesetzt wird. Herr Küpper versicherte mir, sie seien fähigere und bessere Schüler als europäische Kinder gleichen Alters. Ihr Geist scheint schneller zu arbeiten und bereiter für Eindrücke von außen zu sein. Es ist, wie wenn man mit einer neuen Feder auf ein ganz leeres Blatt Papier schreibt oder Samen auf unberührten Boden sät. Und der rasche Fortschritt, den sie machen, ist um so bemerkenswerter, als die kleinen afrikanischen Bengel bei ihrem Eintritt in die Schule zunächst einmal die deutsche Sprache erlernen müssen, zumindest genug davon, um dem Unterricht folgen, den Sinn der gestellten Fragen erfassen und ihre Antworten formulieren zu können. Leider überdauern die schnelle Auffassungsgabe und die Wißbegier nicht ein bestimmtes Alter. Sobald der Junge zu einem Mann heranreift, was in dem Klima und bei den Schwarzen etwa zwischen dem dreizehnten und dem vierzehnten Lebensjahr geschieht, kommt seine geistige Tätigkeit sozusagen völlig zum Erliegen. Er wird rastlos und unruhig und kann nicht mehr dazu gebracht werden, sich auf seine Aufgaben zu konzentrieren; er ergreift die erste Gelegenheit, in sein Heimatdorf zurückzukehren, wo er, wie zu fürchten steht, sehr schnell das meiste, wenn nicht alles von dem vergißt, was er gelernt hat. Es gibt natürlich Ausnahmen, doch dies ist die allgemeine Regel. Um es mit den bedeutungsvollen Worten eines der einheimischen Lehrer zu sagen, der alles andere als leichtfertig, sondern vielmehr mit großem Ernst und sogar Traurigkeit meinte: »Wenn der junge Afrikaner anfängt, an Frauen zu denken, dann werden ihm seine Unterrichtsstunden gleichgültig.«

Bei einem meiner Besuche in der Schule sollte ich den Kindern ein paar Fragen stellen, und so fragte ich einen kleinen, etwa achtjährigen Jungen, »Was ist eine Maus?« Seine Antwort, die ich hier wörtlich aus meinem Notizbuch abschreibe, lautete so: »Eine Maus ist ein kleines Tier mit vier Beinen, zwei Augen und einem langen, dünnen Schwanz; sie hat auf ihrem Rücken braune Haare, und die Haare unter ihrem Bauch sind weiß.« Die Beschreibung ist unvollständig, doch ich bezweifle, daß auch nur eines unter hundert englischen oder deutschen Kindern gleichen Alters aus dem Stand eine ebenso gute Antwort hätte geben können. Ich stellte einer Klasse auch die uralte Fangfrage im Kopfrechnen aus unseren Kindertagen: »Wenn eineinhalb Heringe drei Halfpence kosten, wieviel kosten elf Heringe?« Ich hatte zuvor angekündigt, daß ich jedem Kind, das die richtige Antwort fände, einen Penny geben würde und daß ich ihnen drei Minuten Zeit ließ – auf meiner Armbanduhr gemessen –, darüber nachzudenken. Es war höchst interessant, ihre nachdenklichen und konzentrierten kleinen schwarzen Gesichter zu beobachten, als sie innerlich mit diesem verwirrenden Problem rangen. Als die Zeit vorüber war, gab mir kaum eines der Kinder eine wirkliche Antwort, und das meiste war ganz offensichtlich nur geraten; doch zwei Schüler verdienten sich ihren Penny, und das um so mehr, als sie mir nicht nur die korrekte Antwort lieferten, sondern auch noch erklärten, wie sie darauf gekommen waren.

Die Kinder haben äußerst gute Manieren. Wenn man einer Gruppe von ihnen auf der Straße begegnet, stellen sie sich in einer Reihe auf, stehen still und wünschen einem lächelnd

»guten Morgen«. Wenn man sie, was häufig vorkommt, an einem Fluß sitzend antrifft, wo sie gemeinsam ihre Lektionen in einer Art Singsang im Chor wiederholen, wie sie es gern tun, dann geschieht genau das gleiche. Natürlich sind die Kinder sorgfältig ausgesucht. Aus jedem Dorf werden nur ein paar genommen, und insgesamt dürfen sie auch nicht eine gewisse Zahl überschreiten. Gegenwärtig beläuft sich die Anzahl der Kinder, die aufgenommen werden können, auf etwa einhundert; doch neue Schulhäuser sind im Bau, und dann werden die Klassen bedeutend erweitert werden. Während sie zur Schule gehen, stehen die Kinder vollständig unter der Obhut der Kolonialverwaltung. Eine kleine Summe, die jedem Kind täglich für Essen und Unterkunft zusteht, wird *pro rata* bestimmten Frauen im Dorf übergeben, die dafür soundsovielen Kindern Kost und Logis gewähren. Jedem Kind wird von der Verwaltung außerdem ein kleiner blauer Kittel gegeben, und Bücher, Schiefertafeln und Bleistifte erhalten sie natürlich umsonst.

Am Abend vor unserer geplanten Abreise lud Herr von Parpart uns zum Dinner ein. Dieser Gentleman hatte sich ja nicht in Sokode aufgehalten, als wir auf unserem Weg ins Landesinnere hier durchkamen. Wäre er hier gewesen, so hätten wir bestimmt nicht in Paratau übernachtet. Er ist ein sehr höflicher und aufmerksamer Mann, der Energie, Freundlichkeit und Güte ausstrahlt; alles in allem ein prächtiges Exemplar eines deutschen Beamten. An dem Abendessen nahmen auch Herr und Frau Dehn teil, die auf dem Weg nach Bassari waren, um dort Herrn Mucke abzulösen, der nach Hause in Urlaub fuhr. Sie wird also die zweite weiße Frau in Togo sein, die höher in den Norden kommt als bis Sokode.

Bevor wir zum Essen hineingingen, saßen wir vor dem Haus auf einer kleinen Anhöhe, die künstlich abgeflacht worden war, plauderten und genossen die kühle Abendluft. Es war eine dunkle Nacht, fast ohne Mondschein. Plötzlich ertönten aus einem kleinen Wäldchen hinter uns Kinderstimmen, die ein altes deutsches Abschiedslied sangen. Es war ein Chor von Herrn Küppers kleinen Schülern, und den musikalischen Genuß hatte er zu unseren Ehren einstudiert. Ich habe nie etwas Schöneres gehört, beziehungsweise, unter den Umständen, Bewegenderes. Ein Lied nach dem anderen aus unseren Kindertagen spulten die kleinen Chorknaben herunter. Frau Dehn, die erst seit kurzem hier war, fing gleich an, ihr Taschentuch zu benutzen; und vermutlich wäre ich ihrem Beispiel bald gefolgt, wenn nicht im kritischen Moment unser Gastgeber gekommen wäre und mich zum Dinner geführt hätte.

Das Essen war sehr gelungen und erinnerte mich an jenes, mit dem uns Baron Codelli vor sechs Monaten bei unserer Ankunft in Kamina beglückt hatte. Da war der gleiche wunderschön gerichtete Tisch, der gleiche Glanz von Damast und Silber, der gleiche geräuschlose, gut eingespielte Service, die gleichen sorgsam ausgewählten und perfekt zubereiteten Speisen. Alle waren bester Laune, und ich amüsierte mich köstlich. Wir blieben bis spät in die Nacht sitzen und wären, dem Drängen unseres Gastgebers nachgebend, noch länger geblieben, aber das Automobil war von Atakpame gekommen, und wir sollten früh am nächsten Morgen aufbrechen. Es kam mir an dem Abend komisch vor, meine Hängematte – rücksichtsvoll von meinem liebenswürdigen Gastgeber bereitgestellt – an der Tür auf mich warten zu sehen, um mich heim zu tragen, genau wie bei uns das elektrische Coupé des Hauses die letzten Gäste wegbringt.

Wir hatten unseren Boys aufgetragen, uns um fünf Uhr morgens zu wecken, und ich gestehe, daß es mich keine geringe Willensanstrengung kostete, um aufzustehen und mich anzukleiden. Draußen im Busch ist man Ausschweifungen nicht gewohnt. Ich wünschte jetzt, ich hätte das letzte halbe Glas Champagner nicht mehr getrunken oder auf den Likör verzichtet … nun ja, mehr möchte ich dazu nicht sagen.

Draußen wirkte die kalte Morgenluft wie ein Stärkungsmittel. Da war der große Wagen und lechzte nach dem Start. Er bot sieben Menschen sowie unseren zehn Gepäckstücken bequem Platz. Bald flitzten wir die Straße entlang, die in Richtung Heimat führte, und meine Stimmung stieg mit jeder Meile. Es war großartig, mit solcher Geschwindigkeit dahinzufliegen auf der Straße, die wir uns so langsam heraufgeschleppt hatten, und in einer Stunde eine Strecke zurückzulegen, für die wir mit den Fahrrädern oder in der Hängematte einen ganzen Tag gebraucht hatten. In Djabotaure stoppten wir jedoch plötzlich. Der Reifen unseres linken Hinterrades platzte mit lautem Knall, und das Herz wurde mir schwer bei dem Gedanken, hier an diesem einsamen Fleck zu stranden, zwei Tagesreisen – mit Trägern – von Sokode entfernt und fünf von Atakpame. Zum Glück hatten wir einen Ersatzreifen dabei, doch es war ein Gleitschutzreifen, und unser Fahrer mußte von jetzt an sehr vorsichtig sein.

Die Straße im Bezirk Sokode war außerordentlich gut, die im Bezirk Atakpame etwas schlechter; und wir waren alle mehr oder weniger in Sorge, da wir keine Ersatzreifen mehr dabei hatten und eine weitere Panne eine mehrtägige Verzögerung bedeutet hätte. Die Holzbrücken, manchmal mit Lehm bedeckt, passierten wir furchtsam und zitternd, denn sie waren natürlich nicht für schwere Motorfahrzeuge konstruiert worden, und unser großes Auto wog mit seiner ganzen Ladung weit über eine Tonne. Die Leute, denen wir begegneten, schienen sich sehr für die neue Maschine zu interessieren, die für sie den Reiz des Neuen noch nicht verloren hatte, und sie starrten ihr mit offenem Mund hinterher, genau wie es wohl auch die Bauern in Europa taten, als die ersten Automobile dort aufkamen. Ein großer Mann zeigte eine etwas andere Variante: Er stand, sein Gesicht dem Auto zugewandt, in der Mitte der Straße, und als wir näherkamen, ging er gleichzeitig rückwärts und seitlich auf den Straßenrand zu – mit dem Ergebnis, daß er rücklings in einen Graben stolperte, und das letzte, was ich von ihm sah, als wir an ihm vorbeisausten, war ein Paar großer Plattfüße neben der Straße, die in die Höhe ragten und wild zappelten.

Wir überholten die Pferde unterwegs bei einem Dorf und hielten kurz an, um uns davon zu überzeugen, daß unsere Anweisungen ordnungsgemäß ausgeführt wurden. In Blita machten wir eine Pause, um zu frühstücken; wir wählten das dortige Rasthaus dafür aus, weil es zwischen Sokode und Atakpame das einzige ist, das einen Tisch sein eigen nennen kann. Hier verbrauchten wir unsere allerletzten Vorräte, und ich weiß noch, wie ich insgeheim dachte, daß wir im Falle einer Panne nun nicht nur eine ärgerliche und lästige Verzögerung in Kauf nehmen, sondern dabei vermutlich auch noch hungern müßten.

Doch nichts dergleichen geschah; Maschine und Reifen hielten durch, und kurz nach Mittag fuhren wir in Atakpame ein und von dort weiter nach Kamina.

Kamina – Lome – Heimat

In Kamina erwarteten uns unser alter Freund Baron Codelli von Fahnenfeld sowie die Baronin, seine Gattin, eine junge Frau etwa in meinem Alter, die er kürzlich aus Europa mitgebracht hatte. Sie waren frisch vermählt, und sie sollte sein Heim und sein Schicksal an diesem abgelegenen Ort des deutschen Kolonialreiches teilen.

Die ganze Woche hatte ich mich bereits auf das Treffen mit der Frau eines meiner besten Freunde gefreut und es mir in den rosigsten Farben ausgemalt. Wir würden uns so viel zu erzählen haben, sagte ich mir, war ich doch von jeglicher Gesellschaft meines eigenen Geschlechts so lange Zeit abgeschnitten gewesen – das Treffen mit Frau Dehn in Sokode war ja reiner Zufall –, daß ich darauf brannte, angeregt und ausführlich zu plaudern über – nun ja, die Dinge, über die Frauen nun mal gern reden. Doch nun, da wir einander vorgestellt werden sollten, beschlich mich eine seltsame Art Schüchternheit. Ich war so lang draußen im Busch gewesen, praktisch abgeschnitten von zivilisierter Gesellschaft. Natürlich hatte ich ein paar Männer getroffen. Aber männliche Freunde und Bekannte sind ja ganz etwas anderes als Freundinnen und Frauenbekanntschaften. Männer sind weniger kritisch und eher bereit, die Meinung, die wir von uns selbst haben, zu teilen.

Würde ich sie mögen? Wie war sie? Und würden wir uns verstehen? Diese Fragen, die sich eine Frau immer stellt, wenn sie auf eine andere einen positiven Eindruck machen will, drängten sich auch mir geradezu auf. Doch meine Zweifel und Ängste wurden schnell zerstreut. Ein großes, anmutiges Mädchen mit goldenem Haar und blauen Augen kam mit ausgestreckten Händen auf mich zu und hieß mich herzlich willkommen. Bald waren wir in ein ernstes, lebhaftes Gespräch vertieft; sie fragte mich alles Mögliche über »das Ende der Welt« dieses Landes, das nun ihr Zuhause war; und ich war begierig auf den letzten »Klatsch« aus Berlin, Paris und Wien. Doch eine Information, die für mich außerordentlich wichtig war, wollte ich jetzt sofort bekommen, und auf die Gefahr hin, ungehobelt zu wirken, platzte ich mit der Frage heraus: »Mein Gepäck? Mein wertvolles Gepäck? Was ist daraus geworden?«

Du erinnerst Dich bestimmt, lieber Leser: Uns war von einem Kurier aus Mangu ein Telegramm übermittelt worden mit der Nachricht, all unsere Sachen seien von einem Feuer zerstört worden, das Baron von Codellis Haus in Kamina niedergebrannt hatte, während er sich in Europa aufhielt. Seitdem hatten wir einige mehr oder weniger widersprüchliche Berichte von seinen Angestellten erhalten. Einmal wurde uns gesagt, einige persönliche Gepäckstücke seien vor den Flammen gerettet worden; ein anderes Mal kam uns das Gerücht zu Ohren, daß alles, was sich bei Ausbruch des Feuers in dem Gebäude befunden hatte, ein Raub der Flammen geworden sei. Jetzt erfuhr ich zu meiner grenzenlosen Erleichterung und Freude, daß die Kisten mit meinem persönlichen Hab und Gut unbeschädigt waren; nur ein paar Pakete mit Hüten, Wäsche und relativ wertlosen Kleidungsstücken waren verbrannt.

Es stellte sich heraus, daß ich ihre Unversehrtheit meinem Boy Kabrischika verdankte, der mir auf dem Hinweg während unseres Aufenthalts in Kamina gedient und mir sehr nahe gestanden hatte. Wir erfuhren, daß in der Nähe Kaminas ein großes Grasfeuer gebrannt hatte und daß eine plötzliche Änderung der Windrichtung und -stärke die rasenden und tosenden Flammen gerade auf Codellis Haus zugetrieben hatten, das aus Holz gebaut und zwecks der Kühle mit vielen Lagen Stroh gedeckt war. Das unbewohnte Haus war am Ende der Trockenzeit etwa so leicht zu entzünden wie eine Packung Streichhölzer.

Kabrischika, der die Gefahr schnell erkannt hatte, war durch die Flammen und den Rauch gestürmt und hatte meine Koffer aus der Gefahrenzone geschleppt. Er erkannte sie anscheinend daran, daß sie neu waren, denn der Schriftzug meines Namens, der in großen Buchstaben auf jedem Gepäckstück stand, hatte für ihn keine Bedeutung.

Wir verbrachten zehn Tage in Kamina, ruhten uns aus und filmten die große Funkstation, die Codelli hier errichtete und über die ich bereits an anderer Stelle geschrieben habe. Ich war erstaunt angesichts der Fortschritte, die in den sechs Monaten unserer Abwesenheit gemacht worden waren. Kamina selbst hatte sich völlig verändert, es war enorm gewachsen. Überall standen solide Steinhäuser, die meisten bezugsfertig, einige im Bau. Die großen Stahltürme und das riesige Kraftwerk waren fertig und bildeten einen seltsamen Kontrast zu den kleinen Lehm- und Strohhütten, in denen die vielen hundert Arbeiter gewohnt hatten, deren Werk nun nahezu vollendet war. Wenn die Dynamos und Turbinen installiert sind – was bei Drucklegung dieses Buches der Fall sein wird –, kann Kamina über eine Entfernung von 3.450 Meilen direkt mit Berlin kommunizieren. Sogar während meines Aufenthalts konnten Nachrichten zwar noch nicht übermittelt, jedoch bereits empfangen werden, und jeden Morgen lag auf unserem Frühstückstisch ein Zettel mit ein paar maschinegeschriebenen Zeilen, sozusagen unsere Morgenzeitung, wo für uns die Nachrichten zusammengefaßt waren, die in der Nacht die Station erreicht hatten. So erfuhren wir, was in Europa geschah, fast so schnell, wie wenn wir uns in London, Paris oder Berlin aufgehalten hätten.

Ich brauche jedoch kaum darauf hinzuweisen, daß die mächtige Installation hier mitten in der Wildnis nicht für solch relativ triviale Zwecke errichtet wurde. Die Funkstation von Kamina soll das Empfangs- und -verteilerzentrum für ganz Afrika werden; jedenfalls so weit es Deutschland betrifft. Es wird mit der ähnlichen, aber kleineren Funkstation in Kamerun kommunizieren, ebenso wie mit jener in Windhuk in Deutsch-Südwestafrika und mit der in Tabora in Deutsch-Ostafrika. Ferner wird es im Lauf der Zeit eines der wichtigsten Glieder in der Kette von Funkstationen sein, die Deutschland, ebenso wie Großbritannien, um den Globus legen will und durch die die Besitzungen in Ost- und Westafrika verbunden werden mit Neuguinea, Samoa und dem deutschen Protektorat Kiautschou in der chinesischen Provinz Schantung, das Deutschland im Januar 1898 auf 99 Jahre von China gepachtet hat.

Eine kleine Eisenbahn verbindet Codellis Haus mit dem nördlichen Teil von Kamina, wo die Empfangsstation liegt, und nach dem Abendessen meinten wir häufig: »Also laßt uns jetzt aufstehen und hören, was sie in Berlin zu sagen haben.« Es war, jedenfalls für mich, sehr seltsam und geradezu phantastisch, den Empfänger ans Ohr zu legen und Töne zu hören, die an einem drei- oder viertausend Meilen entfernten Ort ausgesandt wurden, natürlich keine Worte, sondern die kurzen und langen Töne des Morsecodes; doch ich lernte bald soviel, daß ich zumindest den Sinn der Mitteilung verstehen konnte. Die Signale hören sich so an wie Musiknoten, immer der gleiche Ton und die gleiche Tonhöhe, auf einer ganz normalen Pfeife gespielt. Dieses spezielle Funksystem heißt auf deutsch *Telefunken:* »tönender Funke«! Das beschreibt es wirklich treffend, genau das ist es, was man hört.

Die provisorische Empfangsstation befindet sich übrigens genau in dem Gebäude, in dem ich während unseres ersten Aufenthalts in Kamina vor sechs Monaten wohnte. Als ich es bei diesem Besuch das erste Mal sah, war es ein richtiger Schock für mich, das kleine Heim, das ich so gemütlich ausgestattet und eingerichtet hatte, und wo wir – ihr erinnert euch – auch unser Studio aufgebaut hatten, nun ganz kahl und trostlos vorzufinden, vollgestellt mit komplizierten Funkinstrumenten. Bald bekam ich noch einen ganz anderen Schock, und zwar einen recht unangenehmen. Ich machte Codelli darauf aufmerksam, wie staubig hier alles war, und er antwortete mir ganz ernst, ja, das sei ganz richtig, und es fehle wohl die geschickte Hand einer Frau; und er reichte mir einen Lappen und fragte mich, ob ich wohl so gut sein und die Sachen ein wenig abwischen mochte, während er die Instrumente einstellte. Dabei wies er auf zwei kleine Metallspitzen und sagte, es sei sehr wichtig, daß sie von jedem Staubkörnchen befreit würden, wenn sie zufriedenstellend funktionieren sollten. In meiner Unschuld tat ich mein Bestes, die Anweisungen auszuführen, mit dem Ergebnis, daß ich einen leichten Stromschlag bekam. Codelli hatte mir einen Streich gespielt. Die Elektrizität war nicht so stark, daß ich mir weh getan hätte, aber ich schrak doch zusammen.

Ich sagte es bereits, die wunderbaren Funkinstrumente interessierten mich sehr; doch ich fürchte, ebenso sehr interessierte ich mich – mag das Eingeständnis auch recht belanglos klingen – für einen neuen vernickelten, zusammenklappbaren Toilettentisch, den die Baronin Codelli aus Berlin mitgebracht hatte. Es war das erste Mal seit sechs Monaten, daß ich mich vollständig in einem großen Spiegel betrachten konnte, und nur eine Frau kann ermessen, was das für eine Frau bedeutet. Als ich das erste Mal allein vor diesem Spiegel stand, sah ich mich prüfend ganz genau an, drehte mich in alle Richtungen, betrachtete mich von nahem und aus der Ferne. Insgesamt fiel die Musterung ganz zu meiner Zufriedenheit aus. Meine Figur war runder und gleichzeitig weniger weich, und auch mein Gesicht war voller geworden; ansonsten war ich erstaunt, wie wenig ein halbes Jahr primitiven Lebens in der Wildnis meine persönliche Erscheinung verändert hatte. Ja wirklich, nach einer Woche am Meer war ich oft schon sonnengebräunter als nach der langen Reise durch das tropische Togo. Ein Grund dafür ist, daß man unterwegs sein Gesicht stets sorgfältig vor den Sonnenstrahlen zu schützen sucht; allerdings nicht, um seinen Teint zu bewahren, sondern damit man keinen Sonnenstich bekommt. Am Anfang meiner Reise trug ich zu Pferd, oder auch wenn ich sonst nur für kurze Zeit im Freien war, immer einen großen Schlapphut im Cowboystil, doch später tauschte ich ihn gegen den Tropenhelm ein, denn einen besseren Schutz gegen Hitzschlag hat man noch nicht erfunden.

Während ihr neues Steinhaus gebaut wurde, waren der Baron und die Baronin vorübergehend in das »Fremdenhaus« gezogen, ein etwas abseits stehendes Gebäude, das vereinzelten Besuchern zur Verfügung stand, die hier Unterkunft suchen mochten; es entsprach im Grunde den Rasthäusern der Stationen weiter im Landesinnern, nur daß es etwas solider konstruiert war und einen Zementboden hatte. Zwei Zimmer im neuen Haus waren allerdings bereits fertig, und diese stellte uns Codelli liebenswürdigerweise zur Verfügung. Doch mit dem in der letzten Zeit erwachten Instinkt der Buschfrau zog ich es vor, mein Lager draußen in einer kleinen Strohhütte aufzuschlagen, nur mit einer Matte als »Tür« nach draußen.

Ein paar Tage lang war das schön und gut, doch die Regenzeit stand kurz bevor, und am dritten Tag brach ein Tornado los, wie er stets den großen Regenfällen vorausgeht. Der Wind wirbelte riesige Staubwolken auf, die in meinen zerbrechlichen Wohnsitz eindrangen, und nach einem kurzen, heftigen Kampf zwischen Stolz und Unterwerfung suchte ich hinter Steinmauern Zuflucht. Ein oder zwei Tage später brauten sich große schwarze Wolken zusammen, und es drohte einer der furchtbaren tropischen Gewitterstürme loszubrechen, die mir bereits so detailliert beschrieben worden waren. Aber noch blieb der Regen aus; man versicherte mir, daß Kamina, seit die Funkstation errichtet worden war, in ganz außergewöhnlicher Weise von den Stürmen verschont geblieben war; angeblich wehrten die neun großen Stahltürme die elektrische Ladung ab. Ob diese Theorie wirklich irgendwie wissenschaftlich fundiert ist, vermag ich nicht zu sagen, doch es waren sich alle darin einig, daß der Himmel über Kamina meistens klar blieb, auch wenn er rund um die Station völlig schwarz war.

Schließlich wurde es Zeit, Abschied zu nehmen. Unser schweres Gepäck war aus Sokode angekommen, und alles war bereit für das Einsteigen in den Zug. Unsere Pferde, die ihre Reise durch das fliegenverseuchte Gebiet ohne Schaden überstanden hatten, waren bereits per Eisenbahn nach Lome geschickt worden und warteten dort darauf, mit dem Schiff nach Accra transportiert zu werden. Die beiden Strauße waren in der Obhut ihrer Boys auf der Straße vorausgeschickt worden. Nur unser zahmer Affe Anton war noch übrig, und ihn schenkte ich der Baronin Codelli. Dieses Mal sorgten wir dafür, genügend Vorräte für die Zugfahrt mitzunehmen, damit sie zumindest erträglich war, wenn schon nicht angenehm; und der Regen, der genau in dem Moment fiel, als es unangenehm heiß zu werden begann, trug das seinige dazu bei, die Beschwerlichkeiten einer bestenfalls öden und anstrengenden Reise zu lindern.

In Lome filmten wir den Anfang unseres Spielfilms *Die weiße Göttin der Wangora.* Alle anderen Szenen hatten wir bereits im Kasten, doch der Leser wird sicherlich verstehen, daß beim Film die Szenen nicht in ihrer richtigen Reihenfolge aufgenommen werden, zumindest nicht unbedingt. In der ersten Szene sollte ich ja als Baby von einem Schiffswrack vom Meer an Land gespült und von ein paar schwarzen Wilden gefunden werden. Die Schwierigkeit bestand nun darin, an der Küste Togos ein weißes Kind im richtigen Alter zu finden. Dieses Problem spukte uns schon seit Beginn der Reise im Kopf herum, nun mußte es auf die eine oder andere Weise gelöst werden.

Verschiedene Vorschläge wurden gemacht und ernsthaft diskutiert. Konnten wir möglicherweise eine Puppe nehmen, und wenn, war eine genügend große und lebensechte Puppe in Lome zu bekommen? Wäre es möglich, ein schwarzes Baby weiß anzumalen, ohne ihm dabei weh zu tun? Inzwischen hatte Alfred, unser Dolmetscher, in Lome herumerzählt, wonach wir suchten, und bald tauchten Babys aller Arten und Größen bei uns auf, natürlich in Begleitung ihrer Mütter. Doch keines wurde unseren Anforderungen gerecht. Manche waren zu groß und alle zu schwarz. Und es ließ sich auch keine Mutter finden, die die Prozedur des »Bleichens« in einem so günstigem Licht gesehen hätte, daß sie uns ihren Sprößling für das Experiment überlassen hätte. Alle kannten sie irgendwen anderen, der ganz bestimmt bereit wäre, uns ein Baby zu diesem Zweck zu borgen, doch wenn es soweit war, lehnte diese »irgendwer« es unweigerlich ganz energisch ab, dergleichen zu tun. Zeitweise sah es wirklich so aus, als müßten wir die Szene in einem englischen Seebad drehen und ein paar mit angebrannten Korken geschwärzte »Strandafrikaner« als Statisten nehmen, eine selbstverständlich höchst unbefriedigende Alternative. Gerade als wir verzweifeln wollten, erschien ein Mädchen von der Küste mit einem khakifarbenen Mischlingsbaby passenden Alters; und Hodgson meinte, nach großzügigem Gebrauch einer Puderquaste könnte es auf dem Film ganz weiß herauskommen.

Doch als wir der Mutter den Plan erklärten, konnte ich ihre Begeisterung schnell schwinden sehen. Das Baby sollte in einer Kiste nah am Brandungskamm versteckt werden. Naja ... gut und schön. Aber angenommen, eine große Welle käme angerollt und spülte das Baby fort, was dann??? Oh, nein nein nein! Und sie drückte das kleine Schokobaby fest an ihre Brust. Es gab noch ein langes Palaver, doch schließlich erklärte sie sich widerwillig einverstanden. Sie sollte einen Sovereign dafür bekommen, daß sie uns ihr Baby lieh, und sie durfte die von uns gestellten Kleider im Wert von weiteren zehn Shilling behalten, wenn alles vorbei war. Außerdem sollte sie, während die Szene gefilmt wurde, auf der einen Seite neben der Kamera stehen und ich auf der anderen, so daß wir uns beide zur Rettung des Babys ins Meer stürzen konnten, falls irgendein Unheil geschehen sollte. Doch alles ging gut. Die Szene wurde am Strand etwas außerhalb Lomes gefilmt, zu einer Zeit, da sich dort niemand aufhielt. Der Gouverneur, Seine Hoheit der Herzog zu

Mecklenburg, beehrte uns mit seiner Anwesenheit und zeigte sich sowohl erstaunt als auch erfreut über die Art und Weise, in der wir unsere schwarzen Statisten dazu erzogen hatten, ihre Rollen zu spielen.

Die Zeit in Lome ging sehr angenehm vorüber. Wir liehen uns Pferde von einem Freund, Leutnant Mans, und machten Ausritte in die Umgebung. Auch das Meer war eine unerschöpfliche Quelle der Freude und des Entzückens für mich, seit mir gegen Ende unserer Zugfahrt von Atakpame sein Geruch in die Nase gestiegen war. Wir machten lange Strandspaziergänge im Mondschein, und in seinem silbernen Zauber erschien mir Lome als idealer Wohnort. Bei Tag, wenn die Sonne darauf herunterstach und alles grell und staubig war, vertrat ich ganz die entgegengesetzte Meinung.

Herr Vollbehr, der berühmte Münchner Porträtmaler, hielt sich zufällig zur gleichen Zeit wie wir in Lome auf, und er äußerte den Wunsch, mich in dem einheimischen Gewand zu malen, das ich als *Weiße Göttin* trug. Ich gewährte ihm also ein paar Sitzungen in den Palastgärten des Herzogs zu Mecklenburg, und ich habe gehört, daß das Gemälde sehr gut gelungen und in München, wo es gerade ausgestellt wird, Gegenstand großer Bewunderung ist. Der Gouverneurspalast ist übrigens das schönste Gebäude in Lome, was ja auch seine Richtigkeit hat. Er ist viereckig, hat einen Innenhof und muß unendlich viel Geld gekostet haben. Er ist ziemlich neu, wie auch alle anderen Gebäude in Lome, denn vor gar nicht so vielen Jahren – ich glaube, siebzehn oder achtzehn – hat die Stadt überhaupt noch nicht existiert, jedenfalls nicht als Hauptstadt von Togo, die damals noch ein Ort namens Kleinpopo war, am östlichen Ende der togoischen Küste.

Der große Nachteil Lomes als Hafen ist die schwere Brandung, die sich fast ohne Unterlaß an dem flachen Sandstrand bricht. Das ist an der ganzen westafrikanischen Küste so. An verschiedenen Orten wurde mit verschiedenen Methoden versucht, die dadurch entstehenden Unannehmlichkeiten zu verringern. In Accra ist ein Wellenbrecher gebaut worden, der ein kleines Vermögen gekostet hat und, wie ich höre, kein großer Erfolg ist. In Lome ist man einen anderen Weg gegangen und hat eine Mole, oder Brücke, geradewegs ins Meer hinaus errichtet, etwa eine Drittel Meile lang und an dem ins Meer ragenden Ende mit einem Kai versehen. Das vereinfacht das Anlegen zwar sehr, hat aber auch seine Nachteile. Einer besteht darin, daß es jetzt keine Brandungsboote mehr gibt oder jedenfalls nur noch sehr wenige, und man hat mir gesagt, selbst wenn noch welche verfügbar wären, würden die Einheimischen nun vergessen, wie man sie handhaben muß. Als nun vor ein paar Jahren die Brücke, die den Kai mit dem Ufer verbindet, von einer vermutlich durch irgendeine mächtige unterseeische, vulkanische Aufwölbung hervorgerufenen Flutwelle zerstört wurde, war Lome eine Zeitlang fast völlig von der Welt abgeschnitten. Mit löblicher Energie ging die Kolonialverwaltung ans Werk, ihre Brücke wiederaufzubauen; aber weil man sie nicht auf den alten Fundamenten errichten konnte, beschreibt sie nun eine Kurve und sieht daher recht eigenartig und irgendwie schief aus.

Ansonsten gibt es über Lome nicht viel zu sagen. Es ist ein sauberer und ordentlicher kleiner Ort, wie die meisten unserer deutschen Kolonialstädte, mit schön angelegten Straßen im Schatten von Palmen und anderen Bäumen, gesäumt von hübschen kleinen Bungalows oder bisweilen auch solideren Steinhäusern, die inmitten gepflegter tropischer Gärten liegen. Von der einheimischen Bevölkerung Lomes hatte ich allerdings keinen günstigen Eindruck. Der Afrikaner im Hinterland ist ein Gentleman; hier an der Küste ist er nur allzu häufig die Karikatur eines Londoner oder Berliner Straßenjungen. Als einfachem jungem Mädchen, obendrein einer Fremden, die nur vorübergehend in der Kolonie zu Gast ist, steht es mir fern, mich hier zur Richterin zu erheben; aber es scheint mir doch, als sei der

Schwarze nicht geeignet für Bildung in dem Sinn, wie wir diesen oft mißbrauchten Begriff in Europa im allgemeinen verwenden. Sicher ist, daß kein Weißer, den ich getroffen habe und der sein Afrika gut genug kannte, einen Schwarzen, der eine Missionsschule besucht hat, als Boy angeheuert hätte; er würde den wildesten aus dem abgelegensten Busch im Hinterland tausendmal vorziehen.

Schließlich dämmerte der Morgen des 13. März herauf, der Tag, an dem wir von Afrika Abschied nehmen sollten. Mir war, offen gestanden, etwas wehmütig ums Herz. Vor sechs Monaten war ich hierher gekommen, schüchtern und nicht wenig ängstlich. Es hatte seitdem Zeiten gegeben, wo ich, weit weg im einsamen Busch, des Reisens müde und vom Fieber geschwächt, alles darum gegeben hätte, einzuschlafen und in Europa wieder aufzuwachen. Aber nicht heute. All diese Gefühle waren verschwunden und bewältigt, und an ihrer Stelle empfand ich ein brennendes Bedauern wegen der Dinge, die ich zurückließ und die aus meinem Leben verschwanden; der lange, einsame Pfad, der weiter und immer weiter durch neue und seltsame Gegenden führte; die schwarzen Völker im fernen Landesinnern, unverdorben von der Zivilisation und stets interessant zu beobachten; die Ruhe der tropischen Nacht, die Geräusche im tropischen Morgengrauen.

Wir hatten unseren Boys ihren Lohn schon gegeben, doch alle, die zu der Zeit in Lome waren, kamen bis ans Ende der Hafenmole, um uns Lebewohl zu sagen. Sie waren traurig, daß wir uns von ihnen trennten. Man konnte es in ihren schwarzen Gesichtern lesen, denn die Afrikaner sind große Kinder, deren Gesichtszüge jede ihrer Stimmungen reflektieren. »Du kommst zurück, kleine Mutter«, riefen sie einstimmig, als sich die Schraube zu drehen begann. »Ja«, antwortete ich ernst, »ich komme zurück.« Und ich meinte, was ich sagte. Ob ich jemals die Möglichkeit haben werde, mein Versprechen einzuhalten? Die Zukunft wird es uns zeigen.

Eines machte mich wirklich froh. Keiner unserer Boys wurde seinem Schicksal überlassen; sie bekamen alle Jobs. Alfred, unser Dolmetscher, und Asmani, Schomburgks Diener, traten bei Baron Codelli in Kamina in Dienst. Messa, der Koch, wurde in der Küche des Herzogs zu Mecklenburg angestellt. Eigentlich bleibt kein Boy, der auch nur kurze Zeit für Europäer gearbeitet und ein gutes Zeugnis bekommen hat, in Togo lange ohne Arbeit. Ein gutes Zeugnis ist allerdings unbedingt erforderlich; und merkwürdigerweise zogen sie alle ein Empfehlungsschreiben von mir dem von Schomburgk vor. Ich vermute, das kam daher, weil sie bereits Zeugnisse von europäischen Männern besaßen und ihrer Sammlung eines von einer europäischen Frau hinzufügen wollten, für den Fall, daß später andere Frauen ihre Dienste in Anspruch zu nehmen wünschten. Schomburgk meinte allerdings, die Empfehlung einer Frau habe stets größeren Wert als die eines Mannes, weil zukünftige Dienstherren nämlich so argumentierten: »Sieh an! Dieser Boy hat also einer Frau gedient, den werde ich engagieren; denn ein Boy, der es mit einer Frau aushält, kann es mit jedem aushalten – selbst mit mir.« Das meinte er natürlich als Scherz; doch wie bei vielen Dingen, die man im Spaß sagt, liegt ein Körnchen Wahrheit darin. Auf jeden Fall glaube ich, es steht fest, daß Diener, Küchenjungen und so weiter in Westafrika nicht allzuviel Aufhebens darum machen, bei einer Frau in Dienst zu treten.

Das Schiff, das uns nach England zurückbrachte, hieß *Eleonore Woermann*. Es war ein gutes und zuverlässiges Schiff, äußerst seetüchtig und solide, wie alle Fahrzeuge dieser ausgezeichneten Linie; doch da wir gegen den Passatwind fuhren, hatten wir eine ziemlich rauhe Überfahrt nach Las Palmas. Dort machten wir einen angenehmen Zwischenstop, und ich ging an Land in den »Stranger's Club«, wo ich zum ersten Mal in meinem Leben Roulette spielte. Ich wußte überhaupt nichts über das Spiel und warf meine Münzen aufs Geratewohl, und mit dem Glück der Anfängerin gewann ich wieder und wieder. Nach zehn Minuten war ich 7 Pfund reicher und fing schon an, mir eine goldene Zukunft vorzustellen, als mich der schrille Ton der Schiffssirene eilig zurück an Bord rief.

Der Rest der Fahrt blieb bis zum letzten Tag ereignislos. Dann, als wir uns Southampton näherten, wären wir ums Haar auf Grund gesunken, das wurde mir jedenfalls versichert. Wir saßen beim Abendessen, alle bestens gelaunt angesichts des erfolgreichen Ausgangs unserer Reise, als der Dampfer plötzlich dreimal scharf und bedrohlich tutete und sich dann nach steuerbord zu neigen begann, worauf uns sämtliche Teller und Schüsseln mitsamt Inhalt in den Schoß flogen. Wie sich herausstellte, war uns ein anderer Dampfer gerade vor den Bug gefahren, und nur durch die Geistesgegenwart des wachhabenden Offiziers auf der Brücke der *Eleonore Woermann*, der das Steuerbord hart nach backbord gedreht hatte und so das Schiff eine Drehung nach steuerbord machen ließ, war eine furchtbare Katastrophe abgewendet worden.

Meg Gehrts – Eine Filmschauspielerin auf Entdeckungsreise in der deutschen Kolonie Togo

Als Meg Gehrts, Schomburgk und Hodgson in Southampton von Bord der Eleonore Woermann gehen, ahnen sie nicht, daß sie sich in dem Ruhm, den sie mit ihren in Togo gedrehten Filmen erlangen werden, nur kurze Zeit sonnen können. Vier Monate später, Anfang August 1914, bricht der Erste Weltkrieg aus.

Zurück in London, stellen die drei aus etwa 6.000 Metern belichtetem Zelluloid die vier Abenteuerfilme *The White Goddess of the Wangora, Odd Man Out, The Outlaw of the Sudu Mountains, The Heroes of Paratau* – die ersten in Afrika gedrehten Spielfilme – und eine Anzahl ethnografischer Filme fertig, die die von Meg Gehrts in ihrem Buch beschriebenen Alltagsszenen zeigen und nicht nur von der Royal Geographic Society, sondern im Juni 1914, als die Filme in den Londoner Kinos anlaufen, auch von Presse und Publikum mit Begeisterung aufgenommen werden. Von überall her, selbst aus den Vereinigten Staaten, kommen lukrative Verleihangebote.

»Wir wurden dem König vorgestellt«, erinnert sich Meg Gehrts später in ihrem unveröffentlichten Manuskript *Mit Schomburgk im Urwald*, »gingen von einem Empfang zum anderen – und plötzlich: Alles aus. Wir kamen nach Paris« (um die Vermarktung der Filme auf dem Kontinent zu organisieren), »weinende Menschen. Protestkundgebungen: ›A bas la guerre!‹ – in Köln dann Jubel, Begeisterung, es lebe der frisch-fröhliche Krieg.«

Mit Ausnahme des Dokumentarfilms *Im deutschen Sudan* – heute der deutsche Afrikafilm mit den ältesten erhaltenen Originalaufnahmen und im Göttinger Institut für den wissenschaftlichen Film – hatte Schomburgk das gesamte Filmmaterial unter Hodgsons Obhut in London gelassen, wo es bei Kriegsausbruch beschlagnahmt wurde und seither verschollen ist. Meg Gehrts als *Weiße Göttin der Wangora* zu sehen, ist daher heute unmöglich; nur in *Im deutschen Sudan* kommt sie in ein paar Szenen ins Bild. Im übrigen geriet dieses frühe Kapitel der Filmgeschichte vollständig in Vergessenheit. Erst kürzlich wurde es anläßlich einer Hamburger Retrospektive und historisch-ethnologischer Forschungen zu exotischen Reise- und Abenteuerfilmen wiederentdeckt.

Ein ähnliches Schicksal war Meg Gehrts Buch beschieden. 1915 in London und Philadelphia unter dem Titel *A Camera Actress in the Wilds of Togoland* auf Englisch veröffentlicht, gelangte wohl kein Exemplar nach Deutschland – selbst die Autorin hat es offensichtlich niemals in der Hand gehalten –, und es erscheint erst jetzt, 85 Jahre nach der Expedition, erstmals in deutscher Sprache.

Die Wiederentdeckung verdanken wir der amerikanischen Journalistin Caroline Alexander, die 1991 in dem amerikanischen »Intelligenzblatt« *The New Yorker* unter dem Titel *Annals of Exploration – The White Goddess of Wangora* einen langen Artikel über die Togo-Expedition veröffentlichte. Sicherlich angeregt durch die seit den achtziger Jahren in den USA, Großbritannien und auch Deutschland sich etablierende feministische Geschichtsforschung und das Interesse der Historikerinnen an Frauen, die ihrer engen bürgerlichen Welt den Rücken kehrten und zu Reisen in andere Kontinente, in andere Kulturen aufbrachen, hat Caroline Alexander sich auf die Spurensuche nach Meg Gehrts begeben, aber auch den biografischen Hintergrund und weiteren Lebenslauf ihrer Reisegefährten recherchiert.

Tatsächlich ist sich Meg Gehrts, wie schon ihr häufiger Hinweis darauf zeigt, der Tatsache sehr bewußt gewesen, daß sie als erste weiße Frau den Norden Togos und als eine der ersten Westafrika kennengelernt hat – vor ihr hatten nur wenige Europäerinnen, meist Engländerinnen wie z. B. Mary Kingsley, Westafrika bereist und Reiseberichte geschrieben. Sie ist sich auch dessen bewußt, daß sie in eine Männerdomäne einbricht und damit eine Lanze bricht für die Frauen, und sie ist stolz darauf. »Afrika sei kein Land für weiße Frauen, sagen die ›alten Afrikaner‹. Das stimmt gar nicht«, schreibt sie in *Mit Schomburgk im Urwald*, und so stellt auch Caroline Alexander fest, daß Meg Gehrts' Buch »auf gar keinen Fall typische Reiseliteratur ist. Der Ton des Buches und sein spezieller Blickwinkel zeigen sich gleich am Anfang, als Miß Gehrts frei heraus erklärt, ihr Buch sei ein Werk, ›das sich ihrem Egoismus und geschmeichelter Eitelkeit verdanke‹«, und: »Miß Gehrts' Naivität und Selbstverliebtheit hatten zur Folge, daß sie vor allem jene Vorfälle aufzeichnete, die sie selbst betrafen, anstatt die üblichen Themen einer Abenteuerexpedition abzuhandeln. Und so enthält das Buch neue Einsichten von unbestreitbarem Wert. Sie entwickelt ein starkes Mitgefühl (›empathy‹) mit afrikanischen Frauen und macht öfter Vergleiche, bisweilen sehr kritische, zwischen ihrer Lebensweise und derjenigen ihrer europäischen Schwestern.« Das Kapitel *Frauenpalaver* am Ende des Buches »enthält eine Zusammenfassung der Kenntnisse, die sie in langen und vertraulichen Gesprächen mit afrikanischen Frauen in ihrem Zelt erwerben konnte, und behandelt in Kürze auch das ›alltägliche Leben in einer Karawane und das Kochen aus der Sicht einer weißen Frau‹ – Informationen, von denen sie glaubt, daß sie anderen Frauen nützlich sein können, die unter ähnlichen Umständen wie sie selbst im Innern Westafrikas reisen.«

Meg Gehrts' Reisebericht erscheint demnach als ein explizit in weiblicher Perspektive geschriebenes Buch, mit einem großen Anteil von Informationen über afrikanische Frauen und geschrieben vor allem auch für ein weibliches Publikum in Europa, für Frauen, die ähnliche Interessen teilen und vielleicht einmal in eine ähnliche Lage kommen könnten. Aufs Ganze gesehen, »behält Meg Gehrts' offenkundig-draufgängerischer Charakter die Oberhand über ihre nicht zu leugnende Eitelkeit und nimmt den Leser für sie ein – und vieles verzeiht man ihr allein schon dafür, wie sie uns an den persönlichen kleinen Dramen der Expedition teilnehmen läßt und intime Einblicke gewährt.«

Einerseits geprägt von einer starken, als weibliche Eitelkeit drapierten Subjektivität, andererseits von dem Bemühen, möglichst viel von der Region und ihren Einwohnern zu verstehen und möglichst genau zu berichten, entfaltet Meg Gehrts' Reisebericht gerade in der Wechselbeziehung zwischen dem Ich der Autorin und der Darstellung von Land und Leuten seine Polyvalenz und seine Widersprüchlichkeit.

So schildert sie mit unverhohlenem Stolz die erfolgreiche Bewältigung der ihr zugedachten Rollen als »Hausfrau« und – selbstverständlich! – als Filmschauspielerin, ist aber nicht bereit, sich hinter ihren »offiziellen Aufgaben« bei der Expedition zu verstecken oder gar »darin aufzugehen« und den Männern allein das Sagen zu überlassen. So ist ihre Wahrnehmung zwar von der kolonialen Weltsicht geprägt (wir kommen darauf zurück), gleichzeitig ist sie aber fähig, die Härten und Ungerechtigkeiten des Kolonialismus zu erkennen und Verständnis aufzubringen für den Widerstand der Afrikaner – z. B. bei der Kopfsteuer. So folgt die Schilderung mancher Personen zwar den gesellschaftlichen Konventionen der damaligen Zeit und politischer Rücksichtnahme, gleichzeitig beweist Meg Gehrts aber eine weibliche Sensibilität, die auch die zwischenmenschlichen Spannungen der Expeditionsteilnehmer nicht verschweigt, sondern sich aus-agieren und zur Sprache kommen läßt.

So kann der heutige aufmerksame Leser zwischen den Zeilen des Reiseberichts und zwischen den Etappen der Filmaufnahmen und der »Stationen« der Reise nicht nur den »Roman« (oder das »Drama«) ihrer Liebe zu Hans Schomburgk mit verfolgen, sondern er wird auch Zeuge einer während der sechsmonatigen Afrikareise ablaufenden tiefgreifenden Veränderung ihrer Persönlichkeit. Meg Gehrts ist von dieser Reise als eine andere zurückgekommen. »Tod und Wiedergeburt« ist eine mehrfach wiederkehrende Figur ihrer Narration. Sie hat dabei gelernt, sich in die Haut der andern zu versetzen, die eigene Person von den andern her zu sehen. Aus dem »schüchternen und ängstlichen Mädchen« vom Beginn der Reise ist eine selbstbewußte junge Frau geworden, die es drängt, ihr afrikanisches Abenteuer anderen mitzuteilen – und die mit ihrem Buch auch einen literarischen Anspruch verfolgt, der im englischen Original bereits in dem barock-ausführlichen Titel – *A Camera Actress in the Wilds of Togoland. The Adventures, Observations & Experiences of a Cinematograph Actress in West African Forests Whilst Collecting Films Depicting Native Life and When Posing as the White Woman in Anglo-African Cinematograph Dramas* – wie auch im Vorwort angemeldet wird. Der autobiografische Impetus (in der europäischen Tradition seit Rousseau) ist unverkennbar: »Bekenntnisse«, von Geständnissen und Wahrheitsbeteuerungen eingekleidet; die Einzigartigkeit und der außergewöhnliche Charakter des Erlebten, seine umwälzende Wirkung, nach der man nicht mehr derselbe/dieselbe ist wie davor: »Afrika hat mich verzaubert, wie es – nach dem, was ich gehört habe – auch die meisten andern verzaubert hat. Sogar jetzt, da ich diese letzten Zeilen schreibe, kann ich den ›Ruf der Wildnis‹ in meinem Blut spüren.«

Über das Leben der Emma Augusta (»Meg«) Gehrts vor und nach ihrer Togoreise wissen wir nicht sehr viel. Dokumente existieren kaum, und mit Ausnahme der Schwägerin, die Meg Gehrts allerdings erst in den fünfziger Jahren kennengelernt hat, gibt es keine Zeitzeugen.

1891 als Tochter einer Hamburger Kaufmannsfamilie geboren, hatte Meg Gehrts eine »gutbürgerliche« Erziehung genossen und wurde von dem 11 Jahre älteren Hans Schomburgk ohne jede schauspielerische Erfahrung, aber als »eine begeisterte Sportlerin«, »gute Reiterin« und begabt mit »großen schauspielerischen Fähigkeiten« für die Togo-Filmexpedition unter Vertrag genommen, um in den dort zu drehenden Spielfilmen die Hauptrolle der weißen Protagonistin zu übernehmen.

Meg Gehrts hat Schomburgk sehr wahrscheinlich in Hamburg kennengelernt – wie und wann, ob vor oder nach Schomburgks erster Liberia-Filmexpedition (1912/13), ist unbekannt. Sie bewunderte ihn und folgte ihm, ohne daß ihre Eltern davon wußten, nach London. Wie aus dem Buch und dem Manuskript *Mit Schomburgk im Urwald* hervorgeht, hatte sie während der Reise oft unter dem rüden Ton und dem abweisenden Äußeren des »alten Afrikaners« Schomburgk zu leiden, mehr als einmal stand sie am Rande eines Nervenzusammenbruchs und war einmal sogar entschlossen, auf der Stelle nach Deutschland zurückzureisen. Lange Zeit muß sie sich sehr unglücklich gefühlt haben. Der englische Kameramann James Hodgson, den mit Meg Gehrts das gleiche Geburts- (1891) und Todesjahr (1966) verbindet, schreibt in seinen Memoiren: »Ich habe niemals, weder vorher noch nachher, eine Frau soviel weinen gesehen.«

Zwar spricht sie nirgendwo in ihrem Reisebericht von Liebe oder auch nur erotischer Anziehung zwischen ihr und Major Schomburgk – wie sie ihn lange respektvoll nennt –; dennoch kann man den Moment erraten, an dem es zwischen den beiden »gefunkt« haben muß. Nach einer ihrer häufigen verbalen Auseinandersetzungen, als sich Schomburgk geweigert hatte, einen der zahlreichen bunten »Sonnenvögel« zu schießen, gibt er endlich doch Megs »flehentlichen Bitten« nach und schießt einen der kleinen bunten Vögel und auch noch einen blauen Eichelhäher, worauf sich die Autorin zu einem Exkurs über Liebe und sexuelle Anziehung hinreißen läßt, den man nur schwer ohne Bezug zu ihrer eigenen Person lesen kann.

Die bunten Vögel haben keine schöne Stimme, sie verlassen sich ganz auf die Schönheit ihres Federkleides: »Es ist wundervoll, wenn man einmal darüber nachdenkt, wie immer und überall auf der Welt die Liebe die treibende Kraft ist, die die Erde sich drehen läßt. Ihr verdanken wir die Farben der Sonnenvögel, die Schwanzfedern des Paradiesvogels, das Lied der Nachtigall, und all dies ließ bestimmt auch in grauer, ferner Vorzeit Malerei und Musik entstehen. Zweifelsohne dachte die erste Tschokossi-Schöne, die einen grünen Zweig abriß, um sich damit zu bedecken, dabei zunächst an sexuelle Attraktivität ...«

Kein Zweifel: Wir sind auf dem Höhepunkt des »Romans« zwischen Meg Gehrts und Hans Schomburgk – wie zufällig auch genau in der Mitte des Buches –, und es ist kein Wunder, daß in der nun von Liebe verzauberten Welt auch die Tiere ganz zutraulich werden und die Antilopen jegliche Angst vor Meg verlieren. Angesichts des grandiosen Naturspektakels läßt Meg jetzt auch dem ernst schweigsamen Charakter ihres Gefährten Gerechtigkeit widerfahren, der »wie die meisten Männer, die lange in der Wildnis gelebt haben, eine sehr ruhige und reservierte Art hatte«. Liebe – Verstehen – Einverständnis mit der »wilden« Natur, wir sind auch auf dem Höhepunkt der Autobiografie Meg Gehrts', von dem aus sich das vergangene und das zukünftige Leben vor ihr ausbreiten.

Nach ihrer Rückkehr nach Deutschland, bei Kriegsausbruch, wird Schomburgk zunächst Soldat, dann nach einer Verletzung mit Propagandaveranstaltungen betraut, in denen er den Film *Im deutschen Sudan* einsetzt. Meg Gehrts zieht 1916 nach Berlin, wo sich die beiden mit der Produktion exotischer Spielfilme erfolgreich durch die turbulenten Anfangsjahre der Weimarer Republik schlagen und im Herbst 1923, kurz vor Ende der Inflation, sogar das Geld für ihre Liberia-Filmexpedition zusammenbringen.

1919 hatte Schomburgk die Übersee-Film GmbH gegründet, zu deren Vorstand auch der Herzog zu Mecklenburg, der ehemalige Gouverneur der deutschen Kolonie Togo, gehörte und die es sich zum Ziel gesetzt hatte, durch entsprechende Filme die Erinnerung an die verlorengegangenen Kolonien wachzuhalten – Filme, die nach dem Versailler Vertrag boomten und daher auch von der Ufa in großer Zahl produziert wurden. Schomburgk bringt *Im deutschen Sudan* unter dem Titel *Afrika im Film* 1929 noch einmal neu heraus, und es entstehen unter seiner Regie eine Reihe Stummfilme, in denen immer Meg Gehrts die Hauptrolle spielt: *Tropengift* (1919); *Eine Weiße unter Kannibalen* (1921) – ein Remake der *Weißen Göttin der Wangora*, mit 600 m Originalaufnahmen aus Togo, ansonsten in Rüdersdorf, dem Drehort zahlreicher exotischer Spielfilme, und an der Nordsee gedreht – sowie *Im Kampf um Diamantenfelder* (1921) und andere mehr. Das Urteil der Kritiker ist teilweise vernichtend, sowohl was die Filmkonzeption als auch, was die schauspielerische Leistung der Hauptdarstellerin betrifft. Von daher ist es verständlich, daß Meg Gehrts, die – ebenso wie ihr Vater – schon entsetzt war, als sie sich als *Weiße Göttin der Wangora* gesehen hatte, diesen Abschnitt ihres Lebens später mit absolutem Schweigen überging.

1922 heiratet sie Schomburgk; statt einer Hochzeitsreise brechen die beiden mit den Kameraleuten Paul Lieberenz und Eugen Risch nach Liberia auf, womit Schomburgk den Spielfilmen, die er weniger aus Überzeugung, eher zur Finanzierung seiner Afrikaexpeditionen gedreht hatte, endgültig den Rücken und zu seinem eigentlichen Metier, dem Afrika-Dokumentarfilm, zurückkehrt. Im November 1927, als die Rentenmark eingeführt wird, ist die Liberia-Expedition finanziell am Ende, und Meg fährt zurück nach Deutschland, um Geld aufzutreiben. Das gelingt, und 1924 kommt Schomburgks Liberiafilm *Mensch und Tier im Urwald* heraus (heute im Bundesfilmarchiv; Neufassung: *Frauen, Masken und Dämonen*, 1948. Später hat offensichtlich auch Paul Lieberenz die Liberia-Aufnahmen in zweien seiner Dokumentarfilme verwendet, *Mit der Kamera durch Afrika* und *Wir bummeln durch die Welt*, 1949).

Inwieweit Meg Gehrts wie schon in Togo auch in Liberia wieder mit Ideen und Anregungen zur inhaltlichen Gestaltung des Films beigetragen hat, ist heute nicht mehr zu klären, jedenfalls erhält *Mensch und Tier im Urwald*, worin unter anderem sensationelle Aufnahmen des Bundu-Ordens, eines Frauen-Geheimbundes, zu sehen sind, begeisterte, wenn auch nicht immer sachkundige Kritiken.

Dann, 1926, geht Schomburgk eines Abends aus dem Haus, um ein Paket Zigaretten zu kaufen, und kommt erst ein paar Tage später zurück. Meg Gehrts-Schomburgk reicht die Scheidung ein. In einem Brief an den Baron Codelli von Fahnenfeld vom 11. Juli 1927 (dessen Kenntnis wir Philippe David verdanken) schreibt sie:

Lieber Baron! […]
Viele Jahre ist es her, daß wir uns sahen. Viel Leid habe ich durchgemacht. Seit 1 1/2 Jahren lebe ich von Hans getrennt. Leicht war ja meine Ehe mit ihm nicht, aber ich hätte doch früher nicht geglaubt, daß er mich – nun wo er schon inzwischen 47 Jahre alt geworden ist – noch einer anderen wegen verläßt. Aber Liebe regiert! Ich weiß, daß Hans sehr schwer von mir ging, aber wieder mal – wie immer bei ihm – war die Frau stärker. Heute sieht es sehr traurig für ihn aus. Keine Wohnung, kein Geld, keine Adresse hat er; für Niemanden ist er zu erreichen, und so gut war sein Ruf nie, daß er sich das leisten kann. Der Titel »Afrikaforscher« verpflichtet doch schließlich. […]

Ich habe die erste Zeit, nachdem sich Hans von mir trennte, 3 Monate vollständig krank gelegen. Aber dann sah ich ein, daß ich mich entweder mit Eleganz aus diesem Leben entfernen müsse oder – wenn der Schneid fehlt – versuchen, ein neues Leben anzufangen. Gott sei Dank hatte ich die Kraft und den Mut dazu. Und auch ein bißchen Glück, was ja nun mal dazu gehört! Ich arbeite in einem großen Verlag und bringe eine geologische Zeitschrift heraus, eine Arbeit, die mir viel Spaß macht und mir sehr liegt.

[…]

Meg Gehrts-Schomburgk ist nun auf sich selbst gestellt und schlägt sich mit Verlagsarbeiten und als Cutterin bei der Ufa durch. Bei Kriegsende wohnt sie in Potsdam, wo sie 1947 wegen ihrer Tätigkeit bei Goebbels' Ufa nur knapp der Verhaftung durch die Sowjetarmee entgeht und Hals über Kopf flüchtet. Sie zieht für kurze Zeit nach Hamburg und läßt sich schließlich in Westberlin nieder, wo sie für den Sender Freies Berlin arbeitet. Im Alter muß sie von einer geringen Rente leben; der Herzog zu Mecklenburg läßt ihr von Zeit zu Zeit ein kleines Geldgeschenk zukommen und schickt, als sie 1966 stirbt, ein Gesteck.

Von Afrika und von Hans Schomburgk hat sie – so erinnert sich ihre Schwägerin in Hamburg –, wenn sie dort zu Besuch war, immer nachmittags gesprochen, zur Stunde des Fünfuhrtees, bei einem großen Glas Schnaps.

In Erinnerung bleiben wird vor allem auch die junge Meg Gehrts, der Hans Schomburgk sein 1922 erschienenes Buch *Bwakukama – Fahrten und Forschungen mit Büchse und Film im unbekannten Afrika* gewidmet hat: »Meiner Frau, der mutigen Afrikanerin, die als erste weiße Frau unser Togo durchquerte, widme ich in Liebe dieses Werk«. Dieses Buch hält in der Rückschau auch jenes Bild eines »langen Triumphzugs« fest, als welchen Meg Gehrts selbst ihre Togoreise erinnern mochte, vorneweg, vor dem ganzen Troß aus Begleitern, Dienern und Statisten: »Voran auf feurigem Bornu-Hengst eine blonde Frau – Meg Gehrts – die erste Kinoschauspielerin im Innern Afrikas, die erste weiße Frau, die unsere einstige schöne Kolonie Togo von Süd nach Nord durchquerte. Wieder singen Träger. Sie singen von ihrer kleinen weißen Mutter, die sie lieben, der sie treu folgen, die für sie sorgt, die auch ein gutes Wort für sie einlegt bei dem gestrengen Herrn. ›Kleine weiße Mutter, wir folgen dir, wohin du uns führst, wir sind deine schwarzen Kinder, die für dich sterben, wenn du es verlangst.‹«

Schomburgk erwähnt Meg Gehrts nach der Scheidung nicht

mehr, weder in seinen Filmen noch seinen Büchern. Afrika bleibt er dagegen treu und erlangt als Regisseur von Dokumentarfilmen, als Autor zahlreicher Afrikabücher, als Forschungs- und Vortragsreisender Berühmtheit, in der Weimarer Republik wie in der Nachkriegszeit, und zwar sowohl zunächst in der DDR als nach seiner Übersiedlung dann auch in der BRD.

Eine Unterbrechung erfährt seine Karriere im Dritten Reich. 1936 kann er noch den Film *Die Wildnis stirbt* fertigstellen, 1940 noch das Buch *Ich such in Afrika das letzte Paradies* veröffentlichen, dann wird er – wie Gerlinde Waz in den Akten des Reichskolonialamtes festgestellt hat – im August verhaftet. Er kommt wieder frei, erhält aber Publikations- und Redeverbot: Schomburgk hatte jüdische Großeltern. 1941 oder 1942 soll er als Mitglied der Widerstandsgruppe Canaris mit seiner damaligen Frau in Nordafrika gewesen sein. Weiteres wissen wir nicht.

Im Herbst 1945 kommt James Hodgson im Auftrage der britischen Wochenschau in das zerstörte Berlin. Hodgson hatte Schomburgk seit 1914 nicht wiedergesehen und abenteuerliche Jahre hinter sich. Zunächst hatte er noch für die Moving Pictures Sales Agency gearbeitet, dann war er während des Krieges Fotograf beim Royal Flying Corps gewesen und 1923, da er aufgrund einer Tuberkulose glaubte, bald sterben zu müssen, mit einer Expedition, die den Walfischfang filmte, in die Antarktis aufgebrochen, wo seine Tuberkulose ausheilte. Zurück in England, wurde er Fotojournalist und 1939 Kriegskorrespondent. Er schrieb ein Buch über sein Antarktis-Abenteuer und seine Memoiren, die unveröffentlicht blieben.

In Berlin geht er auf die Suche nach Schomburgk. Er findet ihn in einer Hausruine, in einem armseligen Zimmer mit der liberianischen Flagge an der Tür. Erst nach einiger Zeit erkennt Schomburgk ihn. »Jimmy, you don't know what they have done to me«, sagt er und erzählt, die Nazis hätten ihn in die Partei zwingen wollen, er sei aber nicht eingetreten. Später habe er geäußert, daß Deutschland den Krieg gegen England nicht gewinnen könne, was den Nazis mißfiel. Sie hätten ihm eine jüdische Großmutter mütterlicherseits nachgewiesen, all sein Eigentum konfisziert und ihn in ein Konzentrationslager nahe der polnischen Grenze deportiert. Er habe immer die liberianische Flagge mit sich geführt – er war liberianischer Konsul gewesen – und Englisch gesprochen, so daß die Russen bei der Befreiung des Lagers glaubten, er sei Amerikaner, und ihn nach Berlin zurückbrachten.

1956 reiste er noch einmal nach Afrika. Sein letzter Film, *Mein Abschied von Afrika,* wurde in beiden Teilen Deutschlands gezeigt, in unterschiedlichen Fassungen. Schomburgk starb 1967.

Kay Nebel war der einzige Expeditionsteilnehmer, der in späteren Jahren noch gern von seiner Zeit als Filmschauspieler sprach, eine Tätigkeit, die er nie ernst genommen hatte. Nebel hatte in Hamburg, Berlin und Paris Kunst studiert und arbeitete, nachdem er im Ersten Weltkrieg bei der Kavallerie gewesen war, einige Jahre als Kunstlehrer in Darmstadt. 1921 wurde er, ein Vertreter der Neuen Sachlichkeit, als Professor an die Kunstakademie Kassel berufen. Er starb 1953; seine Aquarelle und Bleistiftzeichnungen aus Togo werden in den Staatlichen Kunstsammlungen Kassel aufbewahrt.

Daß *A Camera Actress in the Wilds of Togoland* in Großbritannien und den USA als Buch erschien, verdankt sich der englischen Produktionsfirma der Schomburgkschen Filme, der Moving Pictures Sales Agency, die sich von einem »Begleitbuch« der Hauptdarstellerin gewiß einige Werbewirkung versprach, wobei sie sicher auch an die Beliebtheit der Bücher britischer reisender Frauen anknüpfen wollte. Ob Meg Gehrts ihr Buch, von ihrem Tagebuch ausgehend, zunächst auf Deutsch oder gleich auf Englisch verfaßte – sie beherrschte die Sprache sehr gut – und in welchem Umfang der » Redakteur« daran mitwirkte, muß dahingestellt bleiben, aber auch ihr später entstandener

Bericht *Mit Schomburgk im Urwald* stellt unter Beweis, daß sie einen flotten, ironisch-selbstironischen Stil schrieb und die Leser zu fesseln wußte (was die Neuübersetzung unter anderem auch durch die Vermeidung historisch belasteter Begriffe – z. B. Stamm, Eingeborene usw. – vermitteln möchte).

Meg Gehrts' für die Kolonialzeit außergewöhnliche Beobachtungsgabe und ihr großes Erzähltalent haben seit den achtziger Jahren das Interesse togoischer Historiker und Germanisten auf die *Weiße Göttin der Wangora* gelenkt. Am Deutsch-Department der Universität Lome wurde eine ganze Reihe Dissertationen und Abschluß-Arbeiten zur deutschen kolonialen Literatur Togos vorgelegt. Die 1998 in Frankfurt erschienene Habilitationsschrift von A. P. Oloukpona-Yinnon *Unter deutschen Palmen – Die »Musterkolonie« Togo im Spiegel deutscher Kolonialliteratur* bietet dem deutschen Leser einen guten Überblick über diese Forschungen und untersucht auch die Bedeutung des Buchs von Meg Gehrts für die koloniale Belletristik Togos. Als Zeugnis der Geschichte Togos am Vorabend des Ersten Weltkrieges und als frühes Beispiel kolonialer Belletristik ist *A Camera Actress in the Wilds of Togoland* von Philippe David ins Französische übersetzt worden und unter dem Titel *Une Actrice de Cinéma dans la Brousse du Nord-Togo* in dem Togoer Verlag Haho als Buch erschienen. Auch der Film *Im deutschen Sudan* wurde mehrmals in Lome gezeigt.

Bei der Übersetzung von Meg Gehrts' Buch in die deutsche Sprache geht es jedoch nicht nur um die Wiederentdeckung einer außergewöhnlichen Frau aus den Pionierzeiten des Spiel- und Dokumentarfilms, eines vergessenen Kapitels deutscher Filmgeschichte und bemerkenswerten Beispiels kolonialer Literatur, es geht auch darum, an ein frühes Kapitel deutscher Begegnung mit Afrika zu erinnern, das durch die nachfolgenden Ereignisse in Vergessenheit geriet und verschüttet wurde.

Nachdem Deutschland im Ersten Weltkrieg seine Kolonien

verloren hatte und von den Siegermächten im Versailler Vertrag als zur Kolonisation unfähig an den Pranger gestellt worden war, wird die deutsche Afrikaliteratur der zwanziger und dreißiger Jahre zunehmend von nostalgisch-verklärender Rückerinnerung und von der Polemik gegen die »koloniale Schuldlüge« der Siegermächte bestimmt.

Zwei Bestseller der kolonialen Afrikaliteratur der Zwischenkriegszeit lieferten den Nationalsozialisten die Schlagworte und literarisches Anschauungsmaterial für zentrale Begriffe ihrer Ideologie und Propaganda: *Heia Safari – Deutschlands Kampf in Ostafrika* (1920) von Paul von Lettow-Vorbeck beglaubigte das »Im Felde unbesiegt« und die »Dolchstoßlegende«, wonach Deutschland nicht militärisch unterlegen sein sollte, sondern durch den Verrat der Politiker zum Verlierer des Krieges geworden war; *Volk ohne Raum* (1926) von Hans Grimm stützte die territorialen Forderungen (nicht nur in Afrika) und Expansionsgelüste.

Dazu kamen die z. T. von Haß und Ressentiments bestimmten Hetzkampagnen gegen die »Schwarze Schande« oder »Schwarze Schmach am Rhein«, als die Franzosen bei der Besetzung der Rheinlande auch schwarze Truppen (vor allem die aus Französisch-Westafrika stammenden »Tirailleurs Sénégalais«, die Senegalschützen) einsetzten und sich damit den Zorn und die Wut der Rechtskonservativen zuzogen. Spuren dieser Polemik, die bis in die dreißiger Jahre ging, finden sich an zahlreichen Stellen in Hitlers *Mein Kampf*, der die sogenannten »Rheinlandbastarde«, Kinder aus Verbindungen schwarzer Soldaten und deutscher Frauen, sterilisieren ließ und bei Kriegsausbruch in die Konzentrationslager steckte; nur wenige von ihnen haben den Nationalsozialismus überlebt.

Man kann sagen, daß durch diese Entwicklung der deutsche Blick auf Afrika – trotz der Respekt verdienenden Bemühungen von Afrikanisten und Ethnologen wie Dietrich Westermann und Leo Frobenius – nachhaltig getrübt und die Beziehungen zwischen Deutschland und dem afrikanischen Kontinent lange Zeit buchstäblich »vergiftet« waren. Während sich in den französischen und englischen Afrikakolonien nach dem Ersten Weltkrieg ein wachsendes Verständnis für die sogenannten Eingeborenen und ein Aufeinander-Zugehen von Weiß und Schwarz beobachten läßt, bleibt die deutsche Entwicklung da stehen, wo sie vor dem Weltkrieg stand, ja sie regrediert sogar. Während etwa die französische Kolonialliteratur eine wachsende Sensibilität für Menschen dunkler Hautfarbe zeigt und auch dem im kolonialen Kontext heiklen Thema afrikanisch-europäischer Verbindungen und »Métissage« nicht aus dem Wege geht, breiten sich im deutschen Wortschatz so »tödliche« Begriffe wie »Rassenschande«, »Reinheit des deutschen Blutes« und ähnliches mehr aus.

Die verheißungsvollen Ansätze der deutschen Afrikaliteratur vor dem Ersten Weltkrieg und in den ersten Jahren der Weimarer Republik, die Ansätze zu einer »Humanisierung« der Beziehungen zwischen Deutschen und Afrikanern aufwiesen und wachsenden Respekt vor den afrikanischen Kulturen verraten – neben Meg Gehrts etwa auch Carl Einsteins *Negerplastik* (1915), Kasimir Edschmids *Afrika, nackt und angezogen* (1929, mit den Zeichnungen von Erna Pinner) oder die Werke und Übersetzungen von Claire und Yvan Goll –, diese Ansätze kamen zum Erliegen, ihre Autoren verstummten oder gingen ins Exil. An ihrer Stelle wurde die deutsche Afrikaliteratur von Lettow-Vorbeck und Hans Grimm dominiert oder von jenem unsäglichen (wir sind versucht zu sagen: schändlichen) »Feldzugsbericht« des »Heimatdichters« Gustav Frenssen: *Peter Moors Fahrt nach Südwest,* der es von seinem ersten Erscheinen 1906 bis 1953 (!) auf eine Auflage von 444.000 verkauften Exemplaren brachte.

Um sich das ganze – verheerende – Ausmaß der Wirkung eines solchen »Dauersellers« (der auch heute noch leicht in Antiquariaten zu finden ist) zu vergegenwärtigen und gleichzeitig die Distanz zu ermessen, die zwischen dieser Art Afrikaliteratur und dem Buch einer Meg Gehrts liegt, mag es gestattet sein, einen signifikanten Ausschnitt aus Frenssens Werk zu zitieren, in dem ein Schutztruppler einen Afrikaner gefangennimmt und verhört:

Der Schutztruppler sagte: »Er lügt mir die Haut voll.« Er drohte ihm mit dem Gewehr und fragte weiter. So ging es eine Weile. Ich höre noch die beiden leise kreischenden, vertrockneten Stimmen, die des Deutschen und des Fremden. Dann hatte er wohl genug erfahren und sagte: »Der Missionar sagte einmal zu mir: ›Mein Lieber, vergessen Sie nicht: die Schwarzen sind unsere Brüder‹; nun will ich meinem Bruder seinen Lohn geben.« Er stieß den Schwarzen von sich und deutete: »Lauf weg!« Der sprang auf und versuchte in langen Zickzacksätzen schräg hinunter über die Lichtung zu kommen. Aber er hatte noch nicht fünf Sprünge gemacht, da traf ihn die Kugel, daß er lang nach vorn hinschlug und still lag.

Ich knurrte ein wenig; ich dachte, der Schuß könnte feindliche Haufen, die etwa noch zurückgeblieben waren, auf uns aufmerksam machen; der Oberleutnant aber meinte, mir wäre nicht recht, daß er den Schwarzen erschossen hatte, und sagte in seiner gelehrten, bedächtigen Weise: »Sicher ist sicher. Der kann kein Gewehr mehr gegen uns heben und keine Kinder mehr zeugen, die gegen uns kämpfen; der Streit um Südafrika, ob es den Germanen gehören soll oder den Schwarzen, wird noch hart werden.«

Auch wenn man berücksichtigt, daß es sich bei *Peter Moors Fahrt nach Südwest* um einen »Feldzugsbericht«, mithin einen Kriegsroman handelt, ist die Brutalität und der offene, geradezu zynische Rassismus doch schockierend. In dieser Darstellung ist nicht nur kein Platz für eine wie auch immer geartete Verständigung zwischen Afrikanern und Europäern, in letzter Konsequenz predigt das Buch die Vernichtung der anderen, der

Schwarzen, die gegenüber den Germanen ihr Lebensrecht verwirkt haben, wie der Oberleutnant in der gleichen Szene erläutert:

> *»Diese Schwarzen haben vor Gott und Menschen den Tod verdient, nicht weil sie die zweihundert Farmer ermordet haben und gegen uns aufgestanden sind, sondern weil sie keine Häuser gebaut und keine Brunnen gegraben haben.« Dann kam er auf die Heimat zu sprechen und sagte dies und das und meinte: »Was wir vorgestern vorm Gottesdienst gesungen haben: ›Wir treten zum Beten vor Gott den Gerechten‹, das verstehe ich so: Gott hat uns hier siegen lassen, weil wir die Edleren und Vorwärtsstrebenden sind. Das will aber nicht viel sagen gegenüber diesem schwarzen Volk; sondern wir müssen sorgen, daß wir vor allen Völkern der Erde die Besseren und Wacheren werden. Den Tüchtigeren, den Frischeren gehört die Welt. Das ist Gottes Gerechtigkeit.«*

Man muß sich solche Aussagen in ihrer ganzen Härte und Unmenschlichkeit vor Augen führen, um zu verstehen, wie außergewöhnlich Meg Gehrts' Buch für ihre Zeit und im Rahmen der deutschen Kolonialliteratur ist. Gewiß, sie glaubt an die Berechtigung des europäischen Kolonialismus, an die zivilisatorische Mission der europäischen Nationen in Afrika und auch daran, daß es dabei nicht ohne Gewalt zugehen kann; gewiß, sie übernimmt ungefragt den Mythos der Befriedung Afrikas durch die Kolonialmächte und verklärt die erbarmungslose militärische Unterwerfung der Völker im Norden Togos als »Heldentaten« eines Dr. Kersting – selbst wenn die Gewaltanwendung an manchen Stellen impliziter Kritik unterliegt, so bei der Episode in Sumbu, wo sie die Einwohner mit einem Stück Würfelzucker freundlich stimmt (»Wir waren gewarnt worden vor den Gefahren im Norden Togos; ich ging diesen Gefahren entgegen, nicht mit der Waffe in der Hand – sondern mit einer

Tasche voll Würfelzucker«, heißt es in *Mit Schomburgk im Urwald*). Gewiß, sie möchte nicht aus dem gleichen Topf essen, aus dem vorher die Schwarzen gegessen haben, gewiß, sie kennt und teilt die Vorurteile gegen Afrikaner (im täglichen Umgang mit den Dienern vor allem, die sie aber auch wieder vor der ihr unmenschlich erscheinenden Prügelstrafe bewahrt), ihre angebliche Faulheit, mangelnde Dankbarkeit, die Neigung zum Lügen und zu kleinen Betrügereien. Aber diese Klischees gehören allenfalls zum anekdotischen Beiwerk, und sie scheinen nicht primär rassistisch begründet. Was im Vordergrund steht, ist eher eine Neugier und Sympathie für die afrikanischen Menschen, mit denen sie zu tun hat, geradezu ein Werben um gegenseitiges besseres Verstehen. Dieses Bemühen um ein besseres Verstehen afrikanischer Menschen, besonders der Frauen, teilt sich auch Meg Gehrts' Lesern mit. Die häufigen Vergleiche zwischen der Lage von Frauen und Kindern in den von ihr bereisten Regionen Togos mit der Lage der unteren Volksschichten in England oder Deutschland gehen meist nicht zum Nachteil der Schwarzen aus; »wilde« Afrikaner und »zivilisierte« Europäer verbindet eine gemeinsame Humanität, die Zuneigung und Sympathie ebenso wie gegenseitige Bewunderung einschließt.

Die Lektüre der *Weißen Göttin der Wangora* kann dem heutigen Leser bewußt machen, daß der deutsche Lernprozeß in Richtung Afrika mit dem Ende des Ersten Weltkriegs und durch den Nationalsozialismus in einer Weise unterbrochen wurde, daß die versäumten »Lektionen« nie wieder ganz aufgeholt wurden. Die Selbstverständlichkeit, mit denen sich Afrikaner in England und Frankreich – bei aller auch vorhandenen Xenophobie und alltäglichem Rassismus – bewegen können, scheint in Deutschland noch immer nicht möglich. Das Buch *Unter die Deutschen gefallen* des Nigerianers Chima Oji beschreibt solche »Erfahrungen eines Afrikaners« in Deutschland. Diese Ferne, diese Nicht-Selbstverständlichkeit der deutschen Beziehungen zu Afrika ist gewiß auch ein Grund für die

Schwierigkeiten, denen die afrikanische Literatur in Deutschland nach wie vor begegnet.

Die »Lektion« von Meg Gehrts – das freundliche und von Sympathie bestimmte Aufeinander-Zugehen – ist zu früh unterbrochen worden und hat zu wenige Fortsetzer gefunden. Und wie man in der Geometrie nicht den zweiten Band des Lehrbuches angehen kann, ehe man nicht den ersten durch hat, so verhält es sich wohl auch in den Beziehungen zwischen den Nationen: Verstehens- und Verständigungsprozesse laufen in langen Zeiträumen ab und bedürfen vieler Mittelspersonen und Sympathieträger, ehe sie zu einem befriedigenden Ergebnis führen.

Deshalb scheint uns Meg Gehrts' 85 Jahre alter Reisebericht auch heute noch »an der Zeit«, und der Schlußsatz des Kapitels über Meg Gehrts in dem Band *Unsere Filmsterne* von 1922 ist von daher auch heute noch aktuell: »Da es nun einmal die Aufgabe des Films ist, den Gegensatz nicht nur zwischen Nationen, sondern zwischen Völkern und Rassen zu überbrücken, da er ja der Sprache nicht bedarf, um verständlich zu sein, wäre es sehr zu begrüßen, wenn uns jene Menschenbrüder im unbekanntesten Erdteile auf diese Weise nähergebracht würden. Nicht nur unsere rein ethnografischen Kenntnisse, sondern auch unser Menschlichkeitsgefühl könnte eine schöne Stärkung erfahren – und wann war diese Kräftigung nötiger als jetzt? Welch schöne Kulturaufgabe für den Film, welch hohe und ehrenvolle Mission für Meg Gehrts!«

Gudrun Honke und János Riesz

Literatur

Alexander, Caroline: *Annals of Exploration. The White Goddess of the Wangora*, in: *The New Yorker*, 8. April 1991, 43–76.

Erbar, Ralph: *Ein »Platz an der Sonne«? Die Verwaltungs- und Wirtschaftsgeschichte der deutschen Kolonie Togo 1884–1914.* Stuttgart: Steiner 1991.

Frenssen, Gustav: *Peter Moors Fahrt nach Südwest. Ein Feldzugsbericht.* Berlin 1907.

Gehrts, Meg: *A Camera Actress in the Wilds of Togoland.* The Adventures, Observations & Experiences of a Cinematograph Actress in West African Forests Whilst Collecting Films Depicting Native Life and When Posing as the White Woman in Anglo-African Cinematograph Dramas. With an Introduction by Major H. Schomburgk. With 65 Illustrations & a Map, London: Seeley, Service & Co.; Philadelphia: Lippincott 1915.

Dies.: *Une Actrice de Cinéma dans la Brousse du Nord-Togo (1913–1914).* Traduit et commenté par Philippe David, suivi de: *Le Baron Anton Codelli, un inventeur au Togo*, par Vesna Ambrozic-Campbell. Avant-propos par Yves Marguerat. Lomé: Haho; Paris: Karthala 1996. (Les Chroniques Anciennes du Togo, 6.)

Oji, Chima: *Unter die Deutschen gefallen. Erfahrungen eines Afrikaners.* Wuppertal: Hammer 1992.

Oloukpona-Yinnon, Adjaï Paulin: *Unter deutschen Palmen. Die »Musterkolonie« Togo im Spiegel deutscher Kolonialliteratur (1884–1944).* Frankfurt a. M.: IKO 1998.

Riesz, János: *Meg Gehrts' »Langer Triumphzug«. A Camera Actress in the Wilds of Togoland als Reisebericht und literarische Autobiographie*, in: *Histoire, littérature et société au Togo.* Hg. von J. Riesz und S. A. Amegbleame. Frankfurt a. M.: IKO 1997, 81–110.

Sadji, Amadou Booker: *Das Bild des Negro-Afrikaners in der deutschen Kolonialliteratur (1884–1945). Ein Beitrag zur literarischen Imagologie Schwarzafrikas.* Berlin: Reimer 1985.

Schomburgk, Hans: *Bwakukama. Fahrten und Forschungen mit Büchse und Film im unbekannten Afrika.* Berlin 1922.

Ders.: *Zelte in Afrika. Eine autobiographische Erzählung.* Berlin 1931.

Sebald, Peter: *Togo 1884–1914. Eine Geschichte der deutschen »Musterkolonie« auf der Grundlage amtlicher Quellen.* Berlin (DDR) 1988.

Trotha, Trutz von: *Koloniale Herrschaft. Zur soziologischen Theorie der Staatsentstehung am Beispiel des »Schutzgebietes Togo«.* Tübingen: Mohr 1994.

Unsere Filmsterne. Hg. von Alex F. Binder. Berlin 1922.

Warmbold, Joachim: *Germania in Africa. Germany's Colonial Literature.* New York: Lang 1989.

Waz, Gerlinde: *Auf der Suche nach dem letzten Paradies. Der Afrikaforscher und Regisseur Hans Schomburgk,* in: *Triviale Tropen. Exotische Reise- und Abenteuerfilme aus Deutschland 1919–1939.* München: edition text + kritik 1997, 95–109.

Für die freundliche Überlassung von dokumentarischem Material danken wir Frau Marga Gehrts, Hamburg; Frau Ellen Nebel Benson, Bethesda, Maryland; Frau Jutta Niemann, Maisons Laffitte; und Herrn Philippe David, Paris.

Uwe Timm im dtv

»Als Stilist und Erzähler sucht Uwe Timm
in Deutschland seinesgleichen.«
Christian Kracht in ›Tempo‹

Heißer Sommer
Roman
ISBN 3-423-12547-0

Johannisnacht
Roman
ISBN 3-423-12592-6
»Ein witzig-liebevoller Roman über das Chaos nach dem Fall der Mauer.« (Wolfgang Seibel)

Der Schlangenbaum
Roman
ISBN 3-423-12643-4

Morenga
Roman
ISBN 3-423-12725-2

Kerbels Flucht
Roman
ISBN 3-423-12765-1

Römische Aufzeichnungen
ISBN 3-423-12766-X

Die Entdeckung der Currywurst
Novelle
ISBN 3-423-12839-9
»Eine ebenso groteske wie rührende Liebesgeschichte ...« (Detlef Grumbach)

Nicht morgen, nicht gestern
Erzählungen
ISBN 3-423-12891-7

Kopfjäger
Roman
ISBN 3-423-12937-9
Ein faszinierender Roman aus dem Wirtschaftsleben.

Der Mann auf dem Hochrad
Roman
ISBN 3-423-12965-4

Rot
Roman
ISBN 3-423-13125-X
»Einer der schönsten, spannendsten und ernsthaftesten Romane der vergangenen Jahre.« (Matthias Altenburg)

Bei dtv junior:

Rennschwein Rudi Rüssel
ISBN 3-423-70285-0

Die Piratenamsel
ISBN 3-423-70347-4

Der Schatz auf Pagensand
ISBN 3-423-70593-0

Die Zugmaus
ISBN 3-423-70807-7

Gioconda Belli im dtv

»Die große Poetin Nicaraguas, eine der wichtigsten Stimmen in der Literatur Lateinamerikas.«
Abendzeitung

Bewohnte Frau
Roman
ISBN 3-423-**11345**-6
Die junge Architektin Lavinia führt in ihrer lateinamerikanischen Heimat das unbeschwerte Leben einer unabhängigen Frau aus der Oberschicht. Dann aber verliebt sie sich in Felipe, der mit der Untergrundbewegung des Landes zusammenarbeitet … »Ein Buch zum Verschlingen in einer Nacht.« (Marianne Kröger)

In der Farbe des Morgens
Gedichte
ISBN 3-423-**11565**-3

Tochter des Vulkans
Roman
ISBN 3-423-**11678**-1
Sofia fühlt sich in ihrer Ehe mit dem patriarchalischen René eingesperrt. Aber die rebellische Frau weiß sich zu wehren …

Zauber gegen die Kälte
Erotische Gedichte
ISBN 3-423-**12577**-2

Waslala
Roman
ISBN 3-423-**12661**-2
Faraguas, eine vergessene Welt am Amazonas. Mit dem amerikanischen Journalisten Raphael begibt sich die junge Melisandra auf eine von Leidenschaft und Abenteuern gezeichnete Reise ins Innere des Landes. Mit ihm will sie Waslala finden, den Ort der ewigen Träume …

Wenn du mich lieben willst
Gesammelte Gedichte
ISBN 3-423-**12722**-8

Die Verteidigung des Glücks
Erinnerungen an Liebe und Krieg
ISBN 3-423-**13015**-6
Zwischen Liebe, Widerstand und Revolution: Gioconda Belli erzählt ihr abenteuerliches Leben. – »Die beste Autobiographie, die ich seit Jahren gelesen habe. Einfach unvergeßlich.« (Salman Rushdie)

Michael Ondaatje im dtv

»Das kann Ondaatje wie nur wenige andere:
den Dingen ihre Melodie entlocken.«
Michael Althen in der ›Süddeutschen Zeitung‹

In der Haut eines Löwen
Roman
ISBN 3-423-**11742**-7
Kanada in den zwanziger und dreißiger Jahren. Ein Land im Aufbruch, wo mutige Männer und Frauen gefragt sind, die zupacken können und ihre Seele in die Haut eines Löwen gehüllt haben. »Ebenso spannend wie kompliziert, wunderbar leicht und höchst erotisch.« (Wolfgang Höbel in der ›Süddeutschen Zeitung‹)

Der englische Patient
Roman
ISBN 3-423-**12131**-9
1945, in den letzten Tagen des Krieges. Vier Menschen finden in einer toskanischen Villa Zuflucht. Im Zentrum steht der geheimnisvolle »englische Patient«, ein Flieger, der in Nordafrika abgeschossen wurde ... »Ich kenne kein Buch von ähnlicher Eleganz.« (Richard Ford)

Buddy Boldens Blues
Roman
ISBN 3-423-**12333**-8
Er war der beste, lauteste und meistgeliebte Jazzmusiker seiner Zeit: Buddy Bolden, der Mann, von dem es heißt, er habe den Jazz erfunden.

Es liegt in der Familie
ISBN 3-423-**12425**-3
Die Roaring Twenties auf Ceylon. Erinnerungen an das exzentrische Leben, dem sich die Mitglieder der Großfamilie Ondaatje hingaben, eine trinkfreudige, lebenslustige Gesellschaft...

Die gesammelten Werke von Billy the Kid
ISBN 3-423-**12662**-0
Die größte Legende des Wilden Westens – Liebhaber und Killer, ein halbes Kind noch und stets dem Tode nah.

Anils Geist
Roman
ISBN 3-423-**12928**-X
Im Auftrag einer Menschenrechtskommission kehrt die junge Anil in ihre Heimat Sri Lanka zurück und begibt sich in größte Gefahr.

Gudrun Pausewang im dtv

»Gudrun Pausewang plädiert in ihren Werken für die Verständigung zwischen den Völkern und Rassen, für Toleranz, gegen Haß, Gewalt und Krieg.«
Günter Höhne in der ›Neuen Zeit‹

Kinderbesuch
Roman
ISBN 3-423-**10676**-X
»Ein Lehrstück über die erschütternden Gegensätze zwischen arm und reich in Lateinamerika und über unser aller Defizit an Information und Verständnis.« (Süddeutscher Rundfunk)

Bolivianische Hochzeit
Roman
ISBN 3-423-**11798**-2
Bei den Indios im kargen bolivianischen Hochland ist Allerseelen ein Fest, das sie singend und tanzend auf dem Friedhof verbringen. Diesmal findet auch eine Hochzeit statt...

Plaza Fortuna
Roman
ISBN 3-423-**20615**-2
Menschen am Rande der Gesellschaft auf der Suche nach Freundschaft und Glück.

Wiedersehen mit Anna
ISBN 3-423-**25188**-3
Eine Reise in die Ukraine wird zur Reise in die eigene Vergangenheit.

Rosinkawiese
Alternatives Leben in den zwanziger Jahren
ISBN 3-423-**11489**-4
Die Eltern erfüllen sich einen Traum. Sie erwerben eine saure Wiese in Ostböhmen und bauen ein Holzhaus. Hier werden Gudrun und ihre fünf Geschwister geboren.

Fern von der Rosinkawiese
Die Geschichte einer Flucht
ISBN 3-423-**11636**-6
Sommer 1945. Flüchtlingsströme bewegen sich von Osten nach Westen. Darunter eine Mutter mit sechs Kindern. Eines davon, mit siebzehn Jahren das älteste, ist Gudrun Pausewang.

Geliebte Rosinkawiese
Die Geschichte einer Freundschaft über die Grenzen
ISBN 3-423-**11718**-4
Fast zwanzig Jahre nach der Flucht sieht Gudrun Pausewang den Ort ihrer Kindheit in Ostböhmen wieder.

Rafik Schami im dtv

»Meine geheime Quelle ist die Zunge der anderen. Wer erzählen will, muß erst einmal lernen zuzuhören.«
Rafik Schami

Das letzte Wort der Wanderratte
Märchen, Fabeln und phantastische Geschichten
ISBN 3-423-10735-9

Die Sehnsucht fährt schwarz
Geschichten aus der Fremde
ISBN 3-423-10842-8

Der erste Ritt durchs Nadelöhr
Noch mehr Märchen, Fabeln & phantastische Geschichten
ISBN 3-423-10896-7

Das Schaf im Wolfspelz
Märchen & Fabeln
ISBN 3-423-11026-0

Der Fliegenmelker und andere Erzählungen
ISBN 3-423-11081-3

Märchen aus Malula
ISBN 3-423-11219-0

Erzähler der Nacht
ISBN 3-423-11915-2
»Ein Plädoyer für mehr Güte und Liebe.« (Susanne Kippenberger)

Eine Hand voller Sterne
Roman
ISBN 3-423-11973-X

Der ehrliche Lügner
Roman
ISBN 3-423-12203-X

Vom Zauber der Zunge
Reden gegen das Verstummen
ISBN 3-423-12434-2

Reisen zwischen Nacht und Morgen
Roman
ISBN 3-423-12635-3

Gesammelte Olivenkerne
aus dem Tagebuch der Fremde
ISBN 3-423-12771-6

Milad
Von einem, der auszog, um 21 Tage satt zu werden
ISBN 3-423-12849-6

Sieben Doppelgänger
ISBN 3-423-12936-0

Die Sehnsucht der Schwalbe
Roman
ISBN 3-423-12991-3

Eveline Hasler im dtv

»Eveline Haslers Figuren sind so prall voll Leben, so anschaulich und differenziert gezeichnet, als handle es sich samt und sonders um gute Bekannte.«
Klara Obermüller

Anna Göldin
Letzte Hexe
Roman
ISBN 3-423-10457-0
Die erschütternde Geschichte des letzten Hexenprozesses in Europa im Jahre 1782.

Ibicaba
Das Paradies in den Köpfen
Roman
ISBN 3-423-10891-6
Hunger und Elend führen im 19. Jahrhundert in der Schweiz zu einer riesigen Auswanderungswelle ins vermeintliche Paradies Brasilien.

Der Riese im Baum
Roman
ISBN 3-423-11555-6
Die Geschichte Melchior Thuts (1736–1784), des größten Schweizers aller Zeiten.

Die Wachsflügelfrau
Roman
ISBN 3-423-12087-8
Das Leben der Emily Kempin-Spyri, der ersten Juristin im deutschsprachigen Raum, und ihr einzigartiger Aufstieg als Kämpferin für die Frauenrechte.

Der Zeitreisende
Die Visionen des Henry Dunant
Roman
ISBN 3-423-13073-3
Ein Leben gegen Gewalt und Krieg: der Begründer des Roten Kreuzes.

Die Vogelmacherin
Die Geschichte von Hexenkindern
Roman
ISBN 3-423-12914-X
Ein elfjähriges Mädchen wird 1652 der Hexerei angeklagt und zum Tode verurteilt.

Aline und die Erfindung der Liebe
Roman
ISBN 3-423-13115-2
Von Kurt Tucholsky über Elias Canetti bis Meret Oppenheim: Die schöne, kluge Aline Valangin kannte sie alle.

Der Jubiläums-Apfel
und andere Notizen vom Tage
ISBN 3-423-12557-8

Novemberinsel
Erzählung
ISBN 3-423-12707-4

Lilian Faschinger im dtv

»Diese Autorin ist eine leidenschaftliche Erzählerin, eine, die sich auf die Kraft ihrer Sprache verläßt und der das Entwickeln eines Plots sichtbares Vergnügen bereitet.«
Meike Fessmann in der ›Süddeutschen Zeitung‹

Magdalena Sünderin
Roman
ISBN 3-423-12430-X

Sieben Morde, sieben Liebesaffären, eine Tour de force durch halb Europa sowie durch alte und neue literarische Mythen: die Geschichte einer Mörderin aus Leidenschaft. »Eine fulminante Scheherazade ... Amüsant, boshaft-witzig, hintersinnig.« (Cornelia Staudacher in der ›Stuttgarter Zeitung‹)

Wiener Passion
Roman
ISBN 3-423-12925-5

In Wien stößt die amerikanische Sängerin Magnolia Brown auf ein fast hundert Jahre altes Schriftstück: die Lebensbeichte der Mörderin Rosa Havelka. Es ist ein bewegender, erschütternder Bericht. Magnolia ist seltsam gefesselt ... »Ein hinreißender Roman – bunt, spannend, skurril. Und voll Sympathie für den verführerischen Geist der Stadt.« (Joachim Campe in der ›Berliner Morgenpost‹)

Frau mit drei Flugzeugen
Erzählungen
ISBN 3-423-12353-2

Äußerlich scheint alles normal. Und doch ist die Welt, die man in diesen zehn Erzählungen betritt, nicht ganz geheuer. »Zupackend wie ein Psychothriller regen die Geschichten die Phantasie an ... Aber niemals – und jedesmal ist man von neuem überrascht – kommt der Schluß so wie erwartet.« (Hella Kaiser im Berliner ›Tagesspiegel‹)

